学政策明规则：
财经法规与高校财务管理研究

李国友 王灵 朱伟／编著

立信会计出版社
LIXIN ACCOUNTING PUBLISHING HOUSE

图书在版编目(CIP)数据

学政策明规则:财经法规与高校财务管理研究／李国友,王灵,朱伟编著. —上海:立信会计出版社,2017.9
ISBN 978-7-5429-5529-6

Ⅰ.①学… Ⅱ.①李… ②王… ③朱… Ⅲ.①财政法—研究—中国 ②经济法—研究—中国 ③高等学校—财务管理—研究—中国 Ⅳ.①D922.204 ②G647.5

中国版本图书馆CIP数据核字(2017)第152722号

责任编辑　黄成艮
封面设计　南房间

学政策明规则:财经法规与高校财务管理研究

出版发行	立信会计出版社		
地　　址	上海市中山西路2230号	邮政编码	200235
电　　话	(021)64411389	传　真	(021)64411325
网　　址	www.lixinaph.com	电子邮箱	lxaph@sh163.net
网上书店	www.shlx.net	电　话	(021)64411071
经　　销	各地新华书店		
印　　刷	江苏凤凰数码印务有限公司		
开　　本	787毫米×1092毫米　1/16		
印　　张	16		
字　　数	394千字		
版　　次	2017年9月第1版		
印　　次	2017年9月第1次		
书　　号	ISBN 978-7-5429-5529-6/D		
定　　价	43.00元		

如有印订差错,请与本社联系调换

序 FOREWORD

没有规矩不成方圆,贯彻财经法规、完善财务制度在学校财务管理工作中非常重要。随着全面预算管理、国库集中支付、预算绩效管理等财政政策的不断建立和完善,用好管好教育经费的任务更突出,要求更迫切。因此,学校财务管理的重要任务就是实现管理的规范化、精细化、绩效化。

《学政策明规则:财经法规与高校财务管理研究》汇集了综合管理、预算管理、收入管理、支出管理及审计监督等方面的财经法规,又编列了近年来的学校财务管理制度,并对高职院校二级财务和项目经费管理作了实践与思考,内容丰富、查阅方便,是学校经济活动的重要参考工具书。我觉得这本书有四点意义:一是为财务管理、会计核算提供依据,促进学校内部控制建设;二是让教职工了解财务制度,心中有数,自觉遵守财经法规;三是有利促进校务公开,民主理财、推进廉政建设;四是可以对外交流,抛砖引玉,不断提高学校财务管理水平。

规范管理适应新常态,正风提效把握新趋势。学校财务管理是一项政策性很强的工作,它涉及学校各项工作的正常运转和教职工的切身利益,学校教职工要及时了解和掌握财经法规政策,自觉维护制度的权威性和严肃性,守纪律讲规矩,明规则强绩效,为学校教育事业提质量、上水平作出新贡献。

金华职业技术学院副校长、教授　郑布英

2017 年 9 月

目录 CONTENTS

第一部分　高校财经法规选编

第一章　综合管理 …………………………………………………………… 3

中共浙江省委办公厅浙江省人民政府办公厅关于切实做好党政机关厉行
　　节约工作的通知　浙委办〔2013〕45 号 ……………………………… 3
中共浙江省委浙江省人民政府关于印发《浙江省党政机关厉行节约反对
　　浪费实施细则》的通知　浙委发〔2014〕13 号 ……………………… 6
关于印发《行政事业单位内部控制规范(试行)》的通知　财会〔2012〕21 号
　　………………………………………………………………………… 15
浙江省人民政府关于加快建立现代财政制度的意见　浙政发〔2015〕41 号
　　………………………………………………………………………… 24
关于印发《高等学校财务制度》的通知　财教〔2012〕488 号 ………… 29
关于印发《高等学校会计制度》的通知　财会〔2013〕30 号 …………… 37

第二章　预算管理 …………………………………………………………… 41

国务院关于深化预算管理制度改革的决定　国发〔2014〕45 号 ……… 41
金华市财政局关于印发市本级部门项目支出预算管理办法的通知
　　金市财预〔2016〕222 号 ……………………………………………… 48
财政部关于进一步加强财政支出预算执行管理的通知　财预〔2014〕85 号
　　………………………………………………………………………… 54
关于推进地方盘活财政存量资金有关事项的通知　财预〔2015〕15 号 …… 57
财政部关于印发《中央部门结转和结余资金管理办法》的通知
　　财预〔2016〕18 号 …………………………………………………… 60
金华市人民政府关于推进预算绩效管理的实施意见　金政发〔2012〕107 号
　　………………………………………………………………………… 64
浙江省财政厅文件关于印发浙江省省级政府采购预算管理办法的通知
　　浙财预〔2011〕22 号 ………………………………………………… 67
浙江省财政厅关于印发浙江省政府购买服务预算管理办法的通知
　　浙财预〔2014〕25 号 ………………………………………………… 69

关于进一步规范和加强行政事业单位国有资产管理的指导意见
　　财资〔2015〕90号 ·· 71
浙江省财政厅转发财政部关于深入推进地方预决算公开工作的通知
　　浙财预〔2014〕10号 ·· 77
财政部关于深入推进地方预决算公开工作的通知　财预〔2014〕36号 ····· 78

第三章　收入管理 ·· 81

关于印发《政府非税收入管理办法》的通知　财税〔2016〕33号 ········· 81
财政部关于进一步加强地方非税收入管理的通知　财预〔2012〕284号 ··· 86
浙江省财政厅关于加强政府非税收入收缴管理工作的通知
　　浙财综〔2015〕46号 ·· 87
浙江省财政厅关于设立《浙江省行政事业单位非经营服务性收入
　　收款收据》的通知　浙财综〔2010〕136号 ···························· 90
财政部关于进一步加强行政事业单位资金往来结算票据使用管理的通知
　　财综〔2013〕57号 ··· 93

第四章　支出管理 ·· 95

浙江省财政厅关于印发浙江省外宾接待经费管理规定的通知
　　浙财行〔2014〕29号 ·· 95
浙江省财政厅　浙江省人民政府外事办公室关于印发浙江省因公临时
　　出国经费管理规定的通知　浙财行〔2014〕30号 ····················· 99
浙江省财政厅　浙江省人力资源和社会保障厅关于印发浙江省因公短期
　　出国培训经费管理规定的通知　浙财行〔2014〕31号 ················ 115
中共金华市委办公室　金华市人民政府办公室关于印发《金华市党政机
　　关国内公务接待管理细则》的通知　金委办发〔2014〕61号 ········· 122
浙江省财政厅关于印发浙江省机关工作人员差旅费管理规定的通知
　　浙财行〔2014〕10号 ··· 126
金华市财政局关于调整金华市机关工作人员差旅费有关规定的通知
　　金市财行〔2015〕426号 ·· 134
关于印发《中央和国家机关会议费管理办法》的通知　财行〔2016〕214号
　　·· 135
关于印发《中央和国家机关培训费管理办法》的通知　财行〔2016〕540号
　　·· 140
关于实施市本级预算单位公务卡强制结算目录的通知
　　金市财核〔2013〕12号 ··· 144
浙江省财政厅　科技厅　监察厅关于严肃财经纪律　规范科技经费使用
　　和加强监管的若干意见　浙财教〔2012〕29号 ······················ 146
浙江省人民政府办公厅转发省科技厅　省财政厅关于改进加强省级财政
　　科研项目和资金管理若干意见的通知　浙政办发〔2014〕148号 ······ 149

中共中央办公厅　国务院办公厅印发《关于进一步完善中央财政科研项目资金管理等政策的若干意见》　中办发〔2016〕50号 …………… 156

第五章　审计监督 …………………………………………………………… 160
国务院关于加强审计工作的意见　国发〔2014〕48号 ………………… 160
中共金华市委办公室金华市人民政府办公室关于建立健全市本级公务
　　支出公款消费审计制度的意见　金委办发〔2014〕24号 …………… 164
违规发放津贴补贴行为处分规定　监察部令〔2013〕第31号 ………… 168
金华市财政局关于重申公务支出开支标准严肃财经纪律的通知
　　金市财行〔2016〕65号 ………………………………………………… 170
设立"小金库"和使用"小金库"款项违法违纪行为政纪处分暂行规定
　　监察部、人社部、财政部、审计署令　第19号 ……………………… 174
关于印发《关于在党政机关和事业单位开展"小金库"专项治理工作的
　　实施办法》的通知　中纪发〔2009〕7号 …………………………… 176

第二部分　高校财务管理范例

第一章　高校财务管理制度案例 …………………………………………… 181
关于印发《金华职业技术学院项目经费管理暂行办法》的通知
　　金职院办〔2013〕18号 ………………………………………………… 183
金华职业技术学院办公室关于印发二级学院经费分配办法的通知
　　金职院办〔2015〕19号 ………………………………………………… 186
金华职业技术学院办公室关于印发收费管理办法的通知
　　金职院办〔2015〕47号 ………………………………………………… 189
金华职业技术学院办公室关于印发财务报销管理办法的通知
　　金职院办〔2015〕46号 ………………………………………………… 193
金华职业技术学院办公室关于印发后勤财务管理办法的通知
　　金职院办〔2016〕21号 ………………………………………………… 196
金华职业技术学院办公室关于印发学校公务接待管理办法的通知
　　金职院办〔2014〕25号 ………………………………………………… 199
金华职业技术学院办公室关于印发《会议费管理规定》和《培训费管理
　　规定》的通知　金职院办〔2014〕43号 ……………………………… 203
金华职业技术学院办公室关于进一步规范教职工公务差旅管理的通知
　　金职院办〔2015〕28号 ………………………………………………… 207
关于进一步规范领导干部外出报告、审批等工作程序的通知
　　金职院办〔2017〕3号 ………………………………………………… 209
金华职业技术学院办公室关于印发学校采购管理办法等相关制度的通知
　　金职院办〔2015〕45号 ………………………………………………… 214
金华职业技术学院办公室关于印发《公务支出公款消费审计实施暂行
　　办法》的通知　金职院办〔2014〕48号 ……………………………… 228

第二章　高校财务管理探析 230
　　财务报销流程简易说明 230
　　特殊会计事项的问题解读 231
　　公务支出报销资料的规范要求 234
　　高职院校二级财务管理的实践与思考 237
　　高职院校项目经费管理的实践与思考——以JH职院为例 241

后　记 247

第一部分

高校财经法规选编

第一章 综合管理

中共浙江省委办公厅浙江省人民政府办公厅关于切实做好党政机关厉行节约工作的通知

浙委办发〔2013〕45号

一、认清形势，统一思想，深刻领会厉行节约工作的重大意义

认真贯彻落实党政机关厉行节约要求，是保持我省经济社会又好又快发展的客观需要，也是加强党风廉政建设、密切党群干群关系、维护党和政府良好形象的必然要求。当前，我省正处于深入实施"八八战略"，加快建设物质富裕精神富有现代化浙江和干好"一三五"、实现"四翻番"，坚定不移推进经济转型升级的重要时期，进一步做好厉行节约工作显得尤为重要和紧迫。全省各级党政机关要自觉把思想和行动统一到中央和省委、省政府的部署要求上来，进一步增强责任感和紧迫感，从讲纪律、赢民心的高度，维护好发展好当前政通人和、风清气正的好局面；要把反对浪费作为执政为民的重要抓手，切实做好厉行节约工作，使有限的财政资金发挥最大效益。

二、明确目标，狠抓落实，加大推进厉行节约工作的执行力度

在保证工作任务不减、工作质量不降的前提下，压减行政支出，降低行政成本。

1. 政府性的楼堂馆所一律不得新批新建

严格控制政府自身建设投入，政府性的楼堂馆所一律不得新批新建，已批在建的要严格控制投资规模，不得突破预算，严禁超标准装修。继续从严控制机关办公楼等维修改造，确实需要的，应严格履行审批程序，严格执行国家有关标准。做好项目全过程监管，落实节能设计评审，强化工程造价和投资控制，从严控制概算调整，规范项目竣工决算管理。严禁对办公楼及附属设施进行豪华装修，严肃查处各种违规建设行为。部分单位办公用房紧缺的，要尽量通过盘活存量、调剂余缺解决。

2. 确保财政供养的人员只减不增

严格控制行政机构设置和行政编制，各地不得突破省下达的行政编制总额，不得自定用于党政机关的编制或各类专项编制。加强和规范事业单位机构编制管理。结合事业单位分类改革，按照控制总量、盘活存量、优化结构、有减有增原则，充分挖掘现有人员编制潜力，保

障公共服务基本需求。严肃机构编制纪律,严禁越权审批机构、擅自提高机构规格;严禁超编进入、超职数和超机构规格配备领导干部。严禁上级业务部门干预下级机构设置和编制配备,强化机构编制管理与组织人事管理、财政预算管理等综合约束机制。全面实行机构编制实名制管理,严格编制使用制度,优化编制资源配置,用好用活现有编制资源,工作任务增加部门所需编制主要通过内部整合调剂解决。

3. 确保"三公"经费只减不增

加强因公出国(境)费、公务接待费、公务用车购置及运行费的管理和控制,确保"三公"经费只减不增。

(1) 压缩因公出国(境)经费支出。从严控制因公出国(境)团组数和人数,严格审批,坚决制止组织无实质内容的出访团组或出席一般性国(境)外国际会议和论坛。严禁借考察、学习、培训、研讨、招商、参展等名义用公款变相出国(境)旅游。不得接受或变相接受企事业单位资助,或向下级机关和下属单位摊派、转嫁费用。严格执行出国(境)费用报销程序、范围和标准,凡超出报销范围的开支一律由个人承担。

(2) 控制公务用车经费支出。严格公务用车编制和配置标准管理,对事业单位公务用车逐步实行编制管理。建立完善对购车实行数量和经费"双重控制"的工作机制,严禁超编制、超标准配车。进一步完善和加强公务用车使用管理,实行定点加油、定点维修、定点保险,不得对公务用车进行豪华装饰,努力降低运行成本。做好公务用车政府采购工作,在不造成浪费的前提下逐步替换成国产品牌汽车,努力降低购置和维修成本。

(3) 减少公务接待费用支出。进一步规范公务接待管理,建立健全管理制度,明确接待规范和标准。严格执行公务接待定点接待制度,有食堂的部门公务接待一般应安排在机关食堂,按标准实行工作餐,不得提高接待标准。不得以会议和培训等名义列支、转移公务接待费用,不得向下级单位或其他关联单位转嫁接待费用。

4. 严格执行各项开支标准

进一步制定和完善基本支出、项目支出等各项支出标准,健全各项资产配置标准,有开支标准的项目必须严格执行既定标准。严格按照标准核拨人员经费和公用经费。严格执行"三公"经费和会议费等行政经费开支标准,没有按规定编制预算的经费,预算不予安排。公务接待费预算必须明确并按照接待对象、人数、批次和经费标准编制。因公出国(境)费严格实施经费与组团双控工作机制,经费预算必须明确并按照工作任务、出访地、人数、时间和经费标准编制。公务用车购置及运行费预算必须明确并按照公务用车编制、实有车辆、购置原因以及购置标准、车均运行经费标准编制。会议费预算要严格按照会议分类档次、人数、时间和开支标准编制。各类培训预算要严格按参加培训的人数、天数、开支标准编制,不得向参训人员收取培训费、资料费等费用。国内因公出差的,必须严格执行差旅费开支标准,超过标准的部分由个人承担。

5. 加强资产配置使用管理

进一步规范和加强资产配置、使用和处置管理,实现资产管理与预算管理、财务管理和政府采购相结合。资产配置应经济适用,严格执行有关标准,无特殊工作需要,不得超标准配置资产。凡是能通过调剂方式解决的,原则上不得购置。对于配置计划内的资产,应纳入政府采购管理。健全账卡管理、档案管理等日常管理制度,建立资产年度决算报告制度,在决算报告中全面反映资产配置、使用和处置等情况。资产处置应当与资产配置、使用和回收利用相结合,逐步建立资产共享、循环利用机制。严格资产处置、出租申报审批手续,未经批准不得自行处置和出租。资产出租收入、处置收入严格按照政府非税收入和国家有关规定管理。

6. 大力推进信息工程共建共享

把推进信息工程共建共享作为信息化建设的重点,按照资源共享、业务协同、安全可靠、节省资金的要求,健全信息化规划体系,加强对政府投资信息化建设项目的管理,积极推进党政机关信息化大平台建设,实行一个平台各家共用共享机制,降低建设和运行成本,切实提高设施设备利用率和资金使用效益,防止重复建设。

7. 严格控制一般性支出

与公共活动无关的经费一律不得开支。从严控制会议规模、规格,加强对会议的统筹,多采用网络视频会议方式召开,尽量压缩会期,会议现场要简朴。大力精简文件简报,法律法规和党内法规已有明确规定的,以及现行文件规定仍然适用的,不再发文;可发可不发的文件,一律不发。大力节约水电油费用的支出,积极开展节能节水改造,推行资源消耗定额管理。节约办公耗材,规范办公用品的采购、配备、使用管理。节约用粮,做好机关食堂及所属单位餐厅的节约粮食工作。认真落实中央和省委、省政府有关规定,继续清理规范并从严控制庆典、论坛、节会和评比、达标、表彰等活动,严格申报审批制度。对批准开展的,要严格规范实施,坚持勤俭节约,不得以各种名目乱收费、乱摊派,不得以开展活动为由滥发钱物,不得滥用财政资金举办活动、搞"形象工程"。

8. 深化预算改革和绩效管理

继续深化预算管理改革,提高财政资金使用绩效。完善全口径预算制度,细化预算编制,严格审核各项支出预算。加大专项资金的清理整合力度,积极推进专项性一般转移支付改革,加大资金统筹力度。全面推进国库集中支付制度,健全预算执行动态监控体系。进一步推进公务卡制度改革,全面推行公务卡强制结算目录制度,扩大公务卡结算范围,规范公务支出。深化政府采购制度改革,拓宽政府采购范围,扩大政府采购规模,切实节约行政开支。建立覆盖全部政府性资金、贯穿全过程的监督机制,推进预算绩效管理,强化预算绩效目标,申请项目资金预算必须提出项目应达到的绩效目标,无绩效的项目一律不得安排预算。扩大绩效跟踪和评价范围,逐步开展部门(单位)支出管理整体绩效评价,加强绩效管理结果应用。积极稳妥推进包括"三公"经费在内的财政预决算信息公开,主动接受社会监督。

三、加强领导,精心组织,确保厉行节约各项政策落到实处

各地各单位要结合实际,认真抓好本通知的贯彻落实。各级党委、政府要对厉行节约工作负总责,各级纪检监察机关和机构编制、发展改革、经济和信息化、财政、人力社保、审计、外事、机关事务管理等部门要按照职能,明确责任,履职尽责,协调配合,形成齐抓共管合力。有关部门要健全管理机制,进一步细化政策措施,完善厉行节约的各项规章制度,按制度办事、靠制度管人,从源头上防止资源浪费,降低行政成本。要强化督查,加大对厉行节约工作的监督检查力度,对违反规定的,要依据有关法律法规和党纪政纪,严肃追究主要领导、分管领导和直接责任人的责任。

中共浙江省委办公厅
浙江省人民政府办公厅
2013年6月8日

中共浙江省委浙江省人民政府关于印发《浙江省党政机关厉行节约反对浪费实施细则》的通知

浙委发〔2014〕13号

各市、县(市、区)党委和人民政府,省直属各单位:

现将《浙江省党政机关厉行节约反对浪费实施细则》印发给你们,请结合实际认真贯彻执行。

中共浙江省委
浙江省人民政府
2014年5月26日

浙江省党政机关厉行节约反对浪费实施细则

第一章 总 则

第一条 为落实中央《党政机关厉行节约反对浪费条例》和有关规定,推进我省节约型机关建设,结合党的群众路线教育实践活动中征求到的意见,制定本实施细则。

第二条 本实施细则所称浪费,是指党政机关及其工作人员违反规定进行不必要的公务活动,或者在履行公务中超出规定范围、标准和要求,不当使用公共资金、资产和资源,给国家和社会造成损失的行为。

第三条 党政机关厉行节约反对浪费,应当遵循从严从简、依法依规、实事求是、公开透明的原则,通过改革创新破解体制机制障碍,科学设定相关标准,建立健全长效机制。

第二章 经费管理

第四条 加强预算编制管理,按照综合预算的要求,将各项收入和支出全部纳入部门预算,严禁以任何形式隐瞒、截留、挤占、挪用、转移、坐支或者私分党政机关依法取得的罚没收入、行政事业性收费、政府性基金、国有资产收益和处置所得等非税收入。

第五条 严格执行预算,严禁超预算或者无预算安排支出,严禁虚列支出、转移或者套取预算资金。年度预算执行中不予追加,因特殊需要确需追加的,由财政部门审核后按程序报批。

第六条 建立健全财政资金使用绩效管理制度。申请项目资金预算应当提出项目资金使用绩效目标,无绩效的项目一律不得安排预算。应当加强绩效管理结果应用,扩大绩效跟踪和评价范围。

第七条 各级财政部门应当会同有关部门，结合实际制定国内差旅、因公临时出国（境）、公务接待、公务用车购置及运行、会议、培训等公务活动经费开支范围和开支标准，建立开支标准调整机制，严格支出报销审核。

第八条 推进政府会计改革，进一步健全会计制度，准确核算机关运行经费，全面反映行政成本。

第九条 全面实行公务卡制度。健全公务卡强制结算目录，党政机关国内发生的公务差旅费、公务接待费、公务用车购置及运行费、会议费、培训费等经费支出，除按规定实行财政直接支付或者银行转账外，应当使用公务卡结算。

第十条 党政机关采购货物、工程和服务，应当遵循公开透明、公平竞争、诚实信用原则，合理确定采购需求，依法完整编制采购预算，严格执行政府采购程序，加强采购合同履约管理。采购需求不得有倾向性和歧视性，不得限制供应商竞争，不得违反规定指定或者变相指定品牌、型号、产地进行采购。

第十一条 建立全省统一的政府采购管理交易信息平台，推进电子化政府采购。建立政府采购结果评价制度，对政府采购的资金节约、政策效能、透明程度以及专业化水平进行综合、客观评价。

第三章　国内差旅和因公临时出国（境）

第十二条 建立健全并严格执行国内差旅内控制度，对党政机关差旅审批、差旅费预算及规模控制等作出规定。从严控制国内差旅人数和天数，严禁无实质内容、无明确公务目的的差旅活动，严禁以公务差旅为名变相旅游，严禁异地部门间无实质内容的学习交流和考察调研。

第十三条 国内差旅人员应当严格按规定乘坐交通工具、住宿、就餐，在不影响公务、确保安全的前提下，应当选乘相对经济便捷的交通工具；在住宿费标准限额内，选择安全、经济、便捷的宾馆住宿。

第十四条 差旅人员应当严格按规定开支差旅费，费用由所在单位承担，不得向下级单位、企业或其他单位转嫁。差旅人员住宿、交通、就餐由接待单位协助安排的，应由差旅人员自行支付相关费用，并按规定标准回所在单位报销。

第十五条 差旅人员不得向接待单位提出正常公务活动以外的要求，不得在出差期间接受违反规定用公款支付的宴请、游览和非工作需要的参观，不得接受礼金、礼品和土特产品等。

第十六条 严格根据工作需要编制出境计划，统筹安排年度因公临时出国计划，严格控制团组数量和规模，严格控制跨地区、跨部门团组。不得安排照顾性、无实质内容的一般性出访，不得安排考察性出访，不得把出国作为个人待遇、安排轮流出国，严禁集中安排赴热门国家和地区出访。

第十七条 加强出国培训总体规划和监督管理，严格控制出国培训规模，科学设置培训项目，择优选派培训对象，提高出国培训的质量和实效。

第十八条 严格遵守因公出境经费预算、支出、使用、核算等财务制度，加强因公临时出国经费预算总额控制，严禁违反规定使用出国经费预算以外资金作为出国经费，严禁向所属单位、企业、驻外机构等摊派或者转嫁出国费用。无出国经费预算安排的不予批准，确有特殊需要的，按规定程序报批。

第十九条　出国团组应当按规定标准安排交通工具和食宿，不得违反规定乘坐民航包机，不得乘坐私人、企业和外国航空公司包机，不得安排超标准住房和用车，不得擅自增加出访国家或者地区，不得擅自绕道旅行，不得擅自延长在国外停留时间。

出国期间，不得与驻外机构和其他中资机构、企业之间用公款互赠礼品或者纪念品，不得用公款相互宴请，不得接受超标准接待，不得参加娱乐活动，不得接受礼金、礼品、有价证券、支付凭证等。

第四章　公务接待

第二十条　建立健全公务接待集中管理制度。县级以上党政机关公务接待管理部门负责管理本级党政机关公务接待工作，指导下级党政机关的公务接待工作。

第二十一条　建立健全公务接待审批控制制度。对无公函的公务活动不予接待，严禁将非公务活动纳入接待范围。

第二十二条　建立健全接待费支出总额控制制度。严格执行公务接待标准，接待住宿应当严格执行差旅、会议管理的有关规定，在定点饭店或者机关内部接待场所安排，执行协议价格。禁止在接待费中列支应当由接待对象承担的差旅、会议、培训等费用，禁止以举办会议、培训为名列支、转移、隐匿接待费开支；禁止向下级单位及其他单位、企业、个人转嫁接待费用，禁止在非税收入中坐支接待费用；禁止借公务接待名义列支其他支出。

第二十三条　建立公务接待清单制度。如实反映接待对象、公务活动、接待费用等情况。接待清单和财务票据、派出单位公函一起作为财务报销的凭证，并接受审计。

第二十四条　外宾接待工作应当遵循服务外交、友好对等、务实节俭的原则。外宾邀请单位应当严格按照有关规定安排接待活动，从严从紧控制外宾团组和接待费用。

第二十五条　招商引资等活动应当参照公务接待标准，严格审批，强化管理，严禁超规格、超标准接待，严禁扩大接待范围、增加接待项目，严禁以招商引资等名义变相安排公务接待。

第二十六条　积极推进公务接待服务社会化改革，推行机关所属接待、培训场所企业化管理，推进接待资源共享，降低服务经营成本。

禁止党政机关以任何名义新建、改建、扩建所属宾馆、招待所等具有接待功能的设施或者场所，禁止超标准装修、超标准配置家具和电器。

第五章　公务用车

第二十七条　坚持分类指导，分步实施，以社会化、市场化为方向，有序推进我省公务用车制度改革。

第二十八条　取消一般公务用车。普通公务出行可由公务人员自主选择，鼓励乘坐公共交通或其他社会化提供的车辆。取消的一般公务用车，应当采取公开招标、拍卖等方式公开处置。适度发放公务交通补贴，不得以车改补贴的名义变相发放福利。

第二十九条　保留必要的公务用车。按照保障公务、经济实用、编制控制、规范管理的原则，保留必要的执法执勤、机要通信、应急和特种专业技术用车及按规定配备的其他车辆。公务用车管理部门应当加强公务用车的编制和购置审批管理，公安车辆管理部门应当加强对公务用车的牌照发放管理。

第三十条 从严配备实行定向化保障的公务用车,不得以特殊用途等理由变相超编制、超标准配备公务用车,不得以任何方式换用、借用、占用下属单位或者其他单位和个人的车辆,不得违规租用社会车辆,不得接受企事业单位和个人赠送的车辆。严格按规定配备专车,不得擅自扩大专车配备范围或变相配备专车。

第三十一条 严格按规定报批公务用车购置。公务用车实行政府集中采购,应当选用国产汽车,优先选用新能源汽车。

公务用车严格按规定年限更新,已到更新年限尚能继续使用的应当继续使用,不得因领导干部职务晋升、调任等原因提前更新。

各级党政机关应当全面实行公务用车加油、保险、维修的定点采购管理。

第三十二条 根据公务活动需要,严格按规定使用公务用车。执法执勤用车应当严格限制在一线执法执勤岗位上使用,机关内部管理和后勤岗位以及机关所属事业单位一律不得使用。领导干部亲属和身边工作人员不得因私使用配备给领导干部的公务用车。

第三十三条 除涉及国家安全、侦查办案等有保密要求的特殊工作用车外,执法执勤用车应当喷涂与执法执勤性质内容相一致的统一标识,否则应不予登记上牌或按规定拍卖处置。

因涉密没有喷涂统一标识的特殊工作用车,应当单独登记,严格管理。

第三十四条 建立健全定向化保障公务用车的内部集中管理、使用登记制度,并定期公开公务用车使用和运行经费情况,切实降低公务用车的运行成本。

第六章 会议活动

第三十五条 党政机关应当精简会议,从严控制会议数量、会期和参会人员规模。内容重复、主题不明确、准备不充分的会议坚决不开,能合并的会议坚决合并,能通过发布文件、现场协调等方式部署的工作一律不安排会议。

第三十六条 党政机关会议实行分类管理、分级审批。财政部门会同机关事务管理等部门制定本级党政机关会议费管理办法,未经批准以及超范围、超标准开支的会议费用,一律不予报销。严禁违规使用会议费购置办公设备,严禁列支公务接待费等与会议无关的任何费用,严禁套取会议资金。严格执行严禁党政机关到风景名胜区开会制度规定。

部门举办会议、活动,不得直接向本级党委、政府领导同志报送方案或发函、致信邀请。

第三十七条 会议召开场所实行政府采购定点管理。会议住宿用房以标准间为主,用餐安排自助餐或者工作餐。会场布置应简洁俭朴,工作会议一律不摆放花草、不制作背景板。会议期间,不得安排宴请,不得组织旅游以及与会议无关的参观活动,不得以任何名义发放纪念品。

第三十八条 建立健全培训审批制度,严格控制培训数量、时间、规模,严格执行分类培训经费开支标准,严禁以培训名义召开会议。

严格控制培训经费支出范围,严禁在培训经费中列支公务接待费、会议费等与培训无关的任何费用。严禁以培训名义进行公款宴请、公款旅游活动。

第三十九条 严格控制各类节会、庆典活动。未经批准,党政机关不得以公祭、历史文化、特色物产、单位成立、行政区划变更、工程奠基或者竣工等名义举办或者委托、指派其他单位举办各类节会、庆典活动,不得举办论坛、博览会、展会活动。严禁使用财政性资金举办营业性文艺晚会。从严控制举办大型综合性运动会和各类赛会。

经批准的节会、庆典、论坛、博览会、展会、运动会、赛会等活动,应当严格控制规模和经费支出,不得向下属单位摊派费用,不得借举办活动发放各类纪念品,不得超出规定标准支付费用邀请名人、明星参与活动。为举办活动专门配备的设备在活动结束后应当及时收回。

第四十条　严格控制和规范各类评比达标表彰活动,实行中央和省两级审批制度。评比达标表彰项目费用由举办单位承担,不得以任何方式向相关单位和个人收取费用。

第七章　办公用房

第四十一条　党政机关新建、改建、扩建、购置、置换、维修改造、租赁办公用房,必须严格按规定履行审批程序,不得以任何形式规避审批。从严控制党政机关办公用房建设,坚决终止违反规定的拟建办公用房项目,停建并没收未按规定程序履行审批手续、擅自开工建设的办公用房项目。凡是超规模、超标准、超投资概算建设的办公用房项目,应当根据具体情况限期腾退超标准面积或者全部没收、拍卖。

第四十二条　党政机关办公用房建设项目应当严格执行办公用房建设标准、单位综合造价标准和公共建筑节能设计标准,符合土地利用和城市规划要求。党政机关办公楼不得追求成为城市地标建筑,严禁配套建设大型广场、公园等设施。

第四十三条　办公用房因使用时间较长、设施设备老化、功能不全、存在安全隐患,不能满足办公要求的,可进行维修改造。维修改造项目应当以消除安全隐患、恢复和完善使用功能、降低能源资源消耗为重点,严格执行维修改造标准。

第四十四条　党政机关办公用房建设和维修项目投资,统一由政府预算建设资金安排。土地收益和资产转让收益应当按照有关规定实行收支两条线管理,不得直接用于办公用房建设。

第四十五条　办公用房建设应当严格执行工程招投标和政府采购有关规定,加强对工程项目的全过程监理和审计监督。加快推行办公用房建设项目代建制。

第四十六条　建立健全办公用房集中统一管理制度,机关事务主管部门对办公用房实行统一调配、统一权属登记。

党政机关应当严格按照党政机关用房建设标准和本单位"三定"方案等规定的机构、编制、职数,从严核定、使用办公用房。

新建、调整办公用房的部门和单位,在搬入新建或新调整办公用房的同时,应当及时将原办公用房腾退移交机关事务管理部门统一调剂使用。

第四十七条　因机构增设、职能调整确需增加办公用房的,应当在本单位现有办公用房中解决;本单位现有办公用房不能满足需要的,由机关事务主管部门按规定整合办公用房资源调剂解决;无法调剂、确需租用办公用房的,应当严格履行审批手续,不得以变相补偿方式租用由企业等单位提供的办公用房。

第四十八条　党政机关办公用房应当严格管理,推进办公用房资源的公平配置和集约使用。凡是超过规定面积标准占有、使用办公用房以及未经批准租用办公用房的,必须腾退。

第四十九条　严禁以租用过渡性用房名义变相建设使用办公用房。部门和单位在机构变动中转为企业的,所占用的办公用房应予以腾退,确实难以腾退的,经批准可租用原办公用房或按规定程序转为企业国有资本金,租金收入严格按照收支两条线规定管理。凡未经批准改变办公用房使用功能的,原则上应恢复原使用功能。严禁出租出借办公用房,已经出租出借的,到期必须收回;租赁合同未到期的,租金收入严格按照收支两条线管理。

第五十条　党政机关领导干部应当按照标准配置使用一处办公用房,确因工作需要另行配置办公用房的,应当严格履行审批程序。领导干部在不同部门同时任职的,在主要工作部门安排一处办公用房,其他任职部门不再安排办公用房。领导干部工作调动的,由调入部门安排办公用房,原单位的办公用房不再保留。领导干部在人大或政协任职,人大或政协已安排办公用房的,原单位的办公用房不再保留,人大或政协没有安排办公用房的,由原单位根据本人承担工作的实际情况,安排适当的办公用房。领导干部在协会等单位任职的,由协会等单位根据工作需要安排办公用房,原单位的办公用房不再保留。领导干部不得租用宾馆、酒店房间作为办公用房。配置使用的办公用房,在退休或者调离时应当及时腾退并由原单位收回。

第八章　资源节约

第五十一条　机关事务管理部门会同有关部门,按照管理权限,制定和完善公共机构能源消耗定额,财政部门根据能源消耗定额制定和完善能源消耗支出标准。严格执行节能产品政府强制采购和优先采购制度,不得采购国家和省明令淘汰的产品、设备。积极使用节水型器具,建设节水型单位。

第五十二条　鼓励党政机关采用合同能源管理方式实施节能改造。节能改造应当符合民用建筑节能强制性标准,优先采用遮阳、改善通风等低成本改造措施,优先采用节能效果显著的新材料、新产品、新技术和新工艺,重点推广应用新能源和可再生能源。

第五十三条　盘活存量资产,优化办公家具、办公设备等的配置和使用,已到更新年限尚能继续使用的,不得报废处置。加强对非涉密废纸、废弃电器电子产品等废旧物品的集中回收和循环利用;涉及国家秘密的,按照有关保密规定进行销毁。

第五十四条　统筹推进党政机关政务信息系统建设,推动重要政务信息系统互联互通、信息共享和业务协同,降低软件开发、系统维护和升级等方面费用,防止资源浪费。积极推行无纸化办公,减少一次性办公用品消耗。

第九章　宣传教育

第五十五条　把厉行节约反对浪费作为重要宣传内容,充分发挥各级各类媒体作用,广泛宣传中华民族勤俭节约的优秀品德,宣传阐释相关制度规定,宣传推广厉行节约的经验做法和先进典型,倡导绿色低碳消费理念和健康文明生活方式。

第五十六条　把加强厉行节约反对浪费教育作为作风建设的重要内容,融入干部队伍建设和机关日常管理之中,建立健全常态化工作机制。

第五十七条　把加强厉行节约反对浪费教育列入党校、行政学院、干部学院的教学内容。加强崇尚节约、厉行节约、反对浪费的机关文化建设,积极开展形式多样、便于参与的各类活动,增强干部职工节约意识,为在全社会形成节俭之风发挥示范表率作用。

第十章　监督检查

第五十八条　各级党委和政府对本地区厉行节约反对浪费工作负责。下级党委和政府应当每年向上级党委和政府报告本地区厉行节约反对浪费工作情况,党委和政府所属部门、单位应当每年向本级党委和政府报告本部门、本单位厉行节约反对浪费工作情况。报告可结合领导班子年度考核和工作报告一并进行。

领导干部厉行节约反对浪费工作情况,应当列为领导班子民主生活会和领导干部述职述廉的重要内容并接受评议。

第五十九条 建立厉行节约反对浪费监督检查机制。党委办公室(厅)、政府办公室(厅)负责统筹协调相关部门开展对厉行节约反对浪费工作的督促检查。每年至少组织开展一次专项督查,专项督查可以与党风廉政建设责任制检查考核、年终党建工作考核等相结合,督查考核结果应当按照干部管理权限送纪检监察机关和组织人事部门,作为干部管理监督、选拔任用的依据。

针对厉行节约反对浪费工作中的突出问题可以开展明察暗访等专项活动。

第六十条 纪检监察机关负责加强对厉行节约反对浪费工作的监督检查,受理群众举报和有关部门移送的案件线索,及时查处违纪违法问题。不定期曝光铺张浪费的典型案例,发挥警示教育作用。

省委巡视组按照有关规定,加强对有关党组织领导班子及其成员厉行节约反对浪费工作情况的巡视监督。

第六十一条 财政部门负责对党政机关预算编制、执行等财政、财务、政府采购和会计事项的监督检查,依法处理发现的违规问题,并及时向本级党委和政府汇报监督检查结果。

审计部门负责对党政机关公务支出和公款消费的审计,依法处理、督促整改违规问题,并将涉嫌违纪违法问题移送有关部门查处。

第六十二条 建立健全厉行节约反对浪费信息公开制度。除依照法律法规和有关要求须保密的内容和事项外,下列内容应当按照及时、方便、多样的原则,以适当方式进行公开:

(一)预算和决算信息;

(二)政府采购文件、采购预算、中标成交结果、采购合同等情况;

(三)公务接待的批次、人数、经费总额等情况;

(四)会议的名称、主要内容、支出金额等情况;

(五)培训的项目、内容、人数、经费等情况;

(六)节会、庆典、论坛、博览会、展会、运动会、赛会等活动举办信息;

(七)办公用房建设、维修改造、使用、运行费用支出等情况;

(八)公务支出和公款消费的审计结果;

(九)其他需要公开的内容。

第六十三条 推动和支持各级人民代表大会及其常务委员会依法严格审查批准本级党政机关公务支出预算,加强对预算执行情况的监督。支持人大代表通过提出意见、建议、批评以及询问、质询等方式加强对党政机关厉行节约反对浪费工作的监督。

支持人民政协对党政机关厉行节约反对浪费工作的监督,自觉接受并积极支持政协委员通过调研、视察、提案等方式加强对党政机关厉行节约反对浪费工作的监督。

第六十四条 重视各级各类媒体在厉行节约反对浪费方面的舆论监督作用,及时调查处理媒体曝光的违规违纪违法问题。

发挥群众对党政机关及其工作人员铺张浪费行为的监督作用,认真调查处理群众反映的问题。

第十一章 责任追究

第六十五条 建立党政机关厉行节约反对浪费工作责任追究制度。党政机关领导班子主要负责人对本地区、本部门、本单位的厉行节约反对浪费工作负总责,其他成员根据工作分工,对职责范围内的厉行节约反对浪费工作负主要领导责任。

第六十六条 有下列情形之一的,追究相关人员的责任:
(一)未经审批列支财政性资金的;
(二)采取弄虚作假等手段违规取得审批的;
(三)违反审批要求擅自变通执行的;
(四)违反管理规定超标准或者以虚假事项开支的;
(五)利用职务便利假公济私的;
(六)有其他违反审批、管理、监督规定行为的。

第六十七条 有下列情形之一的,追究主要负责人或者有关领导干部的责任:
(一)本地区、本部门、本单位铺张浪费、奢侈奢华问题严重,对发现的问题查处不力,干部群众反映强烈的;
(二)指使、纵容下属单位或者人员违反本实施细则规定造成浪费的;
(三)不履行内部审批、管理、监督职责造成浪费的;
(四)不按规定及时公开本地区、本部门、本单位有关厉行节约反对浪费工作信息的;
(五)其他对铺张浪费问题负有领导责任的。

第六十八条 违反本实施细则规定造成浪费的,情节较轻的,给予批评教育、责令作出检查、诫勉谈话;情节较重的,给予通报批评;情节严重的,给予党纪政纪处分,或者调离岗位、责令辞职、免职、降职等处理。涉嫌违法犯罪的,依法追究法律责任。

以上责任追究方式可以单独使用,也可以合并使用。

第六十九条 违反本实施细则规定获得的经济利益,应当予以收缴或者纠正。违反本实施细则规定,用公款支付、报销应由个人支付的费用,应当责令退赔。

第七十条 主要负责人、有关领导干部或者相关人员违反本实施细则规定,需要查明事实、追究责任的,由有关机关或者部门按照职责和权限调查处理。其中需要追究党纪政纪责任的,由纪检监察机关按照党纪政纪案件的调查处理程序办理;需要给予组织处理的,由组织人事部门或者由负责调查的纪检监察机关会同组织人事部门,按照有关权限和程序办理。

第七十一条 实施责任追究不因党政机关工作人员工作岗位或者职务的变动而免予追究。

第七十二条 受到责任追究的人员,取消当年年度考核评优和评选各类先进的资格。

单独受到责令辞职、免职处理的人员,一年内不得重新担任与其原任职务相当的职务,工作的重新安排和重新任用,按照组织部门有关规定执行;受到降职处理的,两年内不得提升职务。同时受到党纪政纪处分和组织处理的,按影响期较长的执行。

第七十三条 受到责任追究的人员对处理决定不服的,可以按照相关规定向有关机关提出申诉。受理申诉机关应当依据有关规定认真受理并作出结论。

申诉期间,不停止处理决定的执行。

第十二章 附 则

第七十四条 本实施细则适用于我省各级党的机关、人大机关、行政机关、政协机关、审判机关、检察机关,以及工会、共青团、妇联等人民团体和参照公务员法管理的事业单位。

国有企业、国有金融企业、不参照公务员法管理的事业单位,参照本实施细则执行。

各市党委和政府,省委和省政府各工作部门,可以根据本实施细则,制定完善相关配套制度。

第七十五条 本实施细则由中共浙江省委办公厅、浙江省人民政府办公厅会同有关部门负责解释。

第七十六条 本实施细则自发布之日起施行。《党政机关厉行节约反对浪费条例》已有明确规定,本实施细则没有规定的,执行《党政机关厉行节约反对浪费条例》的规定。其他我省有关党政机关厉行节约反对浪费的规定,凡与本实施细则不一致的,按照本实施细则执行。

关于印发《行政事业单位内部控制规范（试行）》的通知

财会〔2012〕21号

党中央有关部门，国务院各部委、各直属机构，全国人大常委会办公厅，全国政协办公厅，高法院，高检院，各民主党派中央，有关人民团体，各省、自治区、直辖市、计划单列市财政厅（局），新疆生产建设兵团财务局：

为了进一步提高行政事业单位内部管理水平，规范内部控制，加强廉政风险防控机制建设，根据《中华人民共和国会计法》《中华人民共和国预算法》等法律法规和相关规定，我部制定了《行政事业单位内部控制规范（试行）》，现印发给你们，自2014年1月1日起施行。执行中有何问题，请及时反馈我部。

附件：行政事业单位内部控制规范（试行）

财政部
2012年11月29日

行政事业单位内部控制规范（试行）

第一章 总 则

第一条 为了进一步提高行政事业单位内部管理水平，规范内部控制，加强廉政风险防控机制建设，根据《中华人民共和国会计法》《中华人民共和国预算法》等法律法规和相关规定，制定本规范。

第二条 本规范适用于各级党的机关、人大机关、行政机关、政协机关、审判机关、检察机关、各民主党派机关、人民团体和事业单位（以下统称单位）经济活动的内部控制。

第三条 本规范所称内部控制，是指单位为实现控制目标，通过制定制度、实施措施和执行程序，对经济活动的风险进行防范和管控。

第四条 单位内部控制的目标主要包括：合理保证单位经济活动合法合规、资产安全和使用有效、财务信息真实完整，有效防范舞弊和预防腐败，提高公共服务的效率和效果。

第五条 单位建立与实施内部控制，应当遵循下列原则：

（一）全面性原则。内部控制应当贯穿单位经济活动的决策、执行和监督全过程，实现对经济活动的全面控制。

（二）重要性原则。在全面控制的基础上，内部控制应当关注单位重要经济活动和经济活动的重大风险。

（三）制衡性原则。内部控制应当在单位内部的部门管理、职责分工、业务流程等方面形成相互制约和相互监督。

（四）适应性原则。内部控制应当符合国家有关规定和单位的实际情况，并随着外部环境的变化、单位经济活动的调整和管理要求的提高，不断修订和完善。

第六条　单位负责人对本单位内部控制的建立健全和有效实施负责。

第七条　单位应当根据本规范建立适合本单位实际情况的内部控制体系，并组织实施。具体工作包括梳理单位各类经济活动的业务流程，明确业务环节，系统分析经济活动风险，确定风险点，选择风险应对策略，在此基础上根据国家有关规定建立健全单位各项内部管理制度并督促相关工作人员认真执行。

第二章　风险评估和控制方法

第八条　单位应当建立经济活动风险定期评估机制，对经济活动存在的风险进行全面、系统和客观评估。

经济活动风险评估至少每年进行一次；外部环境、经济活动或管理要求等发生重大变化的，应及时对经济活动风险进行重估。

第九条　单位开展经济活动风险评估应当成立风险评估工作小组，单位领导担任组长。

经济活动风险评估结果应当形成书面报告并及时提交单位领导班子，作为完善内部控制的依据。

第十条　单位进行单位层面的风险评估时，应当重点关注以下方面：

（一）内部控制工作的组织情况。包括是否确定内部控制职能部门或牵头部门；是否建立单位各部门在内部控制中的沟通协调和联动机制。

（二）内部控制机制的建设情况。包括经济活动的决策、执行、监督是否实现有效分离；权责是否对等；是否建立健全议事决策机制、岗位责任制、内部监督等机制。

（三）内部管理制度的完善情况。包括内部管理制度是否健全；执行是否有效。

（四）内部控制关键岗位工作人员的管理情况。包括是否建立工作人员的培训、评价、轮岗等机制；工作人员是否具备相应的资格和能力。

（五）财务信息的编报情况。包括是否按照国家统一的会计制度对经济业务事项进行账务处理；是否按照国家统一的会计制度编制财务会计报告。

（六）其他情况。

第十一条　单位进行经济活动业务层面的风险评估时，应当重点关注以下方面：

（一）预算管理情况。包括在预算编制过程中单位内部各部门间沟通协调是否充分，预算编制与资产配置是否相结合、与具体工作是否相对应；是否按照批复的额度和开支范围执行预算，进度是否合理，是否存在无预算、超预算支出等问题；决算编报是否真实、完整、准确、及时。

（二）收支管理情况。包括收入是否实现归口管理，是否按照规定及时向财会部门提供收入的有关凭据，是否按照规定保管和使用印章和票据等；发生支出事项时是否按照规定审核各类凭证的真实性、合法性，是否存在使用虚假票据套取资金的情形。

（三）政府采购管理情况。包括是否按照预算和计划组织政府采购业务；是否按照规定组织政府采购活动和执行验收程序；是否按照规定保存政府采购业务相关档案。

（四）资产管理情况。包括是否实现资产归口管理并明确使用责任；是否定期对资产进行清查盘点,对账实不符的情况及时进行处理;是否按照规定处置资产。

(五)建设项目管理情况。包括是否按照概算投资;是否严格履行审核审批程序;是否建立有效的招、投标控制机制;是否存在截留、挤占、挪用、套取建设项目资金的情形;是否按照规定保存建设项目相关档案并及时办理移交手续。

(六)合同管理情况。包括是否实现合同归口管理;是否明确应签订合同的经济活动范围和条件;是否有效监控合同履行情况,是否建立合同纠纷协调机制。

(七)其他情况。

第十二条 单位内部控制的控制方法一般包括:

(一)不相容岗位相互分离。合理设置内部控制关键岗位,明确划分职责权限,实施相应的分离措施,形成相互制约、相互监督的工作机制。

(二)内部授权审批控制。明确各岗位办理业务和事项的权限范围、审批程序和相关责任,建立重大事项集体决策和会签制度。相关工作人员应当在授权范围内行使职权、办理业务。

(三)归口管理。根据本单位实际情况,按照权责对等的原则,采取成立联合工作小组并确定牵头部门或牵头人员等方式,对有关经济活动实行统一管理。

(四)预算控制。强化对经济活动的预算约束,使预算管理贯穿于单位经济活动的全过程。

(五)财产保护控制。建立资产日常管理制度和定期清查机制,采取资产记录、实物保管、定期盘点、账实核对等措施,确保资产安全完整。

(六)会计控制。建立健全本单位财会管理制度,加强会计机构建设,提高会计人员业务水平,强化会计人员岗位责任制,规范会计基础工作,加强会计档案管理,明确会计凭证、会计账簿和财务会计报告处理程序。

(七)单据控制。要求单位根据国家有关规定和单位的经济活动业务流程,在内部管理制度中明确界定各项经济活动所涉及的表单和票据,要求相关工作人员按照规定填制、审核、归档、保管单据。

(八)信息内部公开。建立健全经济活动相关信息内部公开制度,根据国家有关规定和单位的实际情况,确定信息内部公开的内容、范围、方式和程序。

第三章 单位层面内部控制

第十三条 单位应当单独设置内部控制职能部门或者确定内部控制牵头部门,负责组织协调内部控制工作。同时,应当充分发挥财会、内部审计、纪检监察、政府采购、基建、资产管理等部门或岗位在内部控制中的作用。

第十四条 单位经济活动的决策、执行和监督应当相互分离。单位应当建立健全集体研究、专家论证和技术咨询相结合的议事决策机制。

重大经济事项的内部决策,应当由单位领导班子集体研究决定。重大经济事项的认定标准应当根据有关规定和本单位实际情况确定,一经确定,不得随意变更。

第十五条 单位应当建立健全内部控制关键岗位责任制,明确岗位职责及分工,确保不相容岗位相互分离、相互制约和相互监督。单位应当实行内部控制关键岗位工作人员的轮岗制度,明确轮岗周期。不具备轮岗条件的单位应当采取专项审计等控制措施。

内部控制关键岗位主要包括预算业务管理、收支业务管理、政府采购业务管理、资产管理、建设项目管理、合同管理以及内部监督等经济活动的关键岗位。

第十六条 内部控制关键岗位工作人员应当具备与其工作岗位相适应的资格和能力。

单位应当加强内部控制关键岗位工作人员业务培训和职业道德教育,不断提升其业务水平和综合素质。

第十七条 单位应当根据《中华人民共和国会计法》的规定建立会计机构,配备具有相应资格和能力的会计人员。单位应当根据实际发生的经济业务事项按照国家统一的会计制度及时进行账务处理、编制财务会计报告,确保财务信息真实、完整。

第十八条 单位应当充分运用现代科学技术手段加强内部控制。对信息系统建设实施归口管理,将经济活动及其内部控制流程嵌入单位信息系统中,减少或消除人为操纵因素,保护信息安全。

第四章 业务层面内部控制

第一节 预算业务控制

第十九条 单位应当建立健全预算编制、审批、执行、决算与评价等预算内部管理制度。

单位应当合理设置岗位,明确相关岗位的职责权限,确保预算编制、审批、执行、评价等不相容岗位相互分离。

第二十条 单位的预算编制应当做到程序规范、方法科学、编制及时、内容完整、项目细化、数据准确。

(一)单位应当正确把握预算编制有关政策,确保预算编制相关人员及时全面掌握相关规定。

(二)单位应当建立内部预算编制、预算执行、资产管理、基建管理、人事管理等部门或岗位的沟通协调机制,按照规定进行项目评审,确保预算编制部门及时取得和有效运用与预算编制相关的信息,根据工作计划细化预算编制,提高预算编制的科学性。

第二十一条 单位应当根据内设部门的职责和分工,对按照法定程序批复的预算在单位内部进行指标分解、审批下达,规范内部预算追加调整程序,发挥预算对经济活动的管控作用。

第二十二条 单位应当根据批复的预算安排各项收支,确保预算严格有效执行。

单位应当建立预算执行分析机制。定期通报各部门预算执行情况,召开预算执行分析会议,研究解决预算执行中存在的问题,提出改进措施,提高预算执行的有效性。

第二十三条 单位应当加强决算管理,确保决算真实、完整、准确、及时,加强决算分析工作,强化决算分析结果运用,建立健全单位预算与决算相互反映、相互促进的机制。

第二十四条 单位应当加强预算绩效管理,建立"预算编制有目标、预算执行有监控、预算完成有评价、评价结果有反馈、反馈结果有应用"的全过程预算绩效管理机制。

第二节 收支业务控制

第二十五条 单位应当建立健全收入内部管理制度。

单位应当合理设置岗位,明确相关岗位的职责权限,确保收款、会计核算等不相容岗位相互分离。

第二十六条 单位的各项收入应当由财会部门归口管理并进行会计核算,严禁设立账外账。

业务部门应当在涉及收入的合同协议签订后及时将合同等有关材料提交财会部门作为账务处理依据,确保各项收入应收尽收,及时入账。财会部门应当定期检查收入金额是否与合同约定相符;对应收未收项目应当查明情况,明确责任主体,落实催收责任。

第二十七条 有政府非税收入收缴职能的单位,应当按照规定项目和标准征收政府非税收入,按照规定开具财政票据,做到收缴分离、票款一致,并及时、足额上缴国库或财政专户,不得以任何形式截留、挪用或者私分。

第二十八条 单位应当建立健全票据管理制度。财政票据、发票等各类票据的申领、启用、核销、销毁均应履行规定手续。单位应当按照规定设置票据专管员,建立票据台账,做好票据的保管和序时登记工作。票据应当按照顺序号使用,不得拆本使用,做好废旧票据管理。负责保管票据的人员要配置单独的保险柜等保管设备,并做到人走柜锁。

单位不得违反规定转让、出借、代开、买卖财政票据、发票等票据,不得擅自扩大票据适用范围。

第二十九条 单位应当建立健全支出内部管理制度,确定单位经济活动的各项支出标准,明确支出报销流程,按照规定办理支出事项。单位应当合理设置岗位,明确相关岗位的职责权限,确保支出申请和内部审批、付款审批和付款执行、业务经办和会计核算等不相容岗位相互分离。

第三十条 单位应当按照支出业务的类型,明确内部审批、审核、支付、核算和归档等支出各关键岗位的职责权限。实行国库集中支付的,应当严格按照财政国库管理制度有关规定执行。

(一)加强支出审批控制。明确支出的内部审批权限、程序、责任和相关控制措施。审批人应当在授权范围内审批,不得越权审批。

(二)加强支出审核控制。全面审核各类单据。重点审核单据来源是否合法,内容是否真实、完整,使用是否准确,是否符合预算,审批手续是否齐全。

支出凭证应当附反映支出明细内容的原始单据,并由经办人员签字或盖章,超出规定标准的支出事项应由经办人员说明原因并附审批依据,确保与经济业务事项相符。

(三)加强支付控制。明确报销业务流程,按照规定办理资金支付手续。签发的支付凭证应当进行登记。使用公务卡结算的,应当按照公务卡使用和管理有关规定办理业务。

(四)加强支出的核算和归档控制。由财会部门根据支出凭证及时准确登记账簿;与支出业务相关的合同等材料应当提交财会部门作为账务处理的依据。

第三十一条 根据国家规定可以举借债务的单位应当建立健全债务内部管理制度,明确债务管理岗位的职责权限,不得由一人办理债务业务的全过程。大额债务的举借和偿还属于重大经济事项,应当进行充分论证,并由单位领导班子集体研究决定。

单位应当做好债务的会计核算和档案保管工作。加强债务的对账和检查控制,定期与债权人核对债务余额,进行债务清理,防范和控制财务风险。

第三节 政府采购业务控制

第三十二条 单位应当建立健全政府采购预算与计划管理、政府采购活动管理、验收管理等政府采购内部管理制度。

第三十三条 单位应当明确相关岗位的职责权限,确保政府采购需求制定与内部审批、招标文件准备与复核、合同签订与验收、验收与保管等不相容岗位相互分离。

第三十四条 单位应当加强对政府采购业务预算与计划的管理。建立预算编制、政府采购和资产管理等部门或岗位之间的沟通协调机制。根据本单位实际需求和相关标准编制政府采购预算,按照已批复的预算安排政府采购计划。

第三十五条 单位应当加强对政府采购活动的管理。对政府采购活动实施归口管理,在政府采购活动中建立政府采购、资产管理、财会、内部审计、纪检监察等部门或岗位相互协调、相互制约的机制。

单位应当加强对政府采购申请的内部审核,按照规定选择政府采购方式、发布政府采购信息。对政府采购进口产品、变更政府采购方式等事项应当加强内部审核,严格履行审批手续。

第三十六条 单位应当加强对政府采购项目验收的管理。根据规定的验收制度和政府采购文件,由指定部门或专人对所购物品的品种、规格、数量、质量和其他相关内容进行验收,并出具验收证明。

第三十七条 单位应当加强对政府采购业务质疑投诉答复的管理。指定牵头部门负责、相关部门参加,按照国家有关规定做好政府采购业务质疑投诉答复工作。

第三十八条 单位应当加强对政府采购业务的记录控制。妥善保管政府采购预算与计划、各类批复文件、招标文件、投标文件、评标文件、合同文本、验收证明等政府采购业务相关资料。定期对政府采购业务信息进行分类统计,并在内部进行通报。

第三十九条 单位应当加强对涉密政府采购项目安全保密的管理。对于涉密政府采购项目,单位应当与相关供应商或采购中介机构签订保密协议或者在合同中设定保密条款。

第四节 资产控制

第四十条 单位应当对资产实行分类管理,建立健全资产内部管理制度。

单位应当合理设置岗位,明确相关岗位的职责权限,确保资产安全和有效使用。

第四十一条 单位应当建立健全货币资金管理岗位责任制,合理设置岗位,不得由一人办理货币资金业务的全过程,确保不相容岗位相互分离。

(一)出纳不得兼管稽核、会计档案保管和收入、支出、债权、债务账目的登记工作。

(二)严禁一人保管收付款项所需的全部印章。财务专用章应当由专人保管,个人名章应当由本人或其授权人员保管。负责保管印章的人员要配置单独的保管设备,并做到人走柜锁。

(三)按照规定应当由有关负责人签字或盖章的,应当严格履行签字或盖章手续。

第四十二条 单位应当加强对银行账户的管理,严格按照规定的审批权限和程序开立、变更和撤销银行账户。

第四十三条 单位应当加强货币资金的核查控制。指定不办理货币资金业务的会计人员定期和不定期抽查盘点库存现金,核对银行存款余额,抽查银行对账单、银行日记账及银行存款余额调节表,核对是否账实相符、账账相符。对调节不符、可能存在重大问题的未达账项应当及时查明原因,并按照相关规定处理。

第四十四条 单位应当加强对实物资产和无形资产的管理,明确相关部门和岗位的职责权限,强化对配置、使用和处置等关键环节的管控。

(一)对资产实施归口管理。明确资产使用和保管责任人,落实资产使用人在资产管理中的责任。贵重资产、危险资产、有保密等特殊要求的资产,应当指定专人保管、专人使用,并规定严格的接触限制条件和审批程序。

(二)按照国有资产管理相关规定,明确资产的调剂、租借、对外投资、处置的程序、审批权限和责任。

(三)建立资产台账,加强资产的实物管理。单位应当定期清查盘点资产,确保账实相符。财会、资产管理、资产使用等部门或岗位应当定期对账,发现不符的,应当及时查明原因,并按照相关规定处理。

(四)建立资产信息管理系统,做好资产的统计、报告、分析工作,实现对资产的动态管理。

第四十五条 单位应当根据国家有关规定加强对对外投资的管理。

(一)合理设置岗位,明确相关岗位的职责权限,确保对外投资的可行性研究与评估、对外投资决策与执行、对外投资处置的审批与执行等不相容岗位相互分离。

(二)单位对外投资,应当由单位领导班子集体研究决定。

(三)加强对投资项目的追踪管理,及时、全面、准确地记录对外投资的价值变动和投资收益情况。

(四)建立责任追究制度。对在对外投资中出现重大决策失误、未履行集体决策程序和不按规定执行对外投资业务的部门及人员,应当追究相应的责任。

第五节 建设项目控制

第四十六条 单位应当建立健全建设项目内部管理制度。

单位应当合理设置岗位,明确内部相关部门和岗位的职责权限,确保项目建议和可行性研究与项目决策、概预算编制与审核、项目实施与价款支付、竣工决算与竣工审计等不相容岗位相互分离。

第四十七条 单位应当建立与建设项目相关的议事决策机制,严禁任何个人单独决策或者擅自改变集体决策意见。决策过程及各方面意见应当形成书面文件,与相关资料一同妥善归档保管。

第四十八条 单位应当建立与建设项目相关的审核机制。项目建议书、可行性研究报告、概预算、竣工决算报告等应当由单位内部的规划、技术、财会、法律等相关工作人员或者根据国家有关规定委托具有相应资质的中介机构进行审核,出具评审意见。

第四十九条 单位应当依据国家有关规定组织建设项目招标工作,并接受有关部门的监督。

单位应当采取签订保密协议、限制接触等必要措施,确保标底编制、评标等工作在严格保密的情况下进行。

第五十条 单位应当按照审批单位下达的投资计划和预算对建设项目资金实行专款专用,严禁截留、挪用和超批复内容使用资金。财会部门应当加强与建设项目承建单位的沟通,准确掌握建设进度,加强价款支付审核,按照规定办理价款结算。实行国库集中支付的建设项目,单位应当按照财政国库管理制度相关规定支付资金。

第五十一条 单位应当加强对建设项目档案的管理。做好相关文件、材料的收集、整理、归档和保管工作。

第五十二条 经批准的投资概算是工程投资的最高限额,如有调整,应当按照国家有关规定报经批准。

单位建设项目工程洽商和设计变更应当按照有关规定履行相应的审批程序。

第五十三条 建设项目竣工后，单位应当按照规定的时限及时办理竣工决算，组织竣工决算审计，并根据批复的竣工决算和有关规定办理建设项目档案和资产移交等工作。

建设项目已实际投入使用但超时限未办理竣工决算的，单位应当根据对建设项目的实际投资暂估入账，转作相关资产管理。

第六节 合同控制

第五十四条 单位应当建立健全合同内部管理制度。

单位应当合理设置岗位，明确合同的授权审批和签署权限，妥善保管和使用合同专用章，严禁未经授权擅自以单位名义对外签订合同，严禁违规签订担保、投资和借贷合同。

单位应当对合同实施归口管理，建立财会部门与合同归口管理部门的沟通协调机制，实现合同管理与预算管理、收支管理相结合。

第五十五条 单位应当加强对合同订立的管理，明确合同订立的范围和条件。对于影响重大、涉及较高专业技术或法律关系复杂的合同，应当组织法律、技术、财会等工作人员参与谈判，必要时可聘请外部专家参与相关工作。谈判过程中的重要事项和参与谈判人员的主要意见，应当予以记录并妥善保管。

第五十六条 单位应当对合同履行情况实施有效监控。合同履行过程中，因对方或单位自身原因导致可能无法按时履行的，应当及时采取应对措施。

单位应当建立合同履行监督审查制度。对合同履行中签订补充合同，或变更、解除合同等应当按照国家有关规定进行审查。

第五十七条 财会部门应当根据合同履行情况办理价款结算和进行账务处理。未按照合同条款履约的，财会部门应当在付款之前向单位有关负责人报告。

第五十八条 合同归口管理部门应当加强对合同登记的管理，定期对合同进行统计、分类和归档，详细登记合同的订立、履行和变更情况，实行对合同的全过程管理。与单位经济活动相关的合同应当同时提交财会部门作为账务处理的依据。

单位应当加强合同信息安全保密工作，未经批准，不得以任何形式泄露合同订立与履行过程中涉及的国家秘密、工作秘密或商业秘密。

第五十九条 单位应当加强对合同纠纷的管理。合同发生纠纷的，单位应当在规定时效内与对方协商谈判。合同纠纷协商一致的，双方应当签订书面协议；合同纠纷经协商无法解决的，经办人员应向单位有关负责人报告，并根据合同约定选择仲裁或诉讼方式解决。

第五章 评价与监督

第六十条 单位应当建立健全内部监督制度，明确各相关部门或岗位在内部监督中的职责权限，规定内部监督的程序和要求，对内部控制建立与实施情况进行内部监督检查和自我评价。

内部监督应当与内部控制的建立和实施保持相对独立。

第六十一条 内部审计部门或岗位应当定期或不定期检查单位内部管理制度和机制的建立与执行情况，以及内部控制关键岗位及人员的设置情况等，及时发现内部控制存在的问题并提出改进建议。

第六十二条 单位应当根据本单位实际情况确定内部监督检查的方法、范围和频率。

第六十三条 单位负责人应当指定专门部门或专人负责对单位内部控制的有效性进行评价并出具单位内部控制自我评价报告。

第六十四条 国务院财政部门及其派出机构和县级以上地方各级人民政府财政部门应当对单位内部控制的建立和实施情况进行监督检查,有针对性地提出检查意见和建议,并督促单位进行整改。

国务院审计机关及其派出机构和县级以上地方各级人民政府审计机关对单位进行审计时,应当调查了解单位内部控制建立和实施的有效性,揭示相关内部控制的缺陷,有针对性地提出审计处理意见和建议,并督促单位进行整改。

第六章 附 则

第六十五条 本规范自 2014 年 1 月 1 日起施行。

浙江省人民政府关于加快建立现代财政制度的意见

浙政发〔2015〕41号

各市、县(市、区)人民政府,省政府直属各单位:

根据党的十八大关于全面深化改革的战略部署和党的十八届三中全会关于深化财税体制改革的目标任务,为进一步促进我省经济可持续发展、民生可持续改善、生态可持续优化,现就加快建立具有浙江特色的现代财政制度提出如下意见:

一、总体要求

(一)指导思想

全面贯彻中央有关财税改革的精神,认真落实《中华人民共和国预算法》,遵循"促进发展、保障民生、科学理财、加强监管"的理财观,做好"生财、聚财、用财"三篇文章,大力支持实施以浙商回归、"五水共治""三改一拆""四换三名"等为主要内容的转型升级组合拳,促进稳增长、调结构、惠民生、优生态。

(二)总体目标

坚持市场化、法治化方向,进一步深化财税体制改革,到2020年基本建立具有浙江特色的、有利于"加快发展、优化生态、改善民生、强化统筹、讲求绩效"的现代财政制度,促进政府治理体系和治理能力现代化,为我省经济社会更好更快发展增添新的动力和活力。

(三)基本原则

1. 处理好政府与市场、政府与社会、省与市县三个关系。发挥市场决定性作用,转变政府职能,激发市场和社会的活力;强化财政职能作用,保持现有财力格局和省管县财政体制总体稳定,强化区域统筹发展。

2. 统筹兼顾效率与公平。优化财政资源配置,助推经济转型升级,提升经济发展的质量和效益;建立事权和支出责任相适应的制度,推进基本公共服务均等化,增强人民群众的获得感。

3. 坚持顶层设计、稳步推进。坚持改革总体目标方向,增强改革的系统性、整体性、协同性,结合我省实际,准确把握改革的时机、节奏和力度,积极稳妥、有序地推进改革。

4. 推进预算公开、透明,提升预算绩效。实施全面规范、公开透明的预算制度,将公开透明、提升绩效贯穿预算改革和管理全过程,强化预算监督和约束作用,促进阳光政府、法治政府、服务型政府建设。

二、创新财政理财机制

(一)积极发挥政府产业基金作用。深化"四张清单一张网"改革,创新财政支持经济发展方式。省政府设立200亿元的省级政府产业基金,采用市场化运作模式,支持信息经济、环保、健康、旅游、时尚、金融、高端装备制造等七大产业以及农业农村发展。积极引导市县政府加快设立各类产业基金,力争通过三年努力,全省政府产业基金规模达到1 000亿元以上,并通过与社会资本、金融资本的充分结合,撬动社会资本投入10 000亿元左右,助推产业转型升级。

(二)加大创新驱动发展的财政支持力度。完善财政投入机制,推进创新驱动发展战略全面实施。优化科技支出和科技资源配置结构,积极引导科技创新能力建设,推动科技成果转化应用,提高科技产出绩效。2016—2020年,省政府安排创新强省资金100亿元,并通过增量调存量、省市县共建、引导社会资本投入等方式,多渠道筹措各类资金200亿元以上,重点支持杭州城西科创大走廊等创新平台建设,促进大众创业万众创新和绿色产业发展,强化高层次人才和高技能人才队伍建设,提升高等院校、职业教育的办学质量。

(三)大力推动公共基础设施多元化投入。创新公共产品供给机制,大力推广政府和社会资本合作(PPP)模式,吸引社会资本参与公共产品和公共服务项目多元化投资、专业化运营管理。省政府设立100亿元的基础设施建设基金(包括PPP基金),支持重大公共基础设施建设和PPP项目,力争通过三年努力,引入金融等社会资本形成800亿元的基础设施建设基金规模。

(四)积极稳妥推进社会保险基金保值增值。强化社会保险基金投资管理和监督,依法推进基金市场化、多元化投资运营。在确保社会保险基金可持续支付和安全运行的前提下,利用社会保险基金结余进行保值增值运行,提高基金收益水平。加强社会保险基金预算管理,在精算平衡的基础上实现社会保险基金的可持续运行。

(五)强化多渠道民生保障机制。树立全社会共推民生发展的理念,强化"政府主导、各方共担"的多渠道民生保障机制,逐步提升我省民生保障和基本公共服务均等化的水平。发挥政府主导作用,坚持公共财政导向,加大对教育、医疗、就业、社保、保障房等民生事业的资金保障工作,确保新增财力的三分之二用于民生。充分发挥市场机制、社会管理和个人能动的积极作用,调动市场、社会和个人各方共推民生改善的积极性。

(六)积极推进政府购买服务。创新财政供给方式,加快政府职能转移,推进事业单位改革,促进"养人"向"办事"转变。可以由社会力量提供的公共服务和政府履职辅助性服务,通过在减人或不增人的前提下,逐步纳入政府购买服务目录,稳步扩大政府购买服务支出规模。2017年在全省基本建立比较完善的政府购买服务制度,促进公共服务更好提供。

三、深化财政体制改革

(一)合理划分事权和支出责任。逐步建立事权与支出责任相适应的制度。把受益范围覆盖全省、外部性强、信息复杂程度低的全省性公共产品和服务作为省级事权;把信息复杂程度较高但受益范围跨区域、外部性较强的公共产品和服务作为省与市县共同事权;把地域性强、信息复杂程度高的区域性公共服务作为市县事权。省和市县按照事权划分相应分担支出责任,属于省级事权,其支出责任由省级财政承担;属于省和市县共同事权,其支出责任(或筹资责任)由省级财政和市县财政按比例分担;属于市县事权,其支出责任由市县财政承担。省级财政可通过安排转移支付将部分省级事权的支出责任委托地方承担。

(二)完善转移支付制度。完善省级一般性转移支付制度,逐步提高省本级财力安排一般性转移支付比重,到 2017 年达到 60% 以上。省政府出台重大增支政策形成的地方财力缺口,原则上通过一般性转移支付适当调节。优化完善转移支付地区分类分档体系,以各市、县(市)经济社会发展水平、经济动员能力和财力状况等因素为依据分为二类六档,建立换档激励奖补机制。优化转移支付资金使用方向,重点支持海洋经济等国家战略,以及省委、省政府一系列转型升级组合拳的加快实施。逐步取消竞争性领域财政专项资金,省级部门一般不再直接向企业分配和拨付资金。

(三)健全生态文明建设财政政策。积极推进主体功能区战略,按照省政府推进国家主体功能区建设试点示范的总体部署,逐步扩大生态环境财政奖惩政策实施范围。落实淳安县等 26 个县发展实绩考核办法。继续实施生态环保财力转移支付制度、与污染物排放总量挂钩财政收费制度、省级重点生态功能区建设示范财政政策和重点生态公益林补偿机制。践行"绿水青山就是金山银山"理念,不断加大生态文明建设转移支付力度,支持重点生态功能区建设示范、生态补偿、资源节约和循环利用、新能源和可再生能源开发利用、环境基础设施建设、生态修复与建设、先进适用技术研发示范等,努力把我省建设成为全国生态文明示范区。

(四)建立高新技术产业地方税收增量返还财政奖励政策。引导激励市、县(市)加快发展高新产业,建立高新技术产业地方税收增量返还奖励政策。经国家认定的高新技术企业的企业所得税地方部分增收上交省当年增量部分奖励返还给各市、县(市)。

(五)优化收入激励奖补政策。建立第三产业地方税收收入增长奖补政策。从 2015 年起,对丽水市等 29 个一类市、县(市),在确保实现当年财政收支平衡、确保完成民生改善等政府职责任务的前提下,实行省激励补助与其第三产业地方税收收入增长率挂钩,奖励与其第三产业地方税收收入增收额挂钩的办法。奖励资金主要用于促进第三产业发展。

完善地方财政收入激励奖励政策。从 2015 年起,对杭州市等 30 个二类市、县(市),在确保实现当年财政收支平衡、确保完成政府职责任务的前提下,实行省奖励与其地方财政税收收入增收额挂钩的办法,适当提高挂钩比例。奖励资金主要用于支持经济转型升级、七大产业和农业农村加快发展。

(六)加大区域统筹发展激励奖补政策力度。实施设区市区域统筹发展收入激励政策。从 2015 年起,省对设区市的收入激励奖补,与设区市所辖县(市)地方财政税收收入当年增收额挂钩,并适当提高挂钩比例。

完善设区市对所辖县(市)年度财政补助奖励政策。从 2015 年起,除省收入激励奖补资金外,对设区市以自有财力安排的对所辖县(市)年度财政补助资金,省按一定奖补系数兑现区域统筹发展激励奖补资金,并适当提高对杭州市等 6 个设区市的奖补系数。

省对设区市实施区域统筹发展激励奖补政策后,各设区市需将省收入激励奖补和财政补助奖励资金全额用于所辖县(市)的区域统筹发展,不得将支出责任转嫁给所辖县(市),也不得违反规定从所辖县(市)统筹资金。市、县(市)政府不得擅自调整省出台的基本民生支出政策,确需调整的,设区市政府应统筹考虑所辖县(市),并承担相应的支出责任,同时需报经省政府审批同意后执行。

四、完善财政预算制度

(一)抓好增收节支,健全预算平衡机制。大力培植财源,依法组织收入,收入预算逐步从约束性转向预期性,不得向征管部门下达收入任务,不收过头税,严格减免税。加强政府非税收入管理,省级部门一般不再直接向企业收取行政事业性收费。逐步提高国有资本经营收益收缴比例,到2020年提高到30%。认真贯彻厉行节约的各项规定,规范公务支出标准,严格控制一般性支出。改进年度预算控制方式,一般公共预算审核的重点由平衡状态、赤字规模向支出预算和政策拓展,建立跨年度预算平衡机制,推动中期财政规划管理。

(二)完善政府预算体系,推进预算公开透明。全面推进政府预算体系建设,将政府所有收入和支出全部纳入预算管理,做到预算一个"盘子"、收入一个"笼子"、支出一个"口子"。加快完善预算支出定额和标准体系,强化人员编制、资产状况、预算执行率和绩效评价结果与预算安排相挂钩的机制。强化预算绩效管理,凡是使用财政预算资金的部门和地区,都应当对预算支出绩效情况开展绩效评价;同时,加大绩效评价结果在预算资金分配中的应用力度。进一步细化政府预决算公开内容,扩大部门预决算公开范围,除涉密信息外,所有使用财政预算资金的部门和地区都应公开预决算。加大"三公"经费公开力度,细化公开内容。对预决算公开过程中社会关切的问题,要规范整改、完善制度。

(三)加大预算统筹力度,发挥资金使用效益。清理规范重点支出同财政收支增幅或生产总值挂钩事项。对重点支出,根据推进改革的需要和确需保障的内容统筹安排,优先保障,不再采取先确定支出总额再安排具体项目的办法。统一预算管理权,逐步将所有预算资金纳入财政部门统一分配。从2016年起,国有资本经营预算收入原则上都要由财政统筹安排。加大政府性基金预算、国有资本经营预算与一般公共预算的统筹力度。强化"存量调结构、增量优方向、增量调存量"的统筹机制。推进跨部门资金的统筹使用。建立结转结余资金定期清理机制,对结余资金和连续两年未用完的结转资金,一律收回统筹使用。对不足两年的结转资金,不需按原用途使用的,应及时统筹用于经济社会发展急需资金支持的领域。

(四)深化专项资金管理改革,促进绩效提升。深入推进专项性一般转移支付改革、竞争性分配改革,建立健全财政专项资金管理清单制度,按规定在浙江政务服务网上向社会公开。对上级政府下达的专项转移支付,下级政府可在不改变资金类级科目用途的基础上,结合本地实际,将支出方向相同、扶持领域相关的专项转移支付资金统筹使用。从2016年起,财政专项转移支付要在向同级人民代表大会提交的预算报告中明确到地区和项目。改革先确定专项总额再安排具体项目的办法,要加大整合归并、减少财政专项资金的力度。市、县(市)政府从2016年起,要逐步取消由本级财力安排的部门财政专项资金,基本支出以外的支出需求都要按规定编制项目预算。加强预算项目库管理,做好项目前期准备,从2017年起,凡是没有入库的项目,一般不得安排项目预算。实施项目周期滚动管理,完善项目退出机制。

(五)加强预算执行管理,强化预算约束。硬化预算约束,做到"先有预算、后有支出"。年度预算执行中除救灾等应急支出通过动支预备费解决外,一般不出台增加当年支出的财政政策;确需出台的财政政策,通过以后年度预算安排资金。规范预算变更,各单位的预算支出应当按照预算科目执行,确需调整的,须报同级财政部门审批。加快预算下达和预算执行进度。规范国库现金管理,提高国库资金收支运行效率。各级财政库款余额要达到财政部规定的标准以内。清理整顿财政专户,规范权责发生制核算,探索实施权责发生制的政府综合财务报告制度。

(六)规范政府债务管理,切实防范债务风险。强化财政部门归口管理政府债务制度,严格举借审批和预算管理。加快政府债券置换政府存量债务进度,降低政府债务成本。地方政府举措债务只能采取政府债券方式,在国家下达的限额内报经本级人民代表大会或其常委会批准后,分类纳入预算管理。地方政府债务只能用于公益性资本支出或适度归还存量债务,不得用于经常性支出。建立地方政府信用评级制度。省级政府对市县政府债务实行不救助原则,市县政府要切实担负起主体责任,建立债务风险预警和应急处置机制。剥离融资平台公司政府融资职能,妥善处理在建项目后续融资问题。强化地方政府债务限额管理和动态监控,实施高风险地区化债计划管理,建立市县政府债务风险控制与省对市县转移支付、省对市县政府债务限额分配挂钩机制。完善债务报告和公开制度,建立考核问责机制,将政府债务指标纳入党政领导班子政绩考核体系。

(七)强化预算监督,严肃财经纪律。加强《中华人民共和国预算法》宣传和培训,增强各地、各部门依法理财治税的意识和能力。落实税收法定原则,加强收入征管。落实预算法定原则,严格预算管理。强化预算编制、执行、监督"三位一体"全过程、全方位财政运行机制。加快推进"数字财政"建设,建立财政财务数据共享机制,提升财政管理和服务水平。建立健全财政运行质量评价考核机制,实施财政收支质量通报问责制度。所有使用财政预算资金的机关和企事业单位都要自觉接受审计监督。主动接受人大的监督,听取政协的意见和建议,认真落实审计整改意见。加快建立内部控制制度,有效防范各类业务风险。强化部门预算主体责任,建立财政资金使用监督问责机制。严肃查处财经违法、违规行为,落实《中华人民共和国预算法》等法律法规规定的法律责任。

五、工作要求

建立现代财政制度事关经济社会发展全局,涉及方方面面的利益调整,情况复杂,而且时间紧、任务重。各地、各部门要高度重视、提高认识,切实把思想和行动统一到党中央、国务院和省委、省政府的决策部署上来;要敢于担当,主动作为,切实履行职责,注重协调配合,形成"上下同欲、共谋发展"的良好氛围;要精心组织、周密部署、狠抓落实,确保各项改革工作顺利推进。

浙江省人民政府
2015 年 12 月 8 日

关于印发《高等学校财务制度》的通知

财教〔2012〕488号

党中央有关部门,国务院有关部委、有关直属机构,各省、自治区、直辖市、计划单列市财政厅(局)、教育厅(教委、教育局),新疆生产建设兵团财务局、教育局,财政部驻各省、自治区、直辖市、计划单列市财政监察专员办事处:

为进一步规范高等学校财务行为,根据《事业单位财务规则》(财政部令第68号),财政部会同教育部对《高等学校财务制度》进行了修订。现印发给你们,请遵照执行。

附件:高等学校财务制度

财政部　教育部
2012年12月19日

高等学校财务制度

总　则

第一条 为了进一步规范高等学校财务行为,加强财务管理和监督,提高资金使用效益,促进高等教育事业健康发展,根据《事业单位财务规则》(财政部令第68号)和国家有关法律制度,结合高等学校特点,制定本制度。

第二条 本制度适用于各级人民政府举办的全日制普通高等学校、成人高等学校(以下简称高等学校)。其他社会组织和个人举办的上述学校可以参照本制度执行。

第三条 高等学校财务管理的基本原则是:执行国家有关法律、法规和财务规章制度;坚持勤俭办学的方针;正确处理事业发展需要和资金供给的关系,社会效益和经济效益的关系,国家、学校和个人三者利益的关系。

第四条 高等学校财务管理的主要任务是:合理编制学校预算,有效控制预算执行,完整、准确编制学校决算,真实反映学校财务状况;依法多渠道筹集资金,努力节约支出;建立健全学校财务制度,加强经济核算,实施绩效评价,提高资金使用效益;加强资产管理,真实完整地反映资产使用状况,合理配置和有效利用资产,防止资产流失;加强对学校经济活动的财务控制和监督,防范财务风险。

管理体制

第五条 高等学校实行"统一领导、集中管理"的财务管理体制;规模较大的学校可以实行"统一领导、分级管理"的财务管理体制。

第六条 高等学校财务工作实行校（院）长负责制。

高等学校应当设置总会计师岗位。总会计师为学校副校级行政领导成员,协助校（院）长管理学校财务工作,承担相应的领导和管理责任。

凡设置总会计师的高等学校,不设与总会计师职权重叠的副校（院）长。

第七条 高等学校应当单独设置一级财务机构,在校（院）长和总会计师的领导下,统一管理学校财务工作。

第八条 高等学校校内非独立法人单位因工作需要设置的财务机构,应当作为学校的二级财务机构。二级财务机构应当遵守和执行学校统一制定的财务规章制度,并接受学校一级财务机构的统一领导、监督和检查。

第九条 高等学校财务机构应当配备专职财会人员。财会人员应当具备与其工作岗位相适应的资格和能力。财会人员的调入、调出、专业技术职务评聘以及校内二级财务机构负责人的任免、调动或者撤换,应当由学校一级财务机构会同有关部门办理。

预算管理

第十条 高等学校预算是指高等学校根据事业发展目标和计划编制的年度财务收支计划。高等学校预算由收入预算和支出预算组成。

第十一条 国家对高等学校实行核定收支、定额或者定项补助、超支不补、结转和结余按规定使用的预算管理办法。

定额和定项补助根据国家有关政策和财力可能,结合事业特点、事业发展目标和计划、学校收支及资产状况等确定。

第十二条 高等学校预算编制应当遵循"量入为出、收支平衡"的原则。收入预算编制应当积极稳妥;支出预算编制应当统筹兼顾、保证重点、勤俭节约。

第十三条 高等学校参考以前年度预算执行、结转和结余情况,根据预算年度事业发展目标、计划与财力可能,以及年度收支增减因素和措施,按照预算编制的规定编制预算。

高等学校预算应当自求收支平衡,不得编制赤字预算。

第十四条 高等学校一级财务机构提出预算建议方案,经学校领导班子集体审议通过后,上报主管部门,经主管部门审核汇总报财政部门（一级预算单位直接报财政部门,下同）。高等学校根据财政部门下达的预算控制数编制预算,由主管部门审核汇总报财政部门,经法定程序审核批复后执行。

第十五条 高等学校应当严格执行批准的预算。预算执行中,国家对财政补助收入和财政专户核拨资金的预算一般不予调整;上级下达的事业计划有较大调整,或者根据国家有关政策增加或者减少支出,对预算执行影响较大时,高等学校应当报主管部门审核后报财政部门调整预算。财政补助收入和财政专户核拨资金以外部分的预算需要调增或者调减的,由学校自行调整并报主管部门和财政部门备案。

收入预算调整后,相应调增或者调减支出预算。

第十六条 高等学校决算是指高等学校根据预算执行结果编制的年度报告。

第十七条 高等学校应当按照规定编制年度决算,由主管部门审核汇总后报财政部门审批。

第十八条 高等学校应当加强决算审核和分析,保证决算数据的真实、准确,规范决算管理工作。

收入管理

第十九条 收入是指高等学校开展教学、科研及其他活动依法取得的非偿还性资金。

第二十条 高等学校收入包括：

（一）财政补助收入，即高等学校从同级财政部门取得的各类财政拨款。包括：

1. 财政教育拨款，即高等学校从同级财政部门取得的各类财政教育拨款。

2. 财政科研拨款，即高等学校从同级财政部门取得的各类财政科研拨款。

3. 财政其他拨款，即高等学校从同级财政部门取得的本条上述拨款范围以外的财政拨款。

（二）事业收入，即高等学校开展教学、科研及其辅助活动取得的收入。包括：

1. 教育事业收入，指高等学校开展教学及其辅助活动所取得的收入，包括：通过学历和非学历教育向学生个人或者单位收取的学费、住宿费、委托培养费、考试考务费、培训费和其他教育事业收入。

按照国家有关规定应当上缴国库或者财政专户的资金，不计入教育事业收入；从财政专户核拨给学校的资金和经核准不上缴国库或财政专户的资金，计入教育事业收入。

2. 科研事业收入，指高等学校开展科研及其辅助活动所取得的收入，包括：通过承接科研项目、开展科研协作、转化科技成果、进行科技咨询等取得的收入。科研事业收入不包括按照部门预算隶属关系从同级财政部门取得的财政拨款。

（三）上级补助收入，即高等学校从主管部门和上级单位取得的非财政补助收入。

（四）附属单位上缴收入，即高等学校附属独立核算单位按照有关规定上缴的收入。

（五）经营收入，即高等学校在教学、科研及其辅助活动之外，开展非独立核算经营活动取得的收入。

（六）其他收入，即本条上述规定范围以外的各项收入，包括投资收益、利息收入、捐赠收入等。

第二十一条 高等学校组织收入应当合法合规。各项收费应当严格执行国家规定的收费范围和标准，并使用合法票据；各项收入应当全部纳入学校预算，统一核算，统一管理。

第二十二条 高等学校对按照规定上缴国库或财政专户的资金，应当按照国库集中收缴的有关规定及时足额上缴，不得隐瞒、滞留、截留、挪用和坐支。

支出管理

第二十三条 支出是指高等学校开展教学、科研及其他活动发生的资金耗费和损失。

第二十四条 高等学校支出包括：

（一）事业支出，即高等学校开展教学、科研及其辅助活动发生的基本支出和项目支出。

基本支出是指高等学校为了保障其正常运转、完成教学科研和其他日常工作任务而发生的支出，包括人员支出和公用支出。

项目支出是指高等学校为了完成特定工作任务和事业发展目标，在基本支出之外所发生的支出。

（二）经营支出，即高等学校在教学、科研及其辅助活动之外开展非独立核算经营活动发生的支出。经营支出应当与经营收入配比。

（三）对附属单位补助支出，即高等学校用财政补助收入之外的收入对附属单位补助发生的支出。

（四）上缴上级支出，即高等学校按照财政部门和主管部门的规定上缴上级单位的支出。

（五）其他支出，即本条上述规定范围以外的各项支出。包括利息支出、捐赠支出等。

第二十五条　高等学校应当将各项支出全部纳入学校预算，建立健全支出管理制度。

第二十六条　高等学校的支出应当严格执行国家有关财务规章制度规定的开支范围及开支标准；国家有关财务规章制度没有统一规定的，由学校结合本校情况规定，报主管部门和财政部门备案。高等学校的规定违反法律制度和国家政策的，主管部门和财政部门应当责令改正。

第二十七条　高等学校从财政部门和主管部门取得的有指定项目和用途的专项资金，应当专款专用、单独核算，并按照规定向财政部门或者主管部门报送专项资金使用情况；项目完成后，应当报送专项资金支出决算和使用效果的书面报告，接受财政部门或者主管部门和其他相关部门的检查、验收。

第二十八条　高等学校应当严格执行国库集中支付制度和政府采购制度等有关规定。

第二十九条　高等学校应当加强支出管理，不得虚列虚报；应当进行支出绩效评价，提高资金使用的有效性。

第三十条　高等学校应当依法加强各类票据管理，确保票据来源合法、内容真实、使用正确，不得使用虚假票据。

结转结余

第三十一条　结转和结余是指高等学校年度收入与支出相抵后的余额。

结转资金是指当年预算已执行但未完成，或者因故未执行，下一年度需要按原用途继续使用的资金。

结余资金是指当年预算工作目标已完成，或者因故终止，当年剩余的资金。

经营收支结转和结余应当单独反映。

第三十二条　高等学校财政拨款结转和结余资金的管理，应当按照同级财政部门的规定执行。

第三十三条　高等学校非财政拨款结转按照规定结转下一年度继续使用。非财政拨款结余可以按照国家有关规定提取职工福利基金，剩余部分作为事业基金用于弥补高等学校以后年度收支差额；国家另有规定的，从其规定。

第三十四条　高等学校应当加强事业基金的管理，遵循收支平衡的原则，统筹安排，合理使用，支出不得超出基金规模。

基金管理

第三十五条　专用基金是指高等学校按照规定提取或者设置的有专门用途的资金。

第三十六条　专用基金管理应当遵循先提后用、收支平衡、专款专用的原则，支出不得超出基金规模。

第三十七条　专用基金包括：

（一）职工福利基金，即按照非财政拨款结余的一定比例提取以及按照其他规定提取转入，用于单位职工的集体福利设施、集体福利待遇等的资金。

（二）学生奖助基金，即按照国家有关规定，按照事业收入的一定比例提取，在事业支出的相关科目中列支，用于学费减免、勤工助学、校内无息借款、校内奖助学金和特殊困难补助等的资金。

（三）其他基金，即按照其他有关规定，根据事业发展需要提取或者设置的其他专用资金。

第三十八条　各项基金的提取比例和管理办法，国家有统一规定的，按照统一规定执行；没有统一规定的，由主管部门会同同级财政部门确定。

资产管理

第三十九条　资产是指高等学校占有或者使用的能以货币计量的经济资源，包括各种财产、债权和其他权利。

第四十条　高等学校的资产包括流动资产、固定资产、在建工程、无形资产和对外投资等。

第四十一条　流动资产是指可以在一年以内变现或者耗用的资产，包括现金、各种存款、零余额账户用款额度、应收及预付款项、存货等。

前款所称存货是指高等学校在开展教学、科研及其他活动中为耗用而储存的资产，包括各类材料、燃料、低值易耗品等。

高等学校应当建立健全现金及各种存款的内部管理制度。对应收及预付款项应当及时清理结算，不得长期挂账；对无法收回的应收及预付款项，要查明原因，分清责任，按照规定程序批准后核销。对存货应当进行定期或者不定期清查盘点，保证账实相符。对存货盘盈、盘亏应当及时处理。

第四十二条　固定资产是指使用期限超过一年，单位价值在1 000元以上（其中：专用设备单位价值在1 500元以上），并在使用过程中基本保持原有物质形态的资产。单位价值虽未达到规定标准，但是耐用时间在一年以上的大批同类物资，作为固定资产管理。

高等学校的固定资产一般分为六类：房屋及构筑物；专用设备；通用设备；文物和陈列品；图书、档案；家具、用具、装具及动植物。高等学校的固定资产明细目录由教育部制定，报财政部备案。

第四十三条　高等学校应当对固定资产采用年限平均法或工作量法计提折旧。计提固定资产折旧不考虑残值。已提足折旧的固定资产，可以继续使用的，应当继续使用，规范管理。

省级财政部门可以会同主管部门制定计提折旧的具体办法。文物和陈列品、图书、档案、动植物等，不计提折旧。

固定资产折旧不计入高等学校支出。

第四十四条　高等学校应当对固定资产定期或者不定期地进行清查盘点。年度终了前，应当进行一次全面清查盘点，保证账、卡、物相符。对固定资产的盘盈、盘亏应当按照规定处理。

高等学校应当根据国家有关规定，结合本校实际情况，制定学校固定资产管理办法。

第四十五条　在建工程是指已经发生必要支出，但尚未达到交付使用状态的建设工程。

在建工程达到交付使用状态时，应当按照有关规定办理工程竣工财务决算和资产交付使用。

第四十六条　无形资产是指不具有实物形态而能为使用者提供某种权利的资产,包括专利权、商标权、著作权、土地使用权、非专利技术以及其他财产权利。

高等学校通过外购、自行开发以及其他方式取得的无形资产应当合理计价,及时入账。学校转让无形资产,应当按照规定进行资产评估,取得的收入按照国家有关规定处理。高等学校取得无形资产而发生的支出,计入事业支出。

第四十七条　高等学校应当对无形资产在其使用期限内采用年限平均法进行摊销。对于使用期限不确定的无形资产,摊销办法执行国家有关规定。

无形资产摊销不计入高等学校支出。

第四十八条　对外投资是指高等学校依法利用货币资金、实物、无形资产等方式向其他单位的投资。

高等学校应当严格控制对外投资。在保证学校正常运转和事业发展的前提下,按照国家有关规定可以对外投资的,应当履行有关审批程序。

高等学校不得使用财政拨款及其结余进行对外投资,不得从事股票、期货、基金、企业债券等投资。国家另有规定的除外。

高等学校以实物、无形资产等非货币性资产对外投资的,应当按照国家有关规定进行资产评估,合理确定资产价值。

第四十九条　高等学校资产处置应当遵循公开、公平、公正和竞争、择优的原则,严格履行相关审批程序。

高等学校出租、出借资产,应当按照国家有关规定经主管部门审核同意后报同级财政部门审批。

第五十条　高等学校对外投资收益以及利用国有资产出租、出借取得的收入,应当纳入学校预算,统一核算、统一管理。

高等学校资产处置收入应当按照国家有关规定实行收支两条线管理。

第五十一条　高等学校应当按照国家有关规定,建立健全资产管理制度,加强资产管理,按照科学规范、从严控制、保障事业发展需要的原则合理配置资产,建立资产共享、共用制度,提高资产使用效率。

负债管理

第五十二条　负债是指高等学校所承担的能以货币计量,需要以资产或劳务偿还的债务。

第五十三条　高等学校的负债包括借入款项、应付及预收款项、应缴款项、代管款项等。

借入款项是指高等学校向银行等金融机构借入的各类款项。

应付及预收款项包括高等学校应付职工薪酬、应付票据、应付账款、预收账款和其他应付款等款项。

应缴款项包括高等学校收取的应当上缴国库或者财政专户的资金、应缴税费,以及其他按照国家有关规定应当上缴的款项。代管款项是指高等学校接受委托代为管理的各类款项。

第五十四条　高等学校应当对不同性质的负债分类管理,及时清理并按照规定办理结算,保证各项负债在规定期限内归还。

第五十五条　高等学校应当建立健全财务风险控制机制,规范和加强借入款项管理,严格执行审批程序,不得违反规定举借债务和提供担保。具体审批办法由主管部门会同同级财政部门制定。

成本费用

第五十六条 高等学校应当根据事业发展需要,实行内部成本费用管理。

第五十七条 费用是高等学校为完成教学、科研、管理等活动而发生的当期资产耗费和损失。

第五十八条 高等学校应当在支出管理基础上,将效益与本会计年度相关的支出计入当期费用;将效益与两个或者两个以上会计年度相关的支出,按照有关规定,以固定资产折旧、无形资产摊销等形式分期计入费用。

第五十九条 成本核算是指按照相关核算对象和核算方法,对高等学校业务活动中发生的各种费用进行归集、分配和计算。

第六十条 费用按照其用途归集,主要包括:教育费用、科研费用、管理费用、离退休费用和其他费用。

教育费用是指高等学校在教学、教辅、学生事务和其他教育活动中发生的各项费用。

科研费用是指高等学校为完成所承担的科研任务而发生的各项费用。

管理费用是指高等学校为完成学校行政管理任务而发生的各项费用。主要包括:高等学校校级行政管理部门发生的各项费用,高等学校统一负担的工会经费、诉讼费、中介费、印花税、房产税和车船使用税等。

离退休费用是指高等学校负担的离退休人员社会保障和福利待遇方面的各项费用。

其他费用是指高等学校无法归属到本条上述费用中的其他各项费用。主要包括:对附属单位的补助、上缴上级支出、财务费用、捐赠支出等。

第六十一条 高等学校应当正确归集实际发生的各项费用;不能直接归集的,应当按照一定原则和标准合理分摊。

第六十二条 高等学校应当根据实际需要,逐步细化成本核算,开展学校、院系和专业的教育总成本和生均成本等核算工作。科研活动成本的核算应当细化到科研项目。

高等学校成本核算实施细则由国务院财政部门会同教育主管部门制定。

实行内部成本费用管理的高等学校,应当建立成本费用与相关支出的核对机制,以及成本费用分析报告制度。

财务清算

第六十三条 经国家有关部门批准,高等学校发生划转、撤销、合并、分立时,应当进行财务清算。

第六十四条 高等学校财务清算,应当在主管部门和财政部门的监督指导下,对学校的财产、债权、债务等进行全面清理,编制财产目录和债权、债务清单,提出财产作价依据和债权、债务处理办法,做好国有资产的移交、接收、划转和管理工作,并妥善处理各项遗留问题。

第六十五条 高等学校清算结束后,经主管部门审核并报财政部门批准,其资产分别按照下列办法处理:

(一)因隶属关系改变,成建制划转的高等学校,全部资产无偿移交,并相应划转经费指标。

（二）撤销的高等学校，全部资产由主管部门和财政部门核准处理。

（三）合并的高等学校，全部资产移交接收单位或者新组建单位，合并后多余的国有资产由主管部门和财政部门核准处理。

（四）分立的高等学校，资产按照有关规定移交分立后的高等学校，并相应划转经费指标。

财务分析

第六十六条 财务报告是反映高等学校一定时期财务状况和事业成果的总结性书面文件。高等学校应当定期向各有关主管部门和财政部门以及其他有关的报表使用者提供财务报告。

第六十七条 高等学校报送的年度财务报告包括资产负债表、收入支出表、财政拨款收入支出表、固定资产投资决算报表等主表，有关附表以及财务情况说明书等。

第六十八条 财务情况说明书，主要说明高等学校收入及其支出、结转、结余及其分配、资产负债变动、对外投资、资产出租出借、资产处置、固定资产投资、绩效评价的情况，对本期或者下期财务状况发生重大影响的事项，以及需要说明的其他事项。

第六十九条 高等学校的财务分析是财务管理工作的重要组成部分。高等学校应当按照主管部门的规定，根据学校财务管理的需要，科学设置财务分析指标，开展财务分析工作。

财务分析指标主要包括反映高等学校预算管理、财务风险管理、支出结构、财务发展能力等方面的指标（财务分析指标见附表）。

财务监督

第七十条 高等学校财务监督的主要内容包括：

（一）预算编制、财务报告的科学性、真实性、完整性；预算执行的有效性、均衡性；

（二）各项收入和支出的合法性、合规性；

（三）结转和结余的管理情况；

（四）资产管理的规范性、有效性；

（五）负债的合规性和风险程度；

（六）对违反财务规章制度的问题进行检查纠正。

第七十一条 高等学校财务监督应当实行事前监督、事中监督、事后监督相结合，日常监督与专项检查相结合。

第七十二条 高等学校应当建立健全内部控制制度、经济责任制度、财务信息披露制度等监督制度，依法公开财务信息。

第七十三条 高等学校应当依法接受主管部门和财政、审计部门的监督。

附　则

第七十四条 高等学校基本建设投资财务管理，应当执行本制度。但国家基本建设投资财务管理制度另有规定的，从其规定。

第七十五条 高等学校应当根据本制度，结合学校实际情况，制定内部财务管理办法，报主管部门备案。

第七十六条 本制度自 2013 年 1 月 1 日起施行。财政部、原国家教育委员会 1997 年 6 月 23 日颁布的《高等学校财务制度》同时废止。

关于印发《高等学校会计制度》的通知

财会〔2013〕30号

党中央有关部门,国务院有关部委、有关直属机构,各省、自治区、直辖市、计划单列市财政厅(局),新疆生产建设兵团财务局:

为适应财政预算改革和高等学校经济业务发展需要,进一步规范高等学校的会计核算,提高会计信息质量,根据《中华人民共和国会计法》和《事业单位会计准则》(财政部令第72号),结合新修订的《高等学校财务制度》(财教〔2012〕488号),我部对《高等学校会计制度(试行)》(财预字〔1998〕105号)进行了修订。现将修订后的《高等学校会计制度》印发给你们,自2014年1月1日起施行。执行中有何问题,请及时反馈我部。

财政部
2013年12月30日

第一部分 总 说 明

一、为了规范高等学校的会计核算,保证会计信息质量,根据《中华人民共和国会计法》《事业单位会计准则》,结合《高等学校财务制度》规定,制定本制度。

二、本制度适用于各级人民政府举办的全日制普通高等学校、成人高等学校(以下简称高等学校)。

三、高等学校对基本建设投资的会计核算在执行本制度的同时,还应当按照国家有关基本建设会计核算的规定单独建账、单独核算。

四、高等学校会计核算一般采用收付实现制,但部分经济业务或者事项的核算应当按照本制度的规定采用权责发生制。

五、高等学校会计要素包括资产、负债、净资产、收入和支出。

六、高等学校应当按照下列规定运用会计科目:

(一)高等学校应当按照本制度的规定设置和使用会计科目。因没有相关业务不需要使用的会计科目可以不设;在不影响账务处理和编报财务报表的前提下,可以根据实际情况自行增设本制度规定以外的明细科目、减少或合并本制度规定的明细科目。

(二)本制度统一规定会计科目的编号,以便于填制会计凭证、登记账簿、查阅账目,实行会计信息化管理。高等学校不得打乱重编。

(三)高等学校在填制会计凭证、登记会计账簿时,应当填列会计科目的名称,或者同时填列会计科目的名称和编号,不得只填列会计科目编号、不填列会计科目名称。

七、高等学校应当按照下列规定编报财务报表:

(一)高等学校的财务报表由会计报表及其附注构成。会计报表包括资产负债表、收入支出表和财政补助收入支出表。

（二）高等学校的财务报表应当按照月度和年度编制。

（三）高等学校应当根据本制度规定编制并对外提供真实、完整的财务报表。高等学校不得违反本制度规定，随意改变财务报表的编制基础、编制依据、编制原则和方法，不得随意改变本制度规定的财务报表有关数据的会计口径。

（四）高等学校财务报表应当根据登记完整、核对无误的账簿记录和其他有关资料编制，做到数字真实、计算准确、内容完整、报送及时。

（五）高等学校在编制年度财务报表时，应当将校内独立核算单位①的会计信息纳入学校财务报表反映。

（六）高等学校财务报表应当由学校负责人和主管会计工作的负责人、会计机构负责人（会计主管人员）签名并盖章。

八、高等学校会计机构设置、会计人员配备、会计基础工作、会计档案管理、内部控制等，按照《中华人民共和国会计法》《会计基础工作规范》《会计档案管理办法》《行政事业单位内部控制规范（试行）》等规定执行。开展会计信息化工作的高等学校，还应按照财政部制定的相关会计信息化工作规范执行。

九、本制度自2014年1月1日起施行。1998年3月31日财政部印发的《高等学校会计制度（试行）》（财预字〔1998〕105号）同时废止。

第二部分　会计科目名称和编号

序号	科目编号	科目名称
一、资产类		
1	1001	库存现金
2	1002	银行存款
3	1011	零余额账户用款额度
4	1101	短期投资
5	1201 　　120101 　　120102	财政应返还额度 　　财政直接支付 　　财政授权支付
6	1211	应收票据
7	1212	应收账款
8	1213	预付账款
9	1215	其他应收款
10	1301	存货
11	1401	长期投资
12	1501	固定资产

---

① 本制度所称校内独立核算单位，是指高等学校内部不具有法人资格的独立核算单位或部门。本制度所称校内独立核算单位不同于本制度所称附属单位。本制度所称附属单位，是指高等学校下属的具有法人资格的独立核算单位。

(续表)

序号	科目编号	科目名称
13	1502	累计折旧
14	1511	在建工程
15	1601	无形资产
16	1602	累计摊销
17	1701	待处置资产损溢
二、负债类		
18	2001	短期借款
19	2101	应缴税费
20	2102	应缴国库款
21	2103	应缴财政专户款
22	2201	应付职工薪酬
23	2301	应付票据
24	2302	应付账款
25	2303	预收账款
26	2305	其他应付款
27	2401	长期借款
28	2402	长期应付款
29	2501	代管款项
三、净资产类		
30	3001	事业基金
31	3101 310101 310102 310103 310104	非流动资产基金 　长期投资 　固定资产 　在建工程 　无形资产
32	3201	专用基金
33	3301 330101 330102	财政补助结转 　基本支出结转 　项目支出结转
34	3302	财政补助结余
35	3401	非财政补助结转
36	3402	事业结余
37	3403	经营结余
38	3404	非财政补助结余分配

(续表)

序号	科目编号	科目名称
四、收入类		
39	4001	财政补助收入
40	4101	教育事业收入
41	4102	科研事业收入
42	4201	上级补助收入
43	4301	附属单位上缴收入
44	4401	经营收入
45	4501	其他收入
五、支出类		
46	5001	教育事业支出
47	5002	科研事业支出
48	5003	行政管理支出
49	5004	后勤保障支出
50	5005	离退休支出
51	5101	上缴上级支出
52	5201	对附属单位补助支出
53	5301	经营支出
54	5401	其他支出

第三部分 会计科目使用说明

（略）

第四部分 会计报表格式

编　号	财务报表名称	编制期
会高校01表	资产负债表	月度、年度
会高校02表	收入支出表	月度、年度
会高校03表	财政补助收入支出表	年度
	附注	年度

（报表格式略）

第五部分 财务报表编制说明

（略）

第二章 预算管理

国务院关于深化预算管理制度改革的决定
国发〔2014〕45号

各省、自治区、直辖市人民政府,国务院各部委、各直属机构:

为贯彻落实党的十八大和十八届三中全会精神,按照新修订的预算法,改进预算管理,实施全面规范、公开透明的预算制度,现就深化预算管理制度改革作出如下决定。

一、充分认识深化预算管理制度改革的重要性和紧迫性

建立与实现现代化相适应的现代财政制度,对于优化资源配置、维护市场统一、促进社会公平、实现国家长治久安具有重要意义。改革开放以来,特别是1995年预算法及预算法实施条例施行以来,在党中央、国务院的正确领导下,我国财政制度改革取得显著成效,初步建立了与社会主义市场经济体制相适应的公共财政制度体系,作为公共财政制度基础的预算管理制度也不断完善,为促进经济社会持续健康发展发挥了重要作用。

当前,我国已进入全面建成小康社会的关键阶段。随着经济社会发展,现行预算管理制度也暴露出一些不符合公共财政制度和现代国家治理要求的问题,主要表现在:预算管理和控制方式不够科学,跨年度预算平衡机制尚未建立;预算体系不够完善,地方政府债务未纳入预算管理;预算约束力不够,财政收支结构有待优化;财政结转结余资金规模较大,预算资金使用绩效不高;预算透明度不够,财经纪律有待加强等,财政可持续发展面临严峻挑战。

党的十八届三中全会确立了全面深化改革的总目标,并对改进预算管理制度提出了明确要求,今年《政府工作报告》也作出了部署。贯彻落实党的十八届三中全会精神和国务院决策部署,深化预算管理制度改革,实施全面规范、公开透明的预算制度,是深化财税体制改革,建立现代公共财政制度的迫切需要;是完善社会主义市场经济体制,加快转变政府职能的必然要求;是推进国家治理体系现代化,实现国家长治久安的重要保障。

二、准确把握深化预算管理制度改革的总体方向

(一)指导思想

深化预算管理制度改革,要以邓小平理论、"三个代表"重要思想、科学发展观为指导,全面

贯彻党的十八大和十八届三中全会精神，落实党中央、国务院决策部署，按照全面深化财税体制改革的总体要求，遵循社会主义市场经济原则，加快转变政府职能，完善管理制度，创新管理方式，提高管理绩效，用好增量资金，构建全面规范、公开透明的预算制度，进一步规范政府行为，防范财政风险，实现有效监督，提高资金效益，逐步建立与实现现代化相适应的现代财政制度。

（二）基本原则

遵循现代国家治理理念。按照推进国家治理体系和治理能力现代化的要求，着力构建规范的现代预算制度，并与相关法律和制度的修订完善相衔接。健全财政法律制度体系，注重运用法律和制度规范预算管理，提高政府公共服务水平。

划清市场和政府的边界。凡属市场能发挥作用的，财税等优惠政策要逐步退出；凡属市场不能有效发挥作用的，政府包括公共财政等要主动补位。

着力推进预算公开透明。实施全面规范、公开透明的预算制度，将公开透明贯穿预算改革和管理全过程，充分发挥预算公开透明对政府部门的监督和约束作用，建设阳光政府、责任政府、服务政府。

坚持总体设计、协同推进。既要注重顶层设计，增强改革的系统性、整体性、协同性，又要考虑外部环境和制约因素，实现与行政管理体制改革的有序衔接，合理把握改革的力度和节奏，确保改革顺利实施。

三、全面推进深化预算管理制度改革的各项工作

（一）完善政府预算体系，积极推进预算公开

1. 完善政府预算体系。明确一般公共预算、政府性基金预算、国有资本经营预算、社会保险基金预算的收支范围，建立定位清晰、分工明确的政府预算体系，政府的收入和支出全部纳入预算管理。加大政府性基金预算、国有资本经营预算与一般公共预算的统筹力度，建立将政府性基金预算中应统筹使用的资金列入一般公共预算的机制，加大国有资本经营预算资金调入一般公共预算的力度。加强社会保险基金预算管理，做好基金结余的保值增值，在精算平衡的基础上实现社会保险基金预算的可持续运行。

2. 健全预算标准体系。进一步完善基本支出定额标准体系，加快推进项目支出定额标准体系建设，充分发挥支出标准在预算编制和管理中的基础支撑作用。严格机关运行经费管理，加快制定机关运行经费实物定额和服务标准。加强人员编制管理和资产管理，完善人员编制、资产管理与预算管理相结合的机制。进一步完善政府收支分类体系，按经济分类编制部门预决算和政府预决算。

3. 积极推进预决算公开。细化政府预决算公开内容，除涉密信息外，政府预决算支出全部细化公开到功能分类的项级科目，专项转移支付预决算按项目按地区公开。积极推进财政政策公开。扩大部门预决算公开范围，除涉密信息外，中央和地方所有使用财政资金的部门均应公开本部门预决算。细化部门预决算公开内容，逐步将部门预决算公开到基本支出和项目支出。按经济分类公开政府预决算和部门预决算。加大"三公"经费公开力度，细化公开内容，除涉密信息外，所有财政资金安排的"三公"经费都公开。对预决算公开过程中社会关切的问题，要规范整改、完善制度。

（二）改进预算管理和控制，建立跨年度预算平衡机制

1. 实行中期财政规划管理。财政部门会同各部门研究编制三年滚动财政规划，对未来

三年重大财政收支情况进行分析预测,对规划期内一些重大改革、重要政策和重大项目,研究政策目标、运行机制和评价办法。中期财政规划要与国民经济和社会发展规划纲要及国家宏观调控政策相衔接。强化三年滚动财政规划对年度预算的约束。推进部门编制三年滚动规划,加强项目库管理,健全项目预算审核机制。提高财政预算的统筹能力,各部门规划中涉及财政政策和资金支持的,要与三年滚动财政规划相衔接。

2. 改进年度预算控制方式。一般公共预算审核的重点由平衡状态、赤字规模向支出预算和政策拓展。强化支出预算约束,各级政府向本级人大报告支出预算的同时,要重点报告支出政策内容。预算执行中如需增加或减少预算总支出,必须报经本级人大常委会审查批准。收入预算从约束性转向预期性,根据经济形势和政策调整等因素科学预测。中央一般公共预算因宏观调控政策需要可编列赤字,通过发行国债予以弥补。中央政府债务实行余额管理,中央国债余额限额根据累计赤字和应对当年短收需发行的债务等因素合理确定,报全国人大或其常委会审批。经国务院批准,地方一般公共预算为没有收益的公益性事业发展可编列赤字,通过举借一般债务予以弥补,地方政府一般债务规模纳入限额管理,由国务院确定并报全国人大或其常委会批准。加强政府性基金预算编制管理。政府性基金预算按照以收定支的原则,根据政府性基金项目的收入情况和实际支出需要编制;经国务院批准,地方政府性基金预算为有一定收益的公益性事业发展可举借专项债务,地方政府专项债务规模纳入限额管理,由国务院确定并报全国人大或其常委会批准。财政部在全国人大或其常委会批准的地方政府债务规模内,根据各地区债务风险、财力状况等因素测算分地区债务限额,并报国务院批准。各省、自治区、直辖市在分地区债务限额内举借债务,报省级人大或其常委会批准。国有资本经营预算按照收支平衡的原则编制,不列赤字。

3. 建立跨年度预算平衡机制。根据经济形势发展变化和财政政策逆周期调节的需要,建立跨年度预算平衡机制。中央一般公共预算执行中如出现超收,超收收入用于冲减赤字、补充预算稳定调节基金;如出现短收,通过调入预算稳定调节基金、削减支出或增列赤字并在经全国人大或其常委会批准的国债余额限额内发债平衡。地方一般公共预算执行中如出现超收,用于化解政府债务或补充预算稳定调节基金;如出现短收,通过调入预算稳定调节基金或其他预算资金、削减支出实现平衡。如采取上述措施后仍不能实现平衡,省级政府报本级人大或其常委会批准后增列赤字,并报财政部备案,在下一年度预算中予以弥补;市、县级政府通过申请上级政府临时救助实现平衡,并在下一年度预算中归还。政府性基金预算和国有资本经营预算如出现超收,结转下年安排;如出现短收,通过削减支出实现平衡。

(三)加强财政收入管理,清理规范税收优惠政策

1. 加强税收征管。各级税收征管部门要依照法律法规及时足额组织税收收入,并建立与相关经济指标变化情况相衔接的考核体系。切实加强税收征管,做到依法征收、应收尽收,不收过头税。严格减免税管理,不得违反法律法规的规定和超越权限多征、提前征收或者减征、免征、缓征应征税款。加强执法监督,强化税收入库管理。

2. 加强非税收入管理。各地区、各部门要依照法律法规切实加强非税收入管理。继续清理规范行政事业性收费和政府性基金,坚决取消不合法、不合理的收费基金项目。加快建立健全国有资源、国有资产有偿使用制度和收益共享机制。加强国有资本收益管理,完善国家以所有者身份参与国有企业利润分配制度,落实国有资本收益权。加强非税收入分类预

算管理,完善非税收入征缴制度和监督体系,禁止通过违规调库、乱收费、乱罚款等手段虚增财政收入。

3. 全面规范税收优惠政策。除专门的税收法律、法规和国务院规定外,各部门起草其他法律、法规、发展规划和区域政策都不得突破国家统一财税制度、规定税收优惠政策。未经国务院批准,各地区、各部门不能对企业规定财政优惠政策。各地区、各部门要对已经出台的税收优惠政策进行规范,违反法律法规和国务院规定的一律停止执行;没有法律法规障碍且具有推广价值的,尽快在全国范围内实施;有明确时限的到期停止执行,未明确时限的应设定优惠政策实施时限。建立税收优惠政策备案审查、定期评估和退出机制,加强考核问责,严惩各类违法违规行为。

(四)优化财政支出结构,加强结转结余资金管理

1. 优化财政支出结构。严格控制政府性楼堂馆所、财政供养人员以及"三公"经费等一般性支出。清理规范重点支出同财政收支增幅或生产总值挂钩事项,一般不采取挂钩方式。对重点支出根据推进改革的需要和确需保障的内容统筹安排,优先保障,不再采取先确定支出总额再安排具体项目的办法。结合税费制度改革,完善相关法律法规,逐步取消城市维护建设税、排污费、探矿权和采矿权价款、矿产资源补偿费等专款专用的规定,统筹安排这些领域的经费。统一预算分配,逐步将所有预算资金纳入财政部门统一分配。在此之前,负责资金分配的部门要按规定将资金具体安排情况及时报财政部门。

2. 优化转移支付结构。完善一般性转移支付增长机制,增加一般性转移支付规模和比例,逐步将一般性转移支付占比提高到60%以上;明显增加对革命老区、民族地区、边疆地区和贫困地区的转移支付;中央出台增支政策形成的地方财力缺口,原则上通过一般性转移支付调节。要大力清理、整合、规范专项转移支付,在合理界定中央与地方事权的基础上,严格控制引导类、救济类、应急类专项转移支付,属地方事务的划入一般性转移支付。对竞争性领域的专项转移支付逐一进行甄别排查,凡属"小、散、乱"以及效用不明显的要坚决取消,其余需要保留的也要予以压缩或实行零增长,并改进分配方式,减少行政性分配,引入市场化运作模式,逐步与金融资本相结合,引导带动社会资本增加投入。对目标接近、资金投入方向类同、资金管理方式相近的专项转移支付予以整合。规范专项转移支付项目设立,严格控制新增项目和资金规模,建立健全专项转移支付定期评估和退出机制。加快修订完善中央对地方转移支付管理办法,对转移支付项目的设立、资金分配、使用管理、绩效评价、信息公开等作出规定。研究建立财政转移支付同农业转移人口市民化挂钩机制。在明确中央和地方支出责任的基础上,认真清理现行配套政策,对属于中央承担支出责任的事项,一律不得要求地方安排配套资金;对属于中央和地方分担支出责任的事项,由中央和地方按各自应分担数额安排资金。各地区要对本级安排的专项资金进行清理、整合、规范,完善资金管理办法,提高资金使用效益。

3. 加强结转结余资金管理。建立结转结余资金定期清理机制,各级政府上一年预算的结转资金,应当在下一年用于结转项目的支出;连续两年未用完的结转资金,应当作为结余资金管理,其中一般公共预算的结余资金,应当补充预算稳定调节基金。各部门、各单位上一年预算的结转、结余资金按照财政部的规定办理。要加大结转资金统筹使用力度,对不需按原用途使用的资金,可按规定统筹用于经济社会发展亟需资金支持的领域。建立预算编制与结转结余资金管理相结合的机制,细化预算编制,提高年初预算到位率。建立科学合理的预算执行进度考核机制,实施预算执行进度的通报制度和监督检查制度,有效控制新增结

转结余资金。

4. 加强政府购买服务资金管理。政府购买服务所需资金列入财政预算，从部门预算经费或者经批准的专项资金等既有预算中统筹安排，支持各部门按有关规定开展政府购买服务工作，切实降低公共服务成本，提高公共服务质量。

（五）加强预算执行管理，提高财政支出绩效

1. 做好预算执行工作。硬化预算约束，年度预算执行中除救灾等应急支出通过动支预备费解决外，一般不出台增加当年支出的政策，一些必须出台的政策，通过以后年度预算安排资金。及时批复部门预算，严格按照预算、用款计划、项目进度、有关合同和规定程序及时办理资金支付，涉及政府采购的应严格执行政府采购有关规定。进一步提高提前下达转移支付预计数的比例，按因素法分配且金额相对固定的转移支付提前下达的比例要达到90%。加快转移支付预算正式下达进度，除据实结算等特殊项目外，中央对地方一般性转移支付在全国人大批准预算后30日内正式下达，专项转移支付在90日内正式下达。省级政府接到中央一般性转移支付或专项转移支付后，应在30日内正式下达到县级以上地方各级政府。规范预算变更，各部门、各单位的预算支出应当按照预算科目执行。不同预算科目、预算级次或者项目间的预算资金需要调剂使用的，按照财政部的规定办理。

2. 规范国库资金管理。规范国库资金管理，提高国库资金收支运行效率。全面清理整顿财政专户，各地一律不得新设专项支出财政专户，除财政部审核并报国务院批准予以保留的专户外，其余专户在2年内逐步取消。规范权责发生制核算，严格权责发生制核算范围，控制核算规模。地方各级财政除国库集中支付年终结余外，一律不得按权责发生制列支。按国务院规定实行权责发生制核算的特定事项，应当向本级人大常委会报告。全面清理已经发生的财政借垫款，应当由预算安排支出的按规定列支，符合制度规定的临时性借垫款及时收回，不符合制度规定的借垫款限期收回。加强财政对外借款管理，各级财政严禁违规对非预算单位及未纳入年度预算的项目借款和垫付财政资金。各级政府应当加强对本级国库的管理和监督，按照国务院的规定完善国库现金管理，合理调节国库资金余额。

3. 健全预算绩效管理机制。全面推进预算绩效管理工作，强化支出责任和效率意识，逐步将绩效管理范围覆盖各级预算单位和所有财政资金，将绩效评价重点由项目支出拓展到部门整体支出和政策、制度、管理等方面，加强绩效评价结果应用，将评价结果作为调整支出结构、完善财政政策和科学安排预算的重要依据。

4. 建立权责发生制的政府综合财务报告制度。研究制定政府综合财务报告制度改革方案、制度规范和操作指南，建立政府综合财务报告和政府会计标准体系，研究修订总预算会计制度。待条件成熟时，政府综合财务报告向本级人大或其常委会报告。研究将政府综合财务报告主要指标作为考核地方政府绩效的依据，逐步建立政府综合财务报告公开机制。

（六）规范地方政府债务管理，防范化解财政风险

1. 赋予地方政府依法适度举债权限，建立规范的地方政府举债融资机制。经国务院批准，省、自治区、直辖市政府可以适度举借债务；市县级政府确需举借债务的由省、自治区、直辖市政府代为举借。政府债务只能通过政府及其部门举借，不得通过企事业单位等举借。地方政府举债采取政府债券方式。剥离融资平台公司政府融资职能。推广使用政府与社会资本合作模式，鼓励社会资本通过特许经营等方式参与城市基础设施等有一定收益的公益性事业投资和运营。

2. 对地方政府债务实行规模控制和分类管理。地方政府债务规模实行限额管理,地方政府举债不得突破批准的限额。地方政府债务分为一般债务、专项债务两类,分类纳入预算管理。一般债务通过发行一般债券融资,纳入一般公共预算管理。专项债务通过发行专项债券融资,纳入政府性基金预算管理。

3. 严格限定政府举债程序和资金用途。地方政府在国务院批准的分地区限额内举借债务,必须报本级人大或其常委会批准。地方政府举借债务要遵循市场化原则。建立地方政府信用评级制度,逐步完善地方政府债券市场。地方政府举借的债务,只能用于公益性资本支出和适度归还存量债务,不得用于经常性支出。

4. 建立债务风险预警及化解机制。财政部根据债务率、新增债务率、偿债率、逾期债务率等指标,评估各地区债务风险状况,对债务高风险地区进行风险预警。债务高风险地区要积极采取措施,逐步降低风险。对甄别后纳入预算管理的地方政府存量债务,各地区可申请发行地方政府债券置换,以降低利息负担,优化期限结构。要硬化预算约束,防范道德风险,地方政府对其举借的债务负有偿还责任,中央政府实行不救助原则。

5. 建立考核问责机制。把政府性债务作为一个硬指标纳入政绩考核。明确责任落实,省、自治区、直辖市政府要对本地区地方政府性债务负责任。地方各级政府要切实担负起加强地方政府性债务管理、防范化解财政金融风险的责任,政府主要负责人要作为第一责任人,认真抓好政策落实。

(七)规范理财行为,严肃财经纪律

1. 坚持依法理财,主动接受监督。各地区、各部门要严格遵守预算法、税收征收管理法、会计法、政府采购法等财税法律法规,依法行使行政决策权和财政管理权,自觉接受人大监督和社会各界的监督。建立和完善政府决算审计制度,进一步加强审计监督。推进预算公开,增强政府理财工作的透明度,减少政府自由裁量权,让财政资金在阳光下运行。

2. 健全制度体系,规范理财行为。要健全预算编制、收入征管、资金分配、国库管理、政府采购、财政监督、绩效评价、责任追究等方面的制度建设,扎紧制度的篱笆。要规范理财行为,严格按照规范的程序和要求编报预决算,按规定的用途拨付和使用财政资金,预决算编报都要做到程序合法、数据准确、情况真实、内容完整。

3. 严肃财经纪律,强化责任追究。财经纪律是财经工作中必须遵守的行为准则,也是预算管理制度改革取得成效的重要保障。地方各级政府要对本地区各部门、各单位财经纪律的执行情况进行全面检查,通过单位自查、财政部门和审计机关专项检查,及时发现存在的问题。强化责任追究,对检查中发现的虚报、冒领、截留、挪用、滞留财政资金以及违规出台税收优惠政策等涉及违规违纪的行为,要按照预算法等法律法规的规定严肃处理。

四、切实做好深化预算管理制度改革的实施保障工作

深化预算管理制度改革涉及制度创新和利益关系调整,任务艰巨,面临许多矛盾和困难。各地区、各部门要从大局出发,进一步提高认识,把思想和行动统一到党中央、国务院的决策部署上来。要以高度的责任感、使命感和改革创新精神,切实履行职责,加强协调配合,认真落实各项改革措施,合力推进预算管理制度改革。要坚持于法有据,积极推进相关法律法规的修改工作,确保在法治轨道上推进预算管理制度改革。本决定有关要求需要与法律规定相衔接的,按法律规定的程序做好衔接。要加强宣传引导,做好政策解读,为深化预算

管理制度改革营造良好的社会环境。财政部要抓紧制定深化预算管理制度改革的具体办法,印发各地区、各部门执行。各地区要结合本地实际情况制定具体政策措施和工作方案,切实加强组织领导,确保改革顺利实施。

国务院

2014 年 9 月 26 日

金华市财政局关于印发市本级部门项目支出预算管理办法的通知

金市财预〔2016〕222号

市本级各部门（单位）：

为进一步深化预算管理改革，规范市本级行政事业单位项目支出预算管理，提高资金使用效益，保障行政工作任务完成和各项事业发展，根据《中华人民共和国预算法》及深化预算管理制度改革有关规定，我们制定了《金华市市本级部门项目支出预算管理办法》，现印发给你们，请遵照执行。

金华市财政局
2016年8月16日

金华市市本级部门项目支出预算管理办法

第一章 总则

第一条 为进一步深化预算管理改革，规范市本级行政事业单位项目支出预算管理，提高资金使用效益，保障行政工作任务完成和各项事业发展，根据《中华人民共和国预算法》及深化预算管理制度改革有关规定，特制定本办法。

第二条 本办法适用于与市财政直接发生预算缴款、拨款关系的市本级行政事业单位的项目支出预算管理。

第三条 项目支出预算是市本级行政事业单位为完成其特定的行政工作任务或事业发展目标，在基本支出预算之外编制的年度项目支出计划。

第四条 基本原则

（一）统筹财力，综合预算。项目支出预算要体现部门一般公共预算、政府性基金、专户管理资金以及其他资金来源等各项资金统筹安排的要求。各部门项目支出预算安排要严格按照部门三年滚动规划进行控制，要做好部门规划与三年滚动规划的衔接，强化部门三年滚动规划对年度预算的约束。

（二）量力而行，突出重点。项目支出预算要在对项目进行可行性论证的基础上，以国家政治、经济政策为导向，综合考虑市本级财力和部门收入状况，优先安排党委、政府确定在我市开展的重大项目，以及本部门履行主要职能和事业发展迫切需要、切实可行的重点项目。

（三）严格管理，讲求绩效。各部门要强化对预算项目立项、执行、完成全过程的审查监督，要把绩效管理的理念和要求融入项目支出预算管理各个环节，建立事前有目标、事中有监控、事后有评价、结果有运用的全过程绩效运行机制。

第二章 项目分类管理

第五条 项目分为一级项目和二级项目两个层次。

第六条 一级项目是按照预算单位主要职责，并由其作为项目预算实施主体，单独设立的项目。每个一级项目包括若干二级项目，一级项目集中体现所属二级项目的主要内容和绩效目标，支出总额由二级项目汇总而成。除单位职责调整外，一级项目相对稳定。

第七条 二级项目是预算单位为实现一级项目绩效目标，根据履行职责的具体活动或工作任务，并结合二级项目类别设立。若干二级项目对应一个一级项目。

第八条 二级项目按照使用范围分为通用类项目和专用类项目。

第九条 通用类项目，是财政部门根据管理需要，综合各部门的共性项目统一设立并由各部门共同使用的项目。主要包括：

（一）专项公用类项目：是指行政事业单位为履行职责和完成工作任务而发生的，一般用于商品和服务支出的特定项目，包括专项公务接待、大型会议、培训、重大宣传活动、大宗印刷、重大课题调研规划、房租、物业管理、信息化运行维护及其他专项公用项目。

（二）专项业务类项目：是指行政事业单位开展专项业务工作而发生的执法办案经费、科研经费、业务成本、生产（特种）车辆运行、被装购置及其他专项业务支出。

（三）设备购置类项目：是指行政事业单位为完成其特定行政工作任务和事业发展目标，所发生的信息化网络购建、交通工具购置、物资储备购置，或开办时发生的办公设备购置等其他资本性支出项目。

（四）修缮类项目：按规定不纳入政府投资预算管理的，且财务会计制度规定允许资本化的各类设备、建筑物、公共基础设施等大型修缮的支出项目，以及日常固定资产中小维修项目。

第十条 专用类项目，是指部门根据履行职能、服务经济社会发展的需要设立和使用的项目。主要包括：

（一）政府投资类项目：是指用于社会事业、城建、水利、保障房、园林文物等方面的政府投资建设项目。

（二）产业发展类项目：是指用于支持我市农业、工业、服务业等行业中重点产业发展和特色传统产业的提升改造项目。

（三）民生事业类项目：是指用于支持我市教育、文化、社保、医疗卫生、社会服务、城管、住房、环保、农村、人才等民生和社会事业领域发展的项目。

第三章 项目库

第十一条 项目库是对项目进行规范化、程序化、动态化管理的数据库系统。

第十二条 项目库管理遵循统一规划的原则。由市财政局统一制定项目库管理的规章制度、项目申报文本，统一设计计算机应用软件。

第十三条 项目库分为部门项目库和财政项目库。

部门项目库，由市本级各部门按照项目支出预算申报要求，结合本部门行政工作任务、事业发展目标,对所属单位申报的项目进行筛选、分类、排序及可行性论证后设立。部门项目在入库前都要进行预算评审,评审工作由主管部门负责,其中跨部门分配资金的项目由专项主管部门组织评审。

财政项目库,由财政部门根据国家有关方针、政策,全市国民经济和社会发展规划,确定当年项目安排的原则和重点,并根据财力状况和项目分类进行总排序,审核后设立。

第十四条 项目库中的项目应当按照轻重缓急进行合理排序,并实行滚动管理。首先应保证党委、政府既定的重大改革发展项目;其次是安排经常性项目;第三是其他项目。

第十五条 列入预算安排的项目必须从项目库中选取。除按实兑付的专项资金外,其余专项资金年初预算须细化到具体项目。

第四章 项目申报

第十六条 各部门按照部门预算年度编制要求,统一汇总向市财政局申报一级项目和二级项目支出预算。

一级项目依据预算单位主要职责,以支出功能分类的项级功能科目为基础申报设立,申报内容主要包括项目基本信息、立项依据、主要内容、总体绩效目标及实施计划等。

二级项目依据预算单位为完成一级项目的工作任务或活动内容申报设立,申报内容主要包括项目基本信息、对应一级项目、项目类别、项目属性、重要程度、项目口径、立项依据、支出内容、绩效目标、实施计划、项目资金安排、项目支出明细预算、测算依据等。

第十七条 各部门向市财政局申报的项目应当符合以下条件:

(一)符合中央、省、市有关制度和方针政策。

(二)符合财政资金支持的方向和财政资金供给的范围。

(三)属于本部门履行行政职能和促进事业发展需要安排的项目。

(四)要经过充分的可行性研究和论证,并要有明确的项目绩效目标、组织实施计划和科学合理的项目预算。

(五)按规定须由相关职能部门前置审批的,应完成有关审批手续。

第十八条 各部门要根据履行行政职能的需要、事业发展的总体规划,合理安排项目立项,要从立项依据、可行性论证、项目绩效目标等方面对新项目进行编制和严格审核。

一级项目由预算单位根据单位职能调整情况,在"一上"时提出调整或修改意见,经主管部门、市财政局审核后设立。二级项目由预算单位根据需要按"二上二下"程序要求提出,经主管部门、市财政局审核后设立。

第十九条 项目申报要按照政府收支功能分类和经济分类科目编制预算,具体科目参照支出类别与经济科目对应表。

对列入部门预算的通用类项目一般应在商品和服务支出及其他资本性支出类下经济分类科目中列支,不得列支工资福利支出、对个人和家庭的补助类下经济分类科目;专用类项目,除根据实际需要经批准外,一般不得列支工资福利支出、对个人和家庭的补助类下经济分类科目。

第二十条 二级项目申报属性分为新增项目和延续项目。

新增项目是指本年度新增的需列入预算的项目。其他项目均为延续项目,延续项目主要是指以前年度已批准并已确定分年度预算,需在本年度及以后年度预算中继续安排的项目。延续项目必须明确项目的起止年限,未经市财政局批准,部门不得自行变更项目名称、内容。

第二十一条 二级项目申报口径分为经常性、阶段性和一次性。

经常性是指每个预算年度需要安排经费的项目。

阶段性是指在一定年限内需安排经费的项目。

一次性是指完成后不需再安排经费的单个项目。

第二十二条 按照项目的重要性,预算单位二级项目划分为重大改革发展项目、专项业务项目和其他项目三类,政府投资类项目统一归口为其他项目。

第二十三条 二级项目按照部门预算编报要求分通用类、专用类项目进行申报,属二次分配专项资金的项目名称须前缀"×××专项"。

第二十四条 项目申报文本由项目申报书、项目可行性论证报告及相关材料组成。项目申报文本的填报要求:

(一) 各部门申报当年预算时,应提供项目申报材料,其中:通用类项目中的信息化运行维护类、信息化网络购建类、交通工具购置类、大型修缮类,以及专用类项目所属二级项目须按要求报送相关的审批、立项、政策依据等补充材料。

(二) 部门申报的二级项目包括上年延续项目和当年新增项目。当年新增项目必须填写项目申报文本(绩效目标申报表);上年延续项目计划及项目预算没有变化的,部门应当在项目支出预算总报告中予以说明;项目计划及项目预算发生变化的,须重新填写项目申报文本,并附项目调整依据。

(三) 部门应当按照规定时间报送申报材料,申报材料的内容必须真实、准确、完整。

第二十五条 项目申报程序

(一) 一级、二级项目由预算单位申报,经主管部门初审汇总,报市财政局审核后设立。

(二) 预算单位应当按照预算管理级次申报项目,不得越级上报。

(三) 主管部门对申报的项目进行审核后,将符合条件的项目纳入部门项目库。

(四) 对进入部门项目库的项目,主管部门择优排序后汇总向市财政局申报。

第二十六条 按照规定属于政府采购的项目,应当编制政府采购预算,并按照政府采购制度的有关规定执行。项目涉及固定资产购置的,应按照核定的资产编制数量和价值标准,编制资产配置预算。

项目内容涉及政府向社会力量购买服务的,应当按规定同步编制政府购买服务预算,并按照政府购买服务的有关规定执行。

第五章 项目审核

第二十七条 项目审核内容主要包括:

(一) 预算单位及所申报的项目是否符合规定的申报条件,依据是否充分。

(二) 项目申报书是否符合规定的填报要求,相关材料是否齐全等。

(三) 项目的申报内容是否真实完整。

(四) 绩效目标填报是否符合相关规定,是否细化量化。

(五) 项目的规模及开支标准是否符合规定。

(六) 项目排序是否合理等。

(七) 延续性项目是否已参考历年绩效情况。

第二十八条 市财政局对各部门申报的项目进行审核,并选择重点及新增项目组织开展评审。

第二十九条 对于纳入财政项目库的政府投资类项目,须先由市财政局项目预算审核中心进行审核;信息化运行维护及信息化网络购建类项目,须先由市电子政务中心评审。上述审核意见作为预算安排的必要依据。

第六章 项目核定与组织实施

第三十条 市财政局根据国家和省有关法律法规、方针政策和制度,结合市本级各部门行政工作任务、事业发展目标,确定当年部门项目安排的原则和重点,并根据年度市级财力状况和项目排序,提出项目支出预算建议,纳入部门预算草案,并按规定程序报批。

第三十一条 经常性项目支出预算结合当年的预算执行率核定,对预算执行率低于91%的,将相应扣减下一年度的项目预算额度。

第三十二条 项目支出预算一经批复,部门和单位不得自行调整。预算执行过程中,如发生项目变更、终止或需要调整绩效目标的,必须按照项目支出预算管理规定的程序报批,并进行预算调整。

第三十三条 各部门应当按照批复的项目支出预算组织项目的实施,并责成预算单位严格执行项目计划和项目支出预算。

第三十四条 各部门应按照结余资金管理的有关规定,加强对项目支出结余资金的管理,提高财政资金使用效益。

第七章 项目清理与滚动管理

第三十五条 为推动项目滚动管理,在当年部门预算批复后下一年度部门预算编制开始前,市财政局对当年部门预算批复的二级项目进行清理,即从当年部门预算已批复项目中确定下年度预算需继续安排的延续项目。

第三十六条 市财政局对当年部门预算二级项目中的一次性项目和执行年限到期的延续项目予以终止;对到期后需继续安排预算的项目,视同新增项目,部门须按照规定程序重新申报。

第三十七条 对阶段性项目要严格按照立项时核定的分年度预算逐年编报。编报延续项目预算时,项目的名称、使用方向、金额不得变动,如发生变动视同新增项目,按照规定程序重新申报。

第三十八条 滚动纳入下年度预算的延续性项目,不增加一般公共预算和政府性基金预算资金的,可简化项目库流程,直接纳入预算编审库管理。

第八章 项目预算绩效管理

第三十九条 各部门、单位和市财政局应加强项目预算绩效管理,建立健全全过程预算绩效管理机制,提高财政资金使用效益。

第四十条 各部门、单位要按规定填报项目预算绩效目标,绩效目标分为总体目标和绩效指标,绩效指标是具体化、指标化的绩效目标,可分为产出指标、效益指标。绩效目标应指向明确、细化量化、合理可行、相应匹配。

主管部门和市财政局要加强绩效目标审核,并将审核结果作为安排项目预算的重要依据。绩效目标审核不通过的项目,不得纳入项目库。

第四十一条 各部门应当加强项目预算绩效监控,预算支出与绩效目标发生偏离的,应当及时采取措施予以纠正,情况严重的,向市财政局提出调整、暂缓或者停止该项目执行的建议。

第四十二条 各部门、单位应按照要求及时开展项目绩效自评。市财政局应加强项目绩效自评指导工作,组织实施项目绩效抽评,并开展重点绩效评价。

项目绩效自评、抽评和重点绩效评价具体工作按照我市绩效评价有关规定组织实施。

第四十三条 各部门应当加强对项目绩效评价结果的应用,及时向预算单位反馈绩效评价结果,并督促其整改存在的问题,市财政局将绩效评价结果作为安排项目预算的重要参考因素。

第四十四条 二级项目完成后,预算单位要及时组织验收和总结,并将项目完成情况报主管部门;主管部门要将项目完成情况汇总报送市财政局。

第九章 附 则

第四十五条 市财政局,各部门、单位要对项目实施过程和完成结果进行监督、检查。对违反国家有关法律、法规和财务规章制度的,按照《财政违法行为处罚处分条例》等有关规定进行查处;情节严重构成犯罪的,依法追究刑事责任。

第四十六条 本办法自发布之日起施行。

财政部关于进一步加强财政支出预算执行管理的通知

财预〔2014〕85号

党中央有关部门，国务院各部委、各直属机构，总后勤部、武警总部，全国人大常委会办公厅，全国政协办公厅，高法院，高检院，有关人民团体，各中央管理企业，各省、自治区、直辖市、计划单列市财政厅（局），新疆生产建设兵团财务局：

今年以来，我国经济开局平稳，经济运行继续保持在合理区间。各地区、各部门认真贯彻政府工作报告和预算报告确定的政策措施，加强预算执行管理，取得了较好效果。但同时也应看到，当前国内外经济形势仍然错综复杂，经济增长下行压力依然存在，一些困难不容低估。预算执行中还存在部分支出进度较慢、预算资金大量结转、国库存款沉淀较多等问题。为了更好地促进经济结构调整，保障和改善民生，发挥财政对经济增长的拉动作用，现就进一步加强财政支出预算执行管理的有关事项通知如下：

一、加强支出预算管理

（一）加快下达年初预算

各级财政部门要按照规定时间及时下达转移支付预算。对上级财政提前下达的转移支付，本级财政要列入年初预算，并分解到本级有关部门和下级财政。除公共财政预算外，政府性基金预算、国有资本经营预算也要加快下达，社会保险基金预算要按有关规定执行。对于以收定支的支出项目，可采取提前下达、次年清算的方式，并及早开展项目准备，确保预算尽快执行。

（二）细化落实未分配到部门和下级财政的预算

对于年初没有落实到具体单位的本级代编预算、执行中上级下达的转移支付等财政资金，各级财政部门要会同有关部门结合经济和社会事业发展情况，抓紧落实到具体单位。本级代编预算要尽量在6月30日前分配下达；超过9月30日仍未落实到部门和单位且无正当理由的，除据实结算项目外，全部收回总预算。上级转移支付要在收到后30日内分解下达到本级有关部门和下级财政。对于执行中情况发生变化而无法执行的项目，以及无需再支出的据实结算项目，要及时收回总预算，重新安排用于经济社会发展亟须资金支持的领域。各地区、各部门要在依法合规、确保工程质量安全的前提下，加快基建工程及其支出进度，尽早形成实物工作量。

（三）用好以前年度结转资金

各地区、各部门在加快当年预算执行的同时，要加快以前年度结转资金执行进度。结转项目确需继续保留的，要及时下达至本级有关部门和下级财政。各级财政部门要定期对结转资金进行全面清理，将不再使用的结转资金及时收回总预算。建立健全预算编制与结转资金管理相衔接的约束机制，对结转资金常年居高不下、使用不力的部门，相应减少安排其预算。

二、加快资金支付进度

(一) 做好支付前期准备

各部门和单位应根据工作和事业发展计划,做好预算执行的前期准备,特别是重大项目的准备工作。要根据年度预算安排和项目实施进度等情况,认真编制分月用款计划,及时提出支付申请。地方各级财政部门要会同有关部门做好转移支付资金拨付的前期准备,力争做到资金一旦下达,及时分配使用。

(二) 加快资金审核支付

各级财政部门要加快资金审核和支付,内设相关机构要各司其职,各负其责。要认真审核各部门和单位的用款申请,对重点和大额支出项目,审核后要跟踪后续进展;要及时下达用款额度并办理资金支付,对基本支出按照年度均衡性原则支付,对项目支出按照项目实施进度和合同约定支付,对据实结算项目根据实际需要引入预拨和清算制度。

(三) 规范财政专户管理

对于按有关规定从国库拨付到专项支出财政专户的资金,要采取措施加快形成实际支出,防止资金滞留专户。严禁违规将国库资金转入财政专户等"以拨代支"行为,确保国库资金安全。从2014年6月1日起,一律不再新设专项支出财政专户;目前已设立的专项支出财政专户要逐步取消,确需保留的经财政部审核后报国务院批准。

(四) 加强暂付款和权责发生制核算管理

规范会计核算,全面清理已发生的财政借垫款。对符合制度规定的临时性借垫款,应及时收回核销;对符合制度规定应当在支出预算中安排的款项,按规定列入预算支出;对不符合制度规定的财政借垫款要限期收回。严格权责发生制核算范围,地方各级财政应按规定使用权责发生制,不得超范围列支。

三、做好支出预算执行分析评价

(一) 加强预算执行分析

各部门要建立本部门预算执行分析制度,研究分析预算执行中存在的问题,对财政拨款规模较大的重点单位、重点项目要重点分析,加强对垂直管理下级单位的指导。各级财政部门要及时掌握预算执行动态,深入分析预算执行中反映出的各类问题,特别是要加强对预算收支执行、国库存款、结转结余、暂付暂存款和财政专户资金的分析,研究采取切实可行的操作管理办法,并要结合各地区、各部门预算执行和排名情况,提出具体工作目标和改进措施。

(二) 健全考核机制

各部门要建立健全预算支出责任制度,明确考核指标。同一部门通过不同预算分别安排的支出,都要纳入执行进度考核范围。对于所属单位当年预算执行进度低于平均进度且无正当理由的,核减下一年该单位项目经费;对某一预算年度安排的项目支出连续两年未使用、或者连续三年仍未使用完形成的剩余资金,视同结余资金管理。各级财政部门要建立预算执行与预算编制挂钩制度,对本级部门和下一级地区的预算执行进度进行考核,建立以减少存量资金、提高资金使用效率为核心的预算执行考核评价体系,对于支出进度较低、存量资金数额较大的部门或地区,在安排下年预算和分配转移支付资金时,也要予以适当核减。

（三）加大问责力度

各级财政部门对于预算执行不力的本级部门和下一级地区，应采取通报、调研或约谈等方式，提出加快预算执行的建议，推动有关部门或地区查找原因并改进工作。上级财政部门要继续完善地方支出进度月度通报机制，对排名靠后的下一级财政部门，将支出进度情况通报同级政府分管财政工作的领导，下一级财政部门要撰写情况说明报送上级财政部门。

各地区、各部门要充分认识加强预算执行管理的重大意义，加强组织领导，坚持依法理财，提高财政资金使用效益，把预算执行工作抓紧抓实抓好。各级财政部门要协调把握财政支出及时性与均衡性的关系，避免月度间支出水平大起大落，有效发挥财政资金在稳增长、调结构、惠民生等方面的重要作用，确保完成全年经济社会发展预期目标。

财政部
2014 年 5 月 21 日

关于推进地方盘活财政存量资金有关事项的通知

财预〔2015〕15号

各省、自治区、直辖市、计划单列市财政厅(局)：

为贯彻落实《国务院办公厅关于进一步做好盘活财政存量资金工作的通知》(国办发〔2014〕70号,以下简称《通知》)有关规定,切实提高财政资金使用效率,现就推进地方盘活财政存量资金有关事项通知如下：

一、明确结转结余资金的范围及清理措施

(一)关于一般公共预算结转结余资金

一般公共预算结转结余资金,是指一般公共预算尚未下达地方和部门、留在各级财政部门的结转结余资金,不含上级专项转移支付结转结余资金。

一般公共预算结转结余资金(含从2015年起由政府性基金预算转列一般公共预算的结转结余资金),除权责发生制核算事项外,结转两年以上的资金,应当作为结余资金管理,全部补充预算稳定调节基金。未满两年但调整用途的结转资金,其结转时间应按初次安排预算的时间计算,不得重新计算。已按权责发生制核算的事项最迟要在2016年底前使用完毕,地方规定时间更为提前的,从其规定。

(二)关于政府性基金预算结转资金

政府性基金预算结转资金,是指政府性基金预算尚未下达到地方和部门、留在各级政府财政部门中的结转资金,不含上级专项转移支付结转资金。

政府性基金预算结转资金规模较大的,应调入一般公共预算统筹使用,调入的基金应补充预算稳定调节基金。每一项政府性基金结转资金规模一般不超过该项基金当年收入的30%,地方可在此基础上实行更严格的统筹使用措施。

(三)关于转移支付结转结余资金

转移支付结转结余资金,既包括一般公共预算安排的转移支付,也包括政府性基金预算安排的转移支付。

上级财政专项转移支付结转结余资金中,预算尚未分配到部门和地方并结转两年以上的资金,由下级财政交回上级财政统筹使用；未满两年的结转资金,同级财政可在不改变资金类级科目用途的基础上,调整用于同一类级科目下的其他项目。预算已分配到部门并结转两年以上的结余资金,由同级财政收回统筹使用。收回的结转结余资金,作为权责发生制核算事项,应在两年内使用完毕。专项转移支付结转结余资金交回、收回或用途调整有关情况应及时汇总报送上级财政部门和业务主管部门备案。

(四)关于部门预算结转结余资金

部门预算结转结余资金,既包括一般公共预算安排的部门预算结转结余资金,也包括政

府性基金预算安排的部门预算结转结余资金。

部门预算结余资金以及结转两年以上的资金(包括基建资金和非基建资金),由同级财政收回统筹使用。收回统筹使用的资金作为权责发生制事项单独核算,并应在两年内使用完毕。

财政收回转移支付结转结余资金、部门预算结转结余资金时,借记"国库存款"科目,贷记"暂存款"科目。安排使用时,按原预算科目支出的,借记"暂存款"科目;调整支出科目的,应按原结转预算科目做冲销处理,借记"暂存款",贷记"一般预算支出"等科目,同时按实际支出预算科目作列支账务处理,借记"一般预算支出"等科目,贷记"国库存款"等科目。

二、规范结转结余资金收回程序

(一)各省级财政部门应根据规定,尽快组织对本省(区、市)截至 2014 年底的财政存量资金进行清理统计,并将执行国办发〔2014〕70 号文件的情况,以及 2015 年 2 月底前已统筹使用财政存量资金的情况,按照附件表一至表十四格式填报,经同级人民政府批准后,于 2015 年 3 月 15 日前报送财政部,并抄送财政部驻当地财政监察专员办事处(以下简称专员办)。

(二)财政部根据省级财政部门报送的 2014 年底财政存量资金清理统计情况,对省级财政部门应交回结转结余资金,采取预上缴、后清算方式办理,由各省级财政部门专项上解中央财政,年终结合专员办审核意见据实清算。

(三)各专员办应对本地财政部门报送财政存量资金统计数据的完整性、真实性等进行严格审核,于 2015 年 5 月 31 日前将审核意见报财政部。

(四)为做好政策衔接,按照《通知》规定应补充预算稳定调节基金、交回上级财政或由同级财政收回统筹使用的结转结余资金,在 2015 年 2 月 28 日前已形成实际支出的,可不再追溯调整;2 月 28 日后不得再形成实际支出,否则须追溯调整。收回资金的项目需要在 2015 年及以后年度继续实施的,应作为新的预算项目管理,按照程序重新申请和安排。

(五)以后年度收回财政存量资金工作比照上述方式办理。

三、建立财政存量资金定期报告制度

(一)各省级财政部门要跟踪监控本省(区、市)财政存量资金情况,按照附件表九至表十四格式统计汇总财政存量资金,经同级人民政府批准后,于每季度结束后 15 日内报送财政部,并抄财政部驻当地专员办。

(二)各省级财政部门应将每季度本省(区、市)财政存量资金情况与上一季度财政存量资金情况、本季度财政库款余额等进行比较,分析增减变化及差异原因,撰写分析报告随同财政存量资金表格一并报送财政部。

四、完善相关保障措施

(一)健全制度办法

各级财政部门要按照《通知》有关要求,加快制定各项财政存量资金管理办法,着力建立盘活财政存量资金与预算编制、执行等挂钩机制。现有管理办法与《通知》相冲突的,要尽快修改完善。

（二）加强预算管理

各级财政部门要加强预算编制管理,逐步推进实行地方中期财政规划管理,不断提高年初预算到位率;提前做好项目前期准备工作,加快预算批复和转移支付下达进度,杜绝各类虚假列支行为,严格控制新增财政存量资金。

（三）发挥资金效益

各级财政部门要以稳增长、促改革、调结构、惠民生为目标,对应按原用途使用的资金,尽快拨付投入使用;对不需按原用途使用的资金,收回主要统筹用于棚户区改造、城市基础设施、铁路公路建设、重大水利工程等重点领域,提高财政资金使用效益。

（四）强化检查督促

各级财政部门应加强盘活财政存量资金检查,督促各部门各单位严格落实国务院规定,对支出进度慢、盘活财政存量资金不力的地区或部门及时通报或约谈。

特此通知。

财政部

2015 年 2 月 17 日

财政部关于印发
《中央部门结转和结余资金管理办法》的通知

财预〔2016〕18号

党中央有关部门，国务院各部委、各直属机构，军委后勤保障部，武警各部队，全国人大常委会办公厅，全国政协办公厅，高法院，高检院，各民主党派中央，有关人民团体，新疆生产建设兵团，有关中央管理企业：

  为了深化部门预算改革，加强和规范中央部门一般公共预算和政府性基金预算结转结余资金管理，优化资源配置，盘活存量资金，提高财政资金使用效益，我部对《中央部门财政拨款结转和结余资金管理办法》（财预〔2010〕7号）进行了修订，制定了《中央部门结转和结余资金管理办法》。现印发给你们，请遵照执行。

财政部
2016年2月17日

附件：

中央部门结转和结余资金管理办法

第一章 总 则

  第一条 为加强中央部门结转和结余资金（以下简称结转结余资金）管理，优化财政资源配置，提高资金使用效益，根据《中华人民共和国预算法》《中华人民共和国预算法实施条例》以及部门预算管理有关规定，制定本办法。

  第二条 本办法所称结转结余资金，是指与中央财政有缴拨款关系的中央级行政单位、事业单位（含企业化管理的事业单位）、社会团体及企业，按照财政部批复的预算，在年度预算执行结束时，未列支出的一般公共预算和政府性基金预算资金。

  第三条 结转资金是指预算未全部执行或未执行，下年需按原用途继续使用的预算资金。结余资金是指项目实施周期已结束、项目目标完成或项目提前终止，尚未列支的项目支出预算资金；因项目实施计划调整，不需要继续支出的预算资金；预算批复后连续两年未用完的预算资金。

  第四条 按照国库集中收付管理制度，结转结余资金包括国库集中支付结余资金和非国库集中支付结余资金。

  第五条 中央部门核算和统计结转结余资金，应与会计账表相关数字保持一致。

第六条 按照本办法管理的结转结余资金应扣除以下两项内容：一是已支付的预付账款；二是已用于购买存货，因存货未领用等原因尚未列支的账面资金。预付账款在以后年度收回资金，或者在以后年度因出售存货收回资金的，收回的资金应按照本办法相关规定管理。

第二章 基本支出结转资金管理

第七条 年度预算执行结束时，尚未列支的基本支出全部作为结转资金管理，结转下年继续用于基本支出。

第八条 基本支出结转资金包括人员经费结转资金和公用经费结转资金。

第九条 编制年度预算时，中央部门应充分预计和反映基本支出结转资金，并结合结转资金情况统筹安排以后年度基本支出预算。财政部批复年初预算时一并批复部门上年底基本支出结转资金情况。

第十条 部门决算批复后，决算中基本支出结转资金数与年初批复数不一致的，应以决算数据作为结转资金执行依据。

第十一条 中央部门在预算执行中因增人增编需增加基本支出的，应首先通过基本支出结转资金安排。

第三章 项目支出结转资金管理

第十二条 项目实施周期内，年度预算执行结束时，除连续两年未用完的预算资金外，已批复的预算资金尚未列支的部分，作为结转资金管理，结转下年按原用途继续使用。

第十三条 基本建设项目竣工之前，均视为在项目实施周期内，年度预算执行结束时，已批复的预算资金尚未列支的部分，作为结转资金管理，结转下年按原用途继续使用。

第十四条 编制年度预算时，中央部门应充分预计和反映项目支出结转资金，并结合结转资金情况统筹安排以后年度项目支出预算。财政部批复年初预算时一并批复部门上年底项目支出结转资金情况。

第十五条 部门决算批复后，决算中项目支出结转资金数与年初批复数不一致的，应以决算数据作为结转资金执行依据。

第四章 项目支出结余资金管理

第十六条 项目支出结余资金包括：项目目标完成或项目提前终止，尚未列支的预算资金；实施周期内，因实施计划调整，不需要继续支出的预算资金；实施周期内，连续两年未用完的预算资金；实施周期结束，尚未列支的预算资金；部门机动经费在预算批复当年未动用的部分。项目支出结余资金原则上由财政部收回。

第十七条 按照基本建设财务管理的有关规定，基本建设项目竣工后，项目建设单位应抓紧办理工程价款结算和清理项目结余资金，并编报竣工财务决算。财政部和相关主管部门应及时批复竣工财务决算。基本建设项目的结余资金，由财政部收回。

第十八条 按照《关于改进加强中央财政科研项目和资金管理的若干意见》（国发〔2014〕11号）精神，中央财政科研项目结余资金中符合相关条件的，报财政部确认后，可在一定期限内由项目单位统筹安排用于科研活动的直接支出。具体管理办法另行制定。

第十九条 年度预算执行结束后，中央部门应在45日内完成对结余资金的清理，将清理情况区分国库集中支付结余资金和非国库集中支付结余资金报财政部。财政部收到中央部门报送的结余清理情况后,应在 30 日内发文收回结余资金。

第二十条 部门决算批复后,决算中项目支出结余资金数超出财政部已收回结余资金数的,财政部应根据批复的决算,及时发文将超出部分的结余资金收回;决算中项目支出结余资金数低于财政部已收回结余资金数的,收回的资金不再退回中央部门。

第二十一条 年度预算执行中,因项目目标完成、项目提前终止或实施计划调整,不需要继续支出的预算资金,中央部门应及时清理为结余资金并报财政部,由财政部发文收回。

第五章 控制结转资金规模

第二十二条 中央部门应努力提高预算编制的科学性、准确性,合理安排分年支出计划,根据实际支出需求编制年度预算。

第二十三条 预算执行中,中央部门应及时跟踪预算资金使用情况,定期进行统计,分析预算执行中存在的问题及原因,采取措施合理加快执行进度。

第二十四条 对当年批复的预算,预计年底将形成结转资金的部分,除基本建设项目外,中央部门按照规定程序报经批准后,可调减当年预算或调剂用于其他急需资金的支出。

第二十五条 对结转资金中预计当年难以支出的部分,除基本建设项目外,中央部门按照规定程序报经批准后,可调剂用于其他急需资金的支出。连续两年未用完的结转资金,由财政部收回。

第二十六条 中央部门拟调减预算或对结转资金用途进行调剂,应按照规定程序在 8 月 31 日前提出申请。财政部收到中央部门申请后,原则上应在 9 月 30 日前办理完成。

第二十七条 中央部门调减预算或对结转资金用途进行调剂后,相关支出如在以后年度出现经费缺口,应在部门三年支出规划确定的支出总规模内通过调整结构解决。

第二十八条 中央部门结转资金规模较大、占年度支出比重较高的,财政部可收回部分结转资金。

第二十九条 财政部对中央部门控制结转资金情况应加以考核,并对考核情况予以通报。

第三十条 中央部门应对所属单位结转资金规模控制情况进行考核,并建立激励约束机制。

第六章 结转结余资金收回

第三十一条 中央部门应按照财政部收回结转结余资金的文件,及时将资金上交国库,并区分国库集中支付结余资金和非国库集中支付结余资金,按照相关规定办理。

第三十二条 上交国库集中支付结余资金,中央部门应及时调整用款计划,财政部相应调整国库集中支付结余指标。

第三十三条 上交非国库集中支付结余资金,中央部门应在财政部发文规定的时限内将资金上交国库,并将缴款单据印送财政部备查。

第三十四条 对收回的结转结余资金,财政部应按照《财政总预算会计制度》(财库〔2015〕192 号)有关规定进行会计处理。

第三十五条 基本建设项目结余资金的收回,按照基本建设项目结余财政资金管理的有关规定执行。

第七章 国库集中支付结余资金管理

第三十六条 年度预算执行结束后,中央部门与财政部就预算指标、资金支出情况进行核对。根据核对情况,财政部于1月31日前将国库集中支付结余数据发给中央部门。

第三十七条 中央部门收到国库集中支付结余数据后,应在15日内将国库集中支付结余资金申报核批表报财政部。财政部收到核批表后,应及时发文批复。申报和批复国库集中支付结余资金时,不得调整支出功能分类科目。

第八章 附 则

第三十八条 中央部门在结转结余资金管理中违反本办法规定的,财政部应责成其进行纠正。对未及时纠正的,财政部可将有关资金收回。

第三十九条 中央部门可以依据本办法规定,结合部门实际情况,制定本部门结转结余资金管理的具体办法。中国人民解放军、武装警察部队参照本办法的原则,另行制定管理规定。

第四十条 本办法由财政部负责解释。

第四十一条 本办法自发布之日起施行,财政部2010年1月18日发布的《中央部门财政拨款结转和结余资金管理办法》(财预〔2010〕7号)同时废止。

金华市人民政府关于推进预算绩效管理的实施意见

金政发〔2012〕107号

市政府各部门：

为进一步推进政府绩效管理和财政科学化精细化管理，提高财政资金使用效益，根据上级有关文件精神，现就推进我市预算绩效管理提出如下意见。

一、充分认识推进预算绩效管理的重要意义

预算绩效管理是政府绩效管理的重要组成部分，是一种以支出结果为导向的预算管理模式。加强预算绩效管理，是完善政府绩效管理制度和加强财政预算管理工作的重要内容，是深化行政管理体制改革、促进政府职能转变、强化部门责任意识，建设责任、服务、透明政府的有效举措，对提高政府理财和公共服务水平、优化公共资源配置、加快经济发展方式转变具有重要作用。各部门、各单位要充分认识推进预算绩效管理的重要意义，切实采取有力措施，推进预算绩效管理各项工作的落实。

二、全面推进预算绩效管理的主要任务

推进预算绩效管理，要将绩效管理理念融入预算编制、执行、监督的全过程，逐步建立预算绩效管理的"六个机制"，逐步完善"预算编制有目标、预算执行有跟踪、预算完成有评价、评价结果有应用"的全过程预算绩效管理机制。

（一）建立绩效目标管理机制

绩效目标是预算绩效管理的基础，包括绩效内容、绩效指标。各部门（单位）在编制年度预算时要同时制定预算绩效目标，并编制清晰、量化、便于考核的绩效指标，无绩效目标的市财政局不能安排资金。市财政局要做好绩效目标的审核，经审核通过的，方可进入预算安排环节。在安排预算资金时，市财政局要根据各部门（单位）上报的绩效目标，结合年度政府工作重点和政府财力，确定预算安排。年度中间追加预算安排的也按此规定执行。

（二）建立重大项目事前绩效评估机制

对投资额大、社会影响广的重大项目，在项目立项审批过程中，市发改委、市财政局等单位要依据部门职责、发展计划、预算项目申报理由和绩效说明，对项目的必要性、可行性，绩效目标和绩效指标设置的科学性，申请资金额度的合理性，以及为实现项目绩效目标所计划采取的管理制度措施等情况进行审核论证；市财政局要根据论证评估结果决定是否安排项目预算以及安排的先后顺序。

（三）健全预算执行绩效跟踪监控机制

各部门（单位）要完善预算支出责任制度，提高预算支出执行的及时性、均衡性和有效性。市财政局要加强国库执行管理，健全预算执行动态监控机制，把提高资金使用效益作为加快预算执行进度的落脚点，确保财政资金安全规范运行。市财政、审计等部门（单位）要加强对绩效目标实现情况的监控，及时掌握项目绩效目标的完成情况、项目实施进程和支出执行进度。

（四）完善预算支出绩效评价机制

预算执行结束后，各部门（单位）要及时组织本部门及所属单位对财政资金的产出和结果进行绩效自评，对本部门和所属单位自评工作和自评报告进行审核，并在规定时间内将绩效自评报告上报市财政局。市财政局要研究制定和完善绩效评价有关制度办法，组织、指导、监督和检查各部门的绩效评价工作，并根据年度工作重点对部门自评项目进行一定数量的自评抽查，以加强管理，提高部门自评质量。市财政局每年要选取一定数量的社会影响较广、具有明显公共效应的重大项目，实施财政重点评价。市财政局要积极探索引入第三方参与绩效管理工作，设立准入标准，规范准入程序，采用"花钱买服务"的方式，组织、指导中介评价机构参与绩效评价，建立第三方评价的质量控制机制，确保提高评价结果的客观性和公正性。

（五）建立绩效评价结果反馈应用机制

市财政局要将绩效评价结果及时反馈给预算具体执行单位，要求其根据绩效评价结果，完善管理制度，改进管理措施，提高管理水平，降低支出成本，增强支出责任；把绩效评价结果作为安排以后年度预算的重要依据，优先考虑和重点支持绩效评价结果好的部门项目，相应减少绩效评价结果差的部门项目和资金安排，取消无绩效项目。

（六）建立绩效报告和公开机制

各部门（单位）要定期向市财政局提交预算绩效管理工作总结，说明预算绩效管理工作情况、支出绩效状况、存在问题、纠正措施和下一步工作重点。市财政局每年要向市政府报告预算绩效管理综合情况和重点项目绩效评价结果，为政府决策提供参考。按照政府信息公开的有关规定，逐步提高预算绩效管理工作的透明度，将绩效评价结果尤其是社会关注度高、影响力大的民生项目和重点项目支出绩效情况，在一定范围内公开，接受社会监督。

三、推进预算绩效管理的保障措施

（一）加强组织领导

各部门（单位）要充分认识和发挥自身预算绩效管理作用，加强领导，理顺机制，制定具体措施，形成工作合力，切实做好本部门预算绩效管理工作。市财政局要认真履行职责，把预算绩效管理作为深化财政预算改革的中心，并负责对预算绩效管理进行组织、指导、协调和监督。

（二）完善制度体系

市财政局要注重制度体系建设，抓紧制定和完善预算绩效管理工作制度，规范绩效目标、绩效跟踪、绩效评价、结果应用等各项管理流程，确保预算编制、执行、监督、评价、结果应用和问责等各个管理环节的工作有序开展。

（三）建立考核制度

部门（单位）预算绩效管理工作列入各部门（单位）年度工作绩效考核评价内容，具体考核办法由市考评办会同市财政局另行制订。

（四）加强舆论宣传

充分利用各种新闻媒体、政府网络平台等，积极宣传预算绩效管理理念，努力营造良好的舆论环境。强化对预算绩效管理的考核督查，推动预算绩效管理工作持续健康发展。

金华市人民政府

2012 年 9 月 14 日

浙江省财政厅文件
关于印发浙江省省级政府采购预算管理办法的通知

浙财预〔2011〕22 号

省级各部门、各单位：

为进一步加强省级政府采购预算管理，根据《中华人民共和国政府采购法》，结合省级部门预算、国库集中支付改革的有关规定，特制订《浙江省省级政府采购预算管理办法》，现印发给你们，请遵照执行。原《浙江省省级政府采购预算管理暂行办法》（浙财预字〔2006〕20号）同时废止。

2011 年 7 月 27 日

浙江省省级政府采购预算管理办法

第一条 为加强省级政府采购预算管理，规范省级政府采购预算的编制、审核及执行，根据《中华人民共和国政府采购法》（以下简称《政府采购法》）及有关规定，制订本办法。

第二条 本办法适用于省级国家机关、事业单位和团体组织（以下简称"各部门、各单位"）使用财政性资金，采购依法制定的集中采购目录以内或者采购限额标准以上的货物、工程和服务。

第三条 省财政厅负责汇总、审核、批复省级政府采购预算，各部门、各单位负责编制本部门、本单位的政府采购预算。

第四条 各部门、各单位在编制年度预算时，应按照省财政厅预算编制的要求编制政府采购预算，将集中采购目录以内或采购限额标准以上的政府采购项目和资金预算列出，并细化到具体的货物、工程和服务。各部门、各单位不得编制无资金来源的政府采购预算。

第五条 政府采购预算按预算管理级次编报。各基层预算单位应按预算级次将政府采购预算报送上级预算管理单位，各部门应对下属单位报送的政府采购预算进行初审、汇总，并将汇总的部门政府采购预算报送省财政厅。

第六条 省财政厅对各部门、各单位报送的政府采购预算进行项目审核，重点审查采购项目的必要性、采购资金来源、采购数量、配备标准、采购类型、技术参数及配置需求、参考单价内容，资产配置是否符合《浙江省省级行政事业单位国有资产配置管理暂行办法》。省财政厅汇总平衡后，编制年度省级政府采购预算草案，按规定程序批准后形成年度省级政府采购预算，由省财政厅在批复年度预算时一并批复各部门、各单位。

第七条 政府采购预算追加、调整按省级部门项目支出预算管理的相关规定及本办法第五、六条办理。

第八条 政府采购应当严格按照批准的预算执行,各部门、各单位不得组织实施无政府采购预算的采购活动。在年初政府采购预算尚未批复前,因特殊情况急需采购列入政府采购预算草案属基本支出预算或经常性专项预算安排的项目,经省财政厅确认预下达政府采购预算,采购单位可按政府采购有关规定先实施采购活动,待预算批准后,再办理政府采购预算批复手续。

第九条 政府采购预算的财政性资金在采购活动结束后,出现结余资金,应相应核减政府采购预算,结余资金按规定程序报经批准可调整用于部门或单位其他新增项目。已办理政府采购确认书超过两年但未实施采购的,其对应的采购预算资金将视同结余资金,由财政收回平衡预算。

第十条 结余资金需调整用于新的政府采购项目,应依照本办法第五、六、七、八条的规定办理追加政府采购预算。

第十一条 各部门、各单位应根据省财政厅有关规定,列报本部门、单位支出,并作相应的财务处理。

第十二条 各部门应当做好所属单位政府采购预算管理工作,建立健全有关管理制度。尤其要建立健全部门与所属单位的有关政府采购预算报送、审核、下达以及所属单位政府采购预算执行管理等制度,切实加强与省财政厅及上下级单位之间管理上的协调与衔接。

第十三条 本办法自发布之日起 30 日后施行。

浙江省财政厅关于印发浙江省政府购买服务预算管理办法的通知

浙财预〔2014〕25号

各市、县(市、区)财政局(宁波不发),省级各单位:

经研究,我厅制定了《浙江省政府购买服务预算管理办法》,现印发给你们,请遵照执行。

浙江省财政厅
2014年9月10日

浙江省政府购买服务预算管理办法

第一章 总 则

第一条 为推动我省政府购买服务工作,根据《浙江省人民政府办公厅关于政府向社会力量购买服务的实施意见》(浙政办发〔2014〕72号)和《财政部关于政府购买服务有关预算管理工作的通知》(财预〔2014〕13号)的规定,结合我省实际,制定本办法。

第二条 本办法适用于全省各级行政机关和参照公务员法管理、具有行政管理职能的事业单位,以及纳入行政编制管理且经费由财政负担的群团组织(以下简称"购买主体")购买服务的预算管理。

第三条 政府购买服务是指通过发挥市场机制作用,把政府直接向社会公众提供的一部分公共服务事项,以及政府在履行职责过程中所需的辅助性服务事项,按照一定的方式和程序,交由具备条件的社会组织、企业和机构等社会力量承担,并由政府根据服务数量和质量向其支付合理费用的活动。

第二章 政府购买服务目录

第四条 根据政府购买服务的内容,省财政厅编制《浙江省政府向社会力量购买服务指导目录》(以下简称《指导目录》)。《指导目录》将政府购买服务项目分为:公共服务和政府履职辅助性服务。

第五条 省财政厅根据本省社会经济发展水平、人民群众对公共服务需求变化和政府部门履行宏观调控、市场监管等职能转变,以及政府购买服务预算管理实施等情况,对《指导目录》进行动态调整并公布。

第三章 政府购买服务预算管理

第六条 政府购买服务实行"项目申报,预算统筹、政府采购、绩效评价、信息公开"的预算管理办法。

第七条 购买主体在部门预算编制中,对属于《指导目录》内容的事项,应根据实际需求和财力的可能申报政府购买服务项目。项目要保持与国民经济和社会发展规划相一致,与单位履行行政职能及事业发展规划相协调。第八条政府购买服务所需资金,从购买主体部门预算安排的公用经费或经批准使用的专项经费既有预算中统筹安排。随着政府提供公共服务的发展所需增加的资金,按照预算管理要求增列部门预算。

第九条 购买主体应按照现行部门预算编制管理的有关规定,在编制年度部门预算时,同步编制政府购买服务预算,明确服务事项、受益对象、购买方式、服务标准等,并在预算编制系统内完整地反映政府购买服务项目情况。

第十条 购买主体在编制政府购买服务预算的同时,应编制政府购买服务支出表。政府购买服务支出表应明确购买服务的具体内容;根据购买服务的内容和性质,以及对承接主体的要求等,对承接主体的性质、行业等进行具体描述;根据各资金来源,填列用于购买服务的预计支出数额。

关于进一步规范和加强
行政事业单位国有资产管理的指导意见

财资〔2015〕90号

党中央有关部门,国务院各部委、各直属机构,全国人大常委会办公厅,全国政协办公厅,高法院,高检院,各民主党派中央,有关人民团体,有关中央管理企业,各省、自治区、直辖市、计划单列市财政厅(局),新疆生产建设兵团财务局:

行政事业单位国有资产是行政事业单位履行职能,保障政权运转以及提供公共服务的物质基础。行政事业单位国有资产管理是财政管理的重要基础和有机组成部分。近年来,行政事业单位资产管理工作取得明显成效,确立了"国家统一所有,政府分级监管,单位占有、使用"的管理体制,初步构建了管理制度框架,逐步规范资产配置、使用、处置等各环节管理。但是,在当前全面深化改革和经济社会发展的新形势下,现行行政事业单位资产管理仍然存在一些亟待解决的突出问题。各级财政部门与相关部门之间管理职责没有很好落实,制度体系不够健全;资产管理与预算管理相结合机制有待进一步完善,资产管理的资源配置职能没有充分发挥;资产使用、处置管理等需要进一步规范,管理方式有待改进;管理基础薄弱,部分单位特别是基层单位业务力量相对不足,资产管理队伍建设需要进一步加强。为了切实解决这些问题,加快建立与国家治理体系和治理能力现代化相适应的行政事业单位资产管理体系,更好地保障行政事业单位有效运转和高效履职,根据《中华人民共和国预算法》等法律制度,现就进一步规范和加强行政事业单位资产管理提出以下意见:

一、总体要求

(一)指导思想

认真贯彻落实党的十八大和十八届三中、四中、五中全会精神,按照深化财税体制改革的总体部署,理顺和巩固行政事业单位国有资产管理体制,健全行政事业单位资产管理法律制度和内控机制,深入推进资产管理与预算管理、国库管理相结合,建立既相互衔接又有效制衡的工作机制和业务流程,着力构建更加符合行政事业单位运行特点和国有资产管理规律、从"入口"到"出口"全生命周期的行政事业单位资产管理体系。

(二)基本原则

坚持所有权和使用权相分离。行政事业单位国有资产的所有权属于国家,使用权在单位。根据健全"归属清晰、权责明确、保护严格、流转顺畅"的现代产权制度要求,明确国家和单位在行政事业单位资产管理方面的权利、义务,进一步明晰国有资产产权关系。

坚持资产管理与预算管理相结合。通过资产与预算相结合,管控总量、盘活存量、用好增量,有效缓解部门、单位之间资产占有水平不均衡的状况,促进资源配置的合理化,提高资产的使用效率。

坚持资产管理与财务管理、实物管理与价值管理相结合。通过对预算管理和财务管理流程进行必要的再造,实现资产管理与财务管理紧密结合,实物管理与价值管理紧密结合,做到账账相符、账实相符,提升单位管理水平。

(三)主要目标

保障履职。充分发挥行政事业单位资产在单位履行职能方面的物质基础作用,有效保障政权运转和提供公共服务的需要。

配置科学。行政事业单位资产配置的范围符合公共财政的要求;资产配置标准科学合理;根据行政事业单位职能、资产配置标准、资产存量情况以及资产使用绩效细化资产配置预算。

使用有效。行政事业单位资产日常管理制度完善,单位资产得到有效维护和使用;资产共享共用机制合理,实现使用效益最大化;绩效评价体系科学;对资产出租、出借和对外投资行为及其收益实现有效监管。

处置规范。有效遏制随意处置资产的行为,防止处置环节国有资产的流失;建立完善的资产处置交易平台和重大资产处置公示制度,引入市场机制,实现资产处置的公开化、透明化;规范资产处置收入管理。

监督到位。建立财政部门、主管部门和行政事业单位全方位、多层次的行政事业单位资产管理监督体系,以及资产配置、使用、处置等全过程的监督制约机制,单位内部监督与财务监督和审计监督相结合,事前监督与事中监督和事后监督相结合,日常监督与专项检查相结合。

二、进一步强化和落实管理职责,合力推进行政事业单位资产管理工作

(一)各级财政部门、主管部门和行政事业单位要各司其职,各负其责,齐抓共管,进一步理顺和巩固"国家统一所有,政府分级监管,单位占有、使用"的管理体制,完善"财政部门—主管部门—行政事业单位"三个层次的监督管理体系,强化财政部门综合管理职能和主管部门的具体监管职能,进一步落实行政事业单位对占有使用国有资产的管理主体责任,实现对行政事业单位国有资产的有效管理。

(二)各级财政部门应当按照转变职能、简政放权的要求,强化和落实综合管理职责,明晰和理顺与主管部门和行政事业单位的管理职责,协调好与机关事务主管部门等相关部门的职责分工,加强指导监督,搞好协作配合。同时,明确财政部门内部资产管理职责分工,加强对资产管理制度、规则、标准、流程等制定、管理与控制。充分调动主管部门和行政事业单位的主动性、积极性,强化主管部门的组织管理和行政事业单位具体管理的主体责任。

(三)各级主管部门应当切实承担好本部门和所属行政事业单位国有资产的组织管理职责。认真组织实施资产管理规章制度;进一步加强本部门国有资产配置、使用、处置等事项的审核和监督管理;督促本部门所属行政事业单位按照规定缴纳国有资产收益;组织实施对所属行政事业单位资产管理情况的考核评价。

(四)各级行政事业单位承担本单位占有、使用国有资产的具体管理职责,应当严格执行《行政事业单位内部控制规范(试行)》,在资产管理岗位设置、权责分配、业务流程等方面建立决策、执行和监督相互分离、相互制约、相互监督的机制,完善内部管理制度,强化资产

管理与财务管理、预算管理的衔接,构建既有机联系又相互制衡的内部工作机制,提升管理效能。对国有资产配置、使用、处置等事项,应当按照有关规定报经主管部门或同级财政部门审批;加强对出租、出借、对外投资的专项管理。

三、完善行政事业单位资产管理制度体系,提升管理的规范化、制度化水平

(一)各级财政部门应当对现有的资产管理规章制度进行梳理和完善,加强顶层设计,根据本地实际情况出台行政事业单位资产管理的地方性制度,逐步完善涵盖资产配置、使用、处置等各个环节的管理办法和清查核实、产权登记、收益收缴、信息报告、监督检查等全方位管理制度体系。

(二)各级主管部门应当根据财政部门规定,结合本部门或本行业实际情况,制定本部门或本行业国有资产管理办法,健全完善本部门或本行业国有资产配置、使用、处置等配套制度,并报同级财政部门备案。

(三)各行政事业单位应当根据财政部门、主管部门的规定,结合本单位实际情况,制定本单位国有资产管理的具体实施办法,并报主管部门备案。建立和完善本单位资产清查登记、内部控制、统计报告、日常监督检查等具体管理制度。

四、加强行政事业单位资产配置管理,切实把好资产"入口关"

(一)资产配置是行政事业单位资产形成的起点,各级财政部门、主管部门和行政事业单位应当严控资产配置"入口关"。配置资产应当以单位履行职能和促进事业发展需要为基础,以资产功能与单位职能相匹配为基本条件,不得配置与单位履行职能无关的资产。完善资产管理与预算管理相结合的机制,将资产配置管理职能嵌入到预算管理流程中,为预算编制提供准确、细化、动态的资产信息。以科学、合理地支撑行政事业单位履行职能为目标,建立健全资产配置标准体系,优化新增资产配置管理流程,逐步扩大新增资产配置预算范围。

(二)资产配置标准是科学合理编制资产配置预算的重要依据,各级财政部门要按照"先易后难、分类实施、逐步推进"的原则,分类制定资产配置标准。明确各类资产的配置数量、价格上限和最低使用年限等,并根据物价水平和财力状况等因素变化适时调整,为预算编制提供科学依据。通用资产配置标准由财政部门组织制定,专用资产配置标准由财政部门会同有关部门制定。对已制定资产配置标准的,应当结合财力情况严格按照标准配置;对没有规定资产配置标准的,应当坚持厉行节约、从严控制的原则,并结合单位履职需要、存量资产状况和财力情况等,在充分论证的基础上,采取调剂、租赁、购置等方式进行配置。

(三)加大对行政事业单位资产的调控力度,有效盘活存量资产,优化资源配置。建立行政事业单位超标准配置、低效运转或者长期闲置资产调剂机制。

五、加强行政事业单位资产使用管理,提高国有资产使用效率

(一)各级主管部门和行政事业单位应当加强资产使用管理,进一步落实行政事业单位资产管理主体责任制和各项资产使用管理的规章制度,明确资产使用管理的内部流程、岗位

职责和内控制度,充分依托行政事业单位资产管理信息系统的动态管理优势,做到账实相符、账账相符、账卡相符。

(二)除法律另有规定外,各级行政单位不得利用国有资产对外担保,不得以任何形式利用占有、使用的国有资产进行对外投资。除国家另有规定外,各级事业单位不得利用财政资金对外投资,不得买卖期货、股票,不得购买各种企业债券、各类投资基金和其他任何形式的金融衍生品或进行任何形式的金融风险投资,不得在国外贷款债务尚未清偿前利用该贷款形成的资产进行对外投资等。事业单位对外投资必须严格履行审批程序,加强风险管控等。利用非货币性资产进行对外投资的,应当严格履行资产评估程序,法律另有规定的,从其规定。

(三)加强对各行政事业单位资产出租出借行为的监管,严格控制出租出借国有资产行为,确需出租出借资产的,应当按照规定程序履行报批手续,原则上实行公开竞价招租,必要时可以采取评审或者资产评估等方式确定出租价格,确保出租出借过程的公正透明。

(四)探索建立行政事业单位资产共享共用机制,推进行政事业单位资产整合。建立资产共享共用与资产绩效、资产配置、单位预算挂钩的联动机制,避免资产重复配置、闲置浪费。鼓励开展"公物仓"管理,对闲置资产、临时机构(大型会议)购置资产在其工作任务完成后实行集中管理,调剂利用。

六、加强行政事业单位资产处置管理,进一步规范资产处置行为

(一)资产处置应当遵循公开、公平、公正的原则,严格执行国有资产处置制度,履行审批手续,规范处置行为,防止国有资产流失。未按规定履行相关程序的,任何单位和个人不得擅自处置国有资产。处置国有资产原则上应当按照规定程序进行资产评估,并通过拍卖、招投标等公开进场交易方式处置,杜绝暗箱操作。资产处置完成后,应当及时办理产权变动并进行账务处理。

(二)各级财政部门和主管部门应当进一步加大对资产处置的监管力度,建立资产处置监督管理机制。主管部门根据财政部门授权审批的资产处置事项,应当及时向财政部门备案;由行政事业单位审批的资产处置事项,应当由主管部门及时汇总并向财政部门备案。由本级人民政府确定的重大资产处置事项,由同级财政部门按照规定程序办理。

(三)切实做好在分类推进事业单位改革、行业协会商会脱钩、培训疗养机构脱钩等重大专项改革中涉及的单位划转、撤并、改变隶属关系的资产处置工作,确保国有资产安全。

七、加强行政事业单位资产收益管理,确保应收尽收和规范使用

(一)国有资产收益是政府非税收入的重要组成部分,各级财政部门、主管部门应当进一步加强对国有资产收益的监督管理,建立健全资产收入收缴和使用等方面的规章制度,规范收支行为。行政单位国有资产处置收入和出租、出借收入,应当在扣除相关税费后及时、足额上缴国库,严禁隐瞒、截留、坐支和挪用。严格按照有关规定进一步规范事业单位国有资产处置收入管理。

(二)中央级事业单位出租、出借收入和对外投资收益,应当纳入单位预算,统一核算、统一管理。地方各级事业单位出租、出借收入和对外投资收益,应当依据国家和本级财政部

门的有关规定加强管理。国家设立的研究开发机构、高等院校科技成果的使用、处置和收益管理按照《中华人民共和国促进科技成果转化法》等有关规定执行。

八、夯实基础工作，为行政事业单位资产管理提供有效支撑

（一）各级财政部门、主管部门和行政事业单位要根据有关专项工作要求和特定经济行为需要，按照规定的政策、工作程序和方法开展资产清查核实工作，并做好账务处理。继续做好事业单位及其所办企业国有资产产权登记工作，掌握事业单位的资产占有、使用情况和国有资产产权的基本情况。完善行政事业单位国有资产报告制度，按照政府信息公开的有关规定，积极稳妥推进国有资产占有、使用情况的公开。

（二）各级财政部门、主管部门和行政事业单位应当进一步加强行政事业单位资产管理信息系统建设，并与预算系统、决算系统、政府采购系统和非税收入管理系统实现对接，具备条件的资产管理事项逐步实现网上办理。依托行政事业单位资产管理信息系统，建立"全面、准确、细化、动态"的行政事业单位国有资产基础数据库，加强数据分析，为管理决策和编制部门预算等提供参考依据。

（三）各级财政部门、主管部门和行政事业单位应当对国有资产管理的绩效进行评价，科学设立评价指标体系，对管理机构、人员设置、资产管理事项、资产使用效果、信息系统建设和应用等情况进行考核评价，并将考核评价的结果作为国有资产配置的重要依据。

（四）各级财政部门、主管部门应当加强对行政事业单位资产管理全过程的监管，强化内部控制和约束，并积极建立与公安、国土、房产、机构编制、纪检监察和审计等部门的联动机制，共同维护国有资产的安全。各级行政事业单位应当积极配合财政部门、主管部门的监督检查，并在单位内部建立完善国有资产监督管理责任制，将资产监督、管理的责任落实到具体部门和个人。

九、加强政府经管资产研究，规范政府经管资产管理

（一）研究探索将各级主管部门和行政事业单位代表政府管理的公共基础设施、政府储备资产、自然资源资产等经管资产纳入资产管理范畴。进一步明确经管资产的范围，摸清底数，界定管理权责，逐步建立经管资产的登记、核算、统计、评估、考核等管理制度体系。

（二）进一步明确财政部门、主管部门和行政事业单位加强经管资产管理的职能和职责，落实主体责任。探索建立经管资产存量、增量与政府债务管理相结合机制，逐步建立涵盖各类国有资产的政府资产报告制度。

十、以管资本为主，加强行政事业单位所属企业管理

（一）按照深化国有企业改革的总体部署，以管资本为主，鼓励将行政事业单位所属企业的国有资本纳入经营性国有资产集中统一监管体系。具备条件的进入国有资本投资、运营公司，暂时不具备条件的，要按照"政企分开、事企分开"的原则，建立以资本为纽带的产权关系，加强和规范监管，确保国有资产保值增值。

（二）各级财政部门、主管部门、行政事业单位应当强化对所属企业运作模式、经营状

况、收益分配等的监督管理,推动完善企业法人治理结构,逐步完善"产权清晰、权责明确、政企分开、管理科学"的现代企业制度,完善所属企业国有资产监管体制,防止国有资产流失,实现国有资产保值增值。

(三)根据建立覆盖全部国有企业、分级管理的国有资本经营预算管理制度的要求和国有资本经营预算管理的相关规定,纳入国有资本经营预算实施范围的行政事业单位所属企业,应当按照规定及时足额向国家上交国有资本经营收益。

十一、加强组织队伍建设,不断提高行政事业单位资产管理工作水平

(一)各级财政部门、主管部门和行政事业单位应当进一步高度重视资产管理工作,切实加强组织领导。各级财政部门应当建立健全行政事业资产管理机构,配备专职人员,充实工作队伍;各级主管部门和行政事业单位应当明确内部资产管理机构和人员,强化职责分工,落实管理责任,避免多头管理、相互推诿扯皮现象,为开展行政事业单位资产管理工作提供有力的组织保障。

(二)各级财政部门、主管部门和行政事业单位应当通过政策宣传、组织培训等多种方式,搭建学习和交流平台,提高行政事业单位资产管理干部队伍的素质和能力,有效推动行政事业单位资产管理工作。

财政部
2015 年 12 月 23 日

浙江省财政厅转发财政部关于
深入推进地方预决算公开工作的通知

浙财预〔2014〕10 号

各市、县(市、区)财政局:

现将《财政部关于深入推进地方预决算公开工作的通知》(财预〔2014〕36号,见附件)转发给你们,请各地根据财政部通知精神,积极主动推进预决算公开工作。同时,结合我省实际,明确如下要求,请一并贯彻执行。

一、全省所有市、县(市、区)2014年都要开展本级政府预决算公开、部门预决算公开及三公经费预决算公开工作。

二、各市、县(市、区)应于6月底前完成预算公开工作,于10月底前完成决算公开工作。

2013年公布的《浙江省财政厅转发财政部关于推进省级以下预决算公开工作的通知》(浙财预〔2013〕36号)即日起废止。

浙江省财政厅
2014 年 4 月 30 日

财政部关于深入推进地方预决算公开工作的通知

财预〔2014〕36号

各省、自治区、直辖市、计划单列市财政厅(局):

为深入贯彻落实党的十八大和十八届二中、三中全会精神,以及国务院常务会议、廉政工作会议等精神和要求,按照深化财税体制改革、推动地方实施公开透明的预算制度的总体部署,根据《中华人民共和国政府信息公开条例》(国务院令第492号)、《党政机关厉行节约反对浪费条例》(2013年,以下统一简称为《条例》)等有关文件规定,现就深入推进地方预决算公开工作通知如下:

一、高度重视地方预决算公开工作

当前,随着社会主义现代化建设的不断推进,社会各界对地方预决算公开的期望和呼声越来越高。财政是庶政之母,公开财政资金的来源和使用去向,是地方政府应尽的职责。地方预算信息公开,是接受监督最有效的方式,最有力的反腐措施;也是贯彻落实《条例》要求的具体体现,全面深化改革的一项关键举措。

做好地方预决算公开工作,有助于保障公民的知情权、参与权、表达权和监督权,推动社会主义法治国家建设;有助于促进党政机关厉行节约,改进工作作风,加强反腐倡廉建设;有助于促进依法行政、依法理财和民主理财,推进财政管理的科学化规范化,提高财政资金使用效益。各级财政部门和各部门一定要高度重视,充分认识地方预决算公开工作的必要性和重要性,认真做好预决算公开工作。

二、切实做好地方预决算公开工作

(一)总体要求

进一步细化地方政府预决算公开内容,政府预决算全部细化到支出功能分类的项级科目,专项转移支付预决算细化到具体项目。扩大地方部门预决算公开范围,除涉密部门外,地方所有使用财政拨款的部门均应公开本部门预决算。细化地方部门预决算公开内容,除涉密内容外、部门预决算全部公开到支出功能分类的项级科目,逐步将部门预决算公开到基本支出和项目支出,研究将部门决算按经济分类公开。加大三公经费公开力度,细化公开内容,所有财政拨款安排的三公经费都要详细公开,公务用车购置和运行费细化公开为公务用车购置费和公务用车运行费。

(二)公开主体

公开的主体为负责编制政府或部门预决算信息的单位或部门。各级财政部门负责本级政府预决算公开,各部门负责本部门预决算公开。

除涉密部门外,所有使用财政拨款的部门和单位都应当公开部门预决算。所有使用财政拨款安排三公经费支出的部门和单位都应公开财政拨款三公经费预决算。

（三）公开时间

地方预决算公开的时限为预决算批准（批复）后20个工作日内,公开时间应保持一致,每年集中时间将政府预决算、部门预决算及三公经费预决算等内容向社会公开,力争一天内公开完毕,各省原则上应于每年10月31日前完成。三公经费预决算随同部门预决算一并公开。

（四）公开形式

公开应当以政府或部门门户网站等为主要形式,保持长期公开状态。同时,要在同级政府或财政部门门户网站上设立预决算公开专栏,汇总集中公开政府预决算、部门预决算及三公经费预决算等内容,方便查询监督。

（五）公开内容

1. 政府预算公开。应将经同级人大批准的政府预算报告、报表,以及相关说明全部公开。根据预算编制工作进展,公开内容包括同级公共财政收入预算、公共财政支出预算、本级支出预算、对下级税收返还和转移支付预算;同级政府性基金收入预算、政府性基金支出预算、本级政府性基金支出预算、对下级政府性基金转移支付预算;同级国有资本经营收入预算、国有资本经营支出预算等。

2. 部门预算公开。应将同级财政部门批复的预算表全部公开,包括本级预算和所属单位预算在内的汇总预算。根据部门预算编制工作进展,公开内容包括收入预算、支出预算、财政拨款支出预算和政府性基金预算收支等。除涉密内容外,部门预算要全部细化公开到支出功能分类项级科目。

要妥善处理部门预算中的涉密信息。对部门预算中涉及国家秘密、商业秘密、个人隐私的信息,依法不予公开。对部分内容涉及国家秘密、商业秘密、个人隐私的,应在支出总额不变的情况下区分处理,创造条件将不涉密内容公开。同时,为便于公众理解,还应公开本部门职责、机构设置、数据增减变化的情况说明,并对专业性较强的名词进行解释。

3. 三公经费预算公开。各级财政部门公开本级三公经费财政拨款预算总额和分项数额,对增减变化的原因进行说明。各部门公开本部门三公经费财政拨款预算总额和分项数额,对增减变化的原因进行说明。应将公务用车购置和运行费细化公开为公务用车购置费和公务用车运行费。

4. 决算公开原则上参照预算公开的范围、体例和内容。其中,三公经费决算公开要细化说明因公出国（境）团组数及人数,公务用车购置数及保有量,国内公务接待的批次、人数、经费总额,以及三公经费增减变化原因等信息。

三、工作要求

（一）统一思想,加强组织

充分认识做好预决算公开工作的重要意义,加强组织领导,按照方向明确、过程可控、结果可查、易于监督的原则,制定工作方案,落实责任分工,明确工作目标,抓好工作落实。加大财政宣传力度,营造良好工作氛围,积极向党委、政府、人大汇报工作情况,争取工作支持。

（二）落实责任,注重反馈

各级财政部门和各部门要按照中央要求,切实履行预决算公开的责任和义务。省级财政部门要比照中央做法,结合本地实际,加强对省以下预决算公开工作的指导和督促。各级财政部门要建立定期统计和汇总上报制度,动态掌握本地区预决算公开情况,及时向上级财政部门报告。

(三)把握关切,及时回应

各级财政部门和各部门要加强社会反映评估和舆情引导,实事求是、准确、全面反映预决算信息。公开前,要对公开后的社会反映进行预判,做好应对预案;公开后,要跟踪舆情,主动引导,及时解疑释惑,避免公众误解。涉及部门共性事项,要与财政部门及时沟通,有效回应。

(四)严肃纪律,强化督查

各地要严肃纪律,加大督查力度,不折不扣地执行预决算公开工作要求。各省级财政部门每年11月30日前,将本省预决算公开工作总结上报我部;各专员办每年底要对所在省份预决算公开工作进行专项检查,对落实不力的,财政部将以适当方式向国务院报告,确保政令畅通。

本通知自印发之日起实施。2013年8月6日财政部公布的《财政部关于推进省以下预决算公开工作的通知》(财预〔2013〕309号)同时废止。

特此通知。

财政部(章)
2014年3月4日

第三章 收入管理

关于印发《政府非税收入管理办法》的通知

财税〔2016〕33号

各省、自治区、直辖市、计划单列市财政厅(局),新疆生产建设兵团财务局,财政部驻各省、自治区、直辖市、计划单列市财政监察专员办事处:

为了加强政府非税收入管理,规范政府收支行为,健全公共财政职能,保护公民、法人和其他组织的合法权益,根据国家有关规定,我们制定了《政府非税收入管理办法》,现印发给你们,请遵照执行。

附件:政府非税收入管理办法

财政部
2016年3月15日

附件:

政府非税收入管理办法

第一章 总 则

第一条 为了加强政府非税收入(以下简称非税收入)管理,规范政府收支行为,健全公共财政职能,保护公民、法人和其他组织的合法权益,根据国家有关规定,制定本办法。

第二条 非税收入设立、征收、票据、资金和监督管理等活动,适用本办法。

第三条 本办法所称非税收入,是指除税收以外,由各级国家机关、事业单位、代行政府职能的社会团体及其他组织依法利用国家权力、政府信誉、国有资源(资产)所有者权益等取得的各项收入。具体包括:

(一)行政事业性收费收入;

(二)政府性基金收入;

(三)罚没收入;

(四)国有资源(资产)有偿使用收入;

（五）国有资本收益；

（六）彩票公益金收入；

（七）特许经营收入；

（八）中央银行收入；

（九）以政府名义接受的捐赠收入；

（十）主管部门集中收入；

（十一）政府收入的利息收入；

（十二）其他非税收入。

本办法所称非税收入不包括社会保险费、住房公积金（指计入缴存人个人账户部分）。

第四条 非税收入是政府财政收入的重要组成部分，应当纳入财政预算管理。

第五条 非税收入实行分类分级管理。

根据非税收入不同类别和特点，制定与分类相适应的管理制度。鼓励各地区探索和建立符合本地实际的非税收入管理制度。

第六条 非税收入管理应当遵循依法、规范、透明、高效的原则。

第七条 各级财政部门是非税收入的主管部门。

财政部负责制定全国非税收入管理制度和政策，按管理权限审批设立非税收入，征缴、管理和监督中央非税收入，指导地方非税收入管理工作。

县级以上地方财政部门负责制定本行政区域非税收入管理制度和政策，按管理权限审批设立非税收入，征缴、管理和监督本行政区域非税收入。

第八条 各级财政部门应当完善非税收入管理工作机制，建立健全非税收入管理系统和统计报告制度。

第二章 设立和征收管理

第九条 设立和征收非税收入，应当依据法律、法规的规定或者按下列管理权限予以批准：

（一）行政事业性收费按照国务院和省、自治区、直辖市（以下简称省级）人民政府及其财政、价格主管部门的规定设立和征收。

（二）政府性基金按照国务院和财政部的规定设立和征收。

（三）国有资源有偿使用收入、特许经营收入按照国务院和省级人民政府及其财政部门的规定设立和征收。

（四）国有资产有偿使用收入、国有资本收益由拥有国有资产（资本）产权的人民政府及其财政部门按照国有资产（资本）收益管理规定征收。

（五）彩票公益金按照国务院和财政部的规定筹集。

（六）中央银行收入按照相关法律法规征收。

（七）罚没收入按照法律、法规和规章的规定征收。

（八）主管部门集中收入、以政府名义接受的捐赠收入、政府收入的利息收入及其他非税收入按照同级人民政府及其财政部门的管理规定征收或者收取。

任何部门和单位不得违反规定设立非税收入项目或者设定非税收入的征收对象、范围、标准和期限。

第十条 取消、停征、减征、免征或者缓征非税收入，以及调整非税收入的征收对象、范围、标准和期限,应当按照设立和征收非税收入的管理权限予以批准,不许越权批准。

取消法律、法规规定的非税收入项目,应当按照法定程序办理。

第十一条 非税收入可以由财政部门直接征收,也可以由财政部门委托的部门和单位(以下简称执收单位)征收。

未经财政部门批准,不得改变非税收入执收单位。

法律、法规对非税收入执收单位已有规定的,从其规定。

第十二条 执收单位应当履行下列职责:

(一)公示非税收入征收依据和具体征收事项,包括项目、对象、范围、标准、期限和方式等;

(二)严格按照规定的非税收入项目、征收范围和征收标准进行征收,及时足额上缴非税收入,并对欠缴、少缴收入实施催缴;

(三)记录、汇总、核对并按规定向同级财政部门报送非税收入征缴情况;

(四)编报非税收入年度收入预算;

(五)执行非税收入管理的其他有关规定。

第十三条 执收单位不得违规多征、提前征收或者减征、免征、缓征非税收入。

第十四条 各级财政部门应当加强非税收入执收管理和监督,不得向执收单位下达非税收入指标。

第十五条 公民、法人或者其他组织(以下简称缴纳义务人)应当按规定履行非税收入缴纳义务。

对违规设立非税收入项目、扩大征收范围、提高征收标准的,缴纳义务人有权拒绝缴纳并向有关部门举报。

第十六条 缴纳义务人因特殊情况需要缓缴、减缴、免缴非税收入的,应当向执收单位提出书面申请,并由执收单位报有关部门按照规定审批。

第十七条 非税收入应当全部上缴国库,任何部门、单位和个人不得截留、占用、挪用、坐支或者拖欠。

第十八条 非税收入收缴实行国库集中收缴制度。

第十九条 各级财政部门应当加快推进非税收入收缴电子化管理,逐步降低征收成本,提高收缴水平和效率。

第三章 票据管理

第二十条 非税收入票据是征收非税收入的法定凭证和会计核算的原始凭证,是财政、审计等部门进行监督检查的重要依据。

第二十一条 非税收入票据种类包括非税收入通用票据、非税收入专用票据和非税收入一般缴款书。具体适用下列范围:

(一)非税收入通用票据,是指执收单位征收非税收入时开具的通用凭证。

(二)非税收入专用票据,是指特定执收单位征收特定的非税收入时开具的专用凭证,主要包括行政事业性收费票据、政府性基金票据、国有资源(资产)收入票据、罚没票据等。

(三)非税收入一般缴款书,是指实施非税收入收缴管理制度改革的执收单位收缴非税收入时开具的通用凭证。

第二十二条 各级财政部门应当通过加强非税收入票据管理,规范执收单位的征收行为,从源头上杜绝乱收费,并确保依法合规的非税收入及时足额上缴国库。

第二十三条 非税收入票据实行凭证领取、分次限量、核旧领新制度。

执收单位使用非税收入票据,一般按照财务隶属关系向同级财政部门申领。

第二十四条 除财政部另有规定以外,执收单位征收非税收入,应当向缴纳义务人开具财政部或者省级财政部门统一监(印)制的非税收入票据。

对附加在价格上征收或者需要依法纳税的有关非税收入,执收单位应当按规定向缴纳义务人开具税务发票。

不开具前款规定票据的,缴纳义务人有权拒付款项。

第二十五条 非税收入票据使用单位不得转让、出借、代开、买卖、擅自销毁、涂改非税收入票据;不得串用非税收入票据,不得将非税收入票据与其他票据互相替代。

第二十六条 非税收入票据使用完毕,使用单位应当按顺序清理票据存根、装订成册、妥善保管。

非税收入票据存根的保存期限一般为5年。保存期满需要销毁的,报经原核发票据的财政部门查验后销毁。

第四章 资金管理

第二十七条 非税收入应当依照法律、法规规定或者按照管理权限确定的收入归属和缴库要求,缴入相应级次国库。

第二十八条 非税收入实行分成的,应当按照事权与支出责任相适应的原则确定分成比例,并按下列管理权限予以批准:

(一)涉及中央与地方分成的非税收入,其分成比例由国务院或者财政部规定;

(二)涉及省级与市、县级分成的非税收入,其分成比例由省级人民政府或者其财政部门规定;

(三)涉及部门、单位之间分成的非税收入,其分成比例按照隶属关系由财政部或者省级财政部门规定。

未经国务院和省级人民政府及其财政部门批准,不得对非税收入实行分成或者调整分成比例。

第二十九条 非税收入应当通过国库单一账户体系收缴、存储、退付、清算和核算。

第三十条 上下级政府分成的非税收入,由财政部门按照分级划解、及时清算的原则办理。

第三十一条 已上缴中央和地方财政的非税收入依照有关规定需要退付的,分别按照财政部和省级财政部门的规定执行。

第三十二条 根据非税收入不同性质,分别纳入一般公共预算、政府性基金预算和国有资本经营预算管理。

第三十三条 各级财政部门应当按照规定加强政府性基金、国有资本收益与一般公共预算资金统筹使用,建立健全预算绩效评价制度,提高资金使用效率。

第五章 监督管理

第三十四条 各级财政部门应当建立健全非税收入监督管理制度,加强非税收入政策执行情况的监督检查,依法处理非税收入违法违规行为。

第三十五条　执收单位应当建立健全内部控制制度,接受财政部门和审计机关的监督检查,如实提供非税收入情况和相关资料。

第三十六条　各级财政部门和执收单位应当通过政府网站和公共媒体等渠道,向社会公开非税收入项目名称、设立依据、征收方式和标准等,并加大预决算公开力度,提高非税收入透明度,接受公众监督。

第三十七条　任何单位和个人有权监督和举报非税收入管理中的违法违规行为。

各级财政部门应当按职责受理、调查、处理举报或者投诉,并为举报人保密。

第三十八条　对违反本办法规定设立、征收、缴纳、管理非税收入的行为,依照《中华人民共和国预算法》《财政违法行为处罚处分条例》和《违反行政事业性收费和罚没收入收支两条线管理规定行政处分暂行规定》等国家有关规定追究法律责任;涉嫌犯罪的,依法移送司法机关处理。

第六章　附　则

第三十九条　教育收费管理参照本办法规定执行,收入纳入财政专户管理。

第四十条　省级财政部门可以根据本办法的规定,结合本地区实际情况,制定非税收入管理的具体实施办法。

第四十一条　本办法自颁布之日起施行。

财政部关于进一步加强地方非税收入管理的通知

财预〔2012〕284号

各省、自治区、直辖市、计划单列市财政厅（局），新疆生产建设兵团财政局：

今年头几个月，部分地区非税收入增长较快，主要是原预算外资金纳入预算管理翘尾、国有资源（资产）有偿使用收入等一次性收入增长较多等因素影响，目前增速已逐步趋缓。为了进一步加强非税收入管理，提高财政收入质量，夯实财政收入基础，现就规范地方非税收入管理有关事项通知如下：

一、按照"正税清费"的原则，继续加大对行政事业性收费项目等非税收入的清理力度，取消不合理、不合法的收费项目，严格执行《行政事业性收费项目审批管理暂行办法》（财综〔2004〕100号）的规定，控制新设立的行政事业性收费项目。严禁违规自行设立行政事业性收费项目，对于地市级及以下政府及财政部门擅自设立收费项目或提高征收标准的要坚决纠正。坚决制止为追求财政收入增幅而增加非税收入的行为。

二、各级地方财政部门要严格区分非税收入资金性质，分别纳入公共财政预算、政府性基金预算和国有资本经营预算管理。不要将应纳入政府性基金预算和国有资本经营预算管理的非税收入纳入公共财政预算管理。严格执行行政事业单位财务制度，不得将经营服务性收费、医疗收入以及其他事业收入、经营收入等不属于公共财政预算的收入缴入国库，也不得将按制度规定应纳入财政专户管理的收入缴入国库。对此前已缴但不应缴入国库的资金，各级地方财政部门要尽快调整纠正。

三、各级地方财政部门要认真贯彻落实《财政部关于将按预算外资金管理的收入纳入预算管理的通知》（财预〔2010〕88号），对以前年度结存在财政专户中应缴未缴国库的原预算外资金结余进行认真清理，于2012年年度之前分类缴入国库。同时按照《财政部关于进一步做好将预算外资金纳入预算管理工作的通知》（财办预〔2012〕12号）的要求，纠正对现行机构中仍沿用的"预算外"等名称，及时更新和规范相关表述。

四、各级地方财政部门要对执收执罚部门实行严格的"收支两条线"管理，严禁收缴行为与财政拨款支出挂钩、非税收入与经费奖励挂钩。

五、各级地方财政部门应结合本地实际制定非税收入资金划解规程，确保非税收入在规定期限内及时足额划解入库，不得拖延滞后。对于待结算收入要加强监控、及时确认，严格按照收入级次和规定科目类别划解国库或财政专户，确保非税收入应缴尽缴。

六、省级财政部门要对本地区非税收入管理工作开展监督检查，切实承担起本地区非税收入管理的工作职责，对于非税收入增幅明显偏高的地区，要组织力量重点检查。同时各地要加大财政非税收入管理宣传力度，对于非税收入中增收较多、较快的一次性收入，要主动向社会解释说明，避免引起误读。

七、对于非税收入监督检查中发现的问题，除了要严格按照国家有关财政法规处罚规定进行处理外，还要按照《财政违法行为处罚处分条例》（国务院令第427号）追究有关人员责任。

浙江省财政厅关于加强政府非税收入收缴管理工作的通知

浙财综〔2015〕46号

各市、县(市、区)财政局,省级执收单位,代理银行、代收机构:

为贯彻落实《中华人民共和国预算法》《国务院办公厅关于进一步做好盘活财政存量资金工作的通知》(国办发〔2014〕70号)、《财政部中国人民银行关于中央单位非税收入收缴电子化试点工作的通知》(财库〔2015〕92号)、《浙江省政府非税收入管理条例》等有关法律法规规定,严肃财经纪律,严格规范政府非税收入收缴行为,加强政府非税收入管理,现就有关事宜通知如下:

一、加强政府非税收入收缴管理

(一)各级执收单位要认真落实收支两条线、收缴分离等各项规定,各项收支全部纳入预算,实行收支脱钩。所有政府非税收入必须及时足额上缴财政,各级执收单位要与财政部门、代收机构定期核对收入收缴情况,做到应收尽收,不得擅自缓征、减征、免征政府非税收入,严禁以任何形式隐瞒、截留、挤占、挪用、坐支或者私分政府非税收入,严禁将资金转移到机关所属工会、培训中心、服务中心等单位账户。

(二)各地各单位要创新管理,根据省政府"四张清单一张网"建设要求,积极推进政务服务网统一公共支付平台实施应用,充分利用现代信息网络技术和先进支付结算工具,方便公众缴款,积极稳妥推进收缴电子化改革。

二、严格执行缴库规定和规范账户管理

(一)通过结算户、财政专户收缴的应当缴入国库的各项政府非税收入资金,各级财政部门必须在10个工作日内按收入级次分明细科目足额缴入国库,不得以任何理由拖延或不缴。

(二)各地设立政府非税收入结算账户要严格执行财政部和省财政厅账户管理的相关规定,未经财政部核准不得擅自设立非税收入结算账户。对于账户已经能够满足收缴管理需要的,一般不再新设,不得借收入收缴电子化改革要求新增结算账户。各地要加强政府非税收入结算账户管理,严禁用政府非税收入结算账户核算其他财政资金。

三、规范具体收缴退付流程

(一)执收单位在办理执收业务前,应明确收入项目、收缴方式、收缴账户、政府非税收

入票据等具体收缴事项。收缴业务事项发生变动的,执收单位应及时变更。

(二)政府非税收入实行收缴分离为主,集中汇缴为辅的缴款方式。实行收缴分离的通过直接缴款将资金缴入国库或财政结算账户。缴入国库的,执收单位按照国库管理制度的相关规定缴款;缴入财政结算账户的,一般由执收单位开具《浙江省政府非税收入一般缴款书》,缴款人到代理银行办理缴款业务;通过浙江政务服务网统一公共支付平台实行电子化收缴的资金,财政部门、收款银行、代收机构、统一支付平台、执收单位五方相关信息对账成功后生成电子缴款凭证,资金缴入财政。暂时难以实行收缴分离的少量零星收入和当场执收收入,经财政部门审核认定后可实行集中汇缴的方式,将款项及时足额上缴财政。

(三)发生政策性因素、技术性差错、误缴、多缴、预收款项结算等情况需要退付的,由缴款人提供退付情况说明、缴款原始凭证等材料,向执收单位提出退款书面申请。执收单位收到退款申请审核后,应在5个工作日内向同级财政部门提交政府非税收入退付申请,并附相关凭证材料,办理退款手续。财政部门按有关规定予以审核后退付执收单位或缴款人。对不符合退付条件的将退付申请材料退还给执收单位,由执收单位告知缴款人。

四、完善政府非税收入收缴分成结算管理

(一)政府非税收入分成资金主要通过国库和财政结算账户结算,国家有明确规定的除外。通过财政结算账户分成结算的,财政部门按照分成政策按月将执收的资金上解或下拨。

(二)市县执收单位根据分成政策及时核对收入情况,分成收入由市县财政部门统一上解。各地财政部门和执收单位应定期编报政府非税收入分成资金征收情况,上报省财政厅和省级执收单位。省级执收单位应掌握分成项目的年度收入收缴情况,并与省财政厅核对查实。分成资金实行年终清算。设区、县(市)的市级财政部门要加强对所辖地财政部门分成资金划缴工作的督促力度。

政府非税收入收缴工作涉及面广,各级财政部门、执收单位和代收机构、代理银行要理顺在非税收入收缴管理中的业务分工,依法履行职责,加强各职能部门的协调配合,健全内部管理制度,创新收缴管理,自觉接受监督检查,严肃财经纪律,着力提高政府非税收入收缴管理水平。

五、法律责任

(一)有关单位和个人违反本办法规定的,按照国务院《财政违法行为处罚与处分条例》(国务院令第427号)和《浙江省政府非税收入管理条例》等有关法律法规进行查处。

(二)代理银行、代收机构违反本办法规定占用财政资金或发生拒收、压票行为,不及时汇划资金的,一经查实,由代理银行、代收机构承担由此发生的一切损失,并由财政部门会同人民银行给予通报批评。情节严重的,取消其代理资格。

代理银行、代收机构系统未经财政部门验收擅自投入使用的,省财政厅可以取消其代理资格。

六、本通知自 2015 年 12 月 1 日起实施。

浙江省财政厅

2015 年 10 月 28 日

浙江省财政厅关于设立《浙江省行政事业单位非经营服务性收入收款收据》的通知

浙财综〔2010〕136号

各市、县(市、区)财政局,省级各单位:

为加强行政事业单位财政票据使用的规范化和精细化管理,根据《浙江省财政票据管理暂行办法》及相关规定,经研究,决定于2011年1月1日设立《浙江省行政事业单位非经营服务性收入收款收据》(以下简称收款收据)。现将收款收据使用管理有关事项通知如下:

一、印(监)制管理

收款收据由省财政厅统一印(监)制,收据联按财政部规定套印"财政票据监制章—浙江省—财政部监制"的全国财政票据监制章(见附件)。票据工本费收费标准按《关于核定新版财政票据工本费的通知》(浙价费〔2004〕294号)执行。

二、购领单位

收款收据购领单位限于国家机关、事业单位、经法律法规授权的具有管理公共事务职能的组织机构、受政府及其部门委托承担公共事务和公益性活动的社会团体(以下简称单位)。

收款收据按照财务隶属关系,由单位向同级财政票据管理机构办理购领。

三、使用范围

(一)拨补经费。指上级主管部门根据预算安排的对下级单位的各类补助经费,包括业务经费、专项经费、项目配套经费等。

(二)科研经费。指列入各级政府科研计划的项目经费,以及列入各级政府及其部门的课题经费等。

(三)赔(退)款项。指收取违约金、赔偿款、保险退费等。

(四)其他非经营服务性收入。指其他一些零星非经营服务性收入,包括党团工会等组织的有关经费,单位内部食堂伙食费和搭伙费等。

四、禁用范围

(一)经营服务性收入。

（二）政府非税收入。
（三）资金往来结算票据使用范围的代收代付款项。

五、购领核发

收款收据应由使用单位提出申请，各级财政部门根据其具体经济行为逐项核定，并实行凭财政票据购领证领购、分次限量、定期结报，核旧购新的办法。对于一些少量、临时性使用收款收据的单位，由财政票据管理机构代开。

六、使用保管

（一）单位填开收款收据时应做到字迹清楚，内容完整真实，印章齐全，各联次内容和金额一致。填写错误的，应当另行填写。因填写错误等原因作废的票据，应当加盖作废戳记或者注明"作废"字样，并完整保存全部联次，不得私自销毁。

（二）单位不得擅自转让、出借、代开、销毁和违法买卖、涂改收款收据。禁止与其他各类财政票据、税务发票互相串用。

（三）单位应依据财政票据管理的有关规定，建立单位内部收款收据使用管理制度，专人负责购领、使用、登记、保管和结报核销工作。

七、结报核销

各级财政票据管理机构要按照财政票据管理的相关规定，加强票据的信息化推广应用，对照使用范围和禁用范围逐份检查核对款项内容，加强收款收据的结报核销。同时配合有关职能部门，按照行政事业单位财务制度和部门预算管理要求，认真做好收款收据收纳资金的监管工作。

用票单位应按照财政票据结报核销的制度规定和程序办理要求，向同级财政票据管理机构定期办理结报核销。

八、监督检查

收款收据是会计核算的原始凭证，也是财政、税务、审计、监察等部门进行监督检查的重要依据。用票单位应严格按收款收据的使用范围开具票据，不得超范围使用。各级财政票据管理机构要按照职能分工和管理权限，在做好收款收据核发、审核、结报、核销的同时，加强对使用收款收据单位的监督检查。对违反本通知规定的行为，一经发现，责令改正，并按照《财政违法行为处罚处分条例》（国务院令第427号）等法律法规进行查处。

九、各市、县（市、区）财政部门可根据本地区实际情况，制定具体实施办法，报省财政厅备案。

附件：

"浙江省行政事业单位非经营服务性收入收款收据" 票样

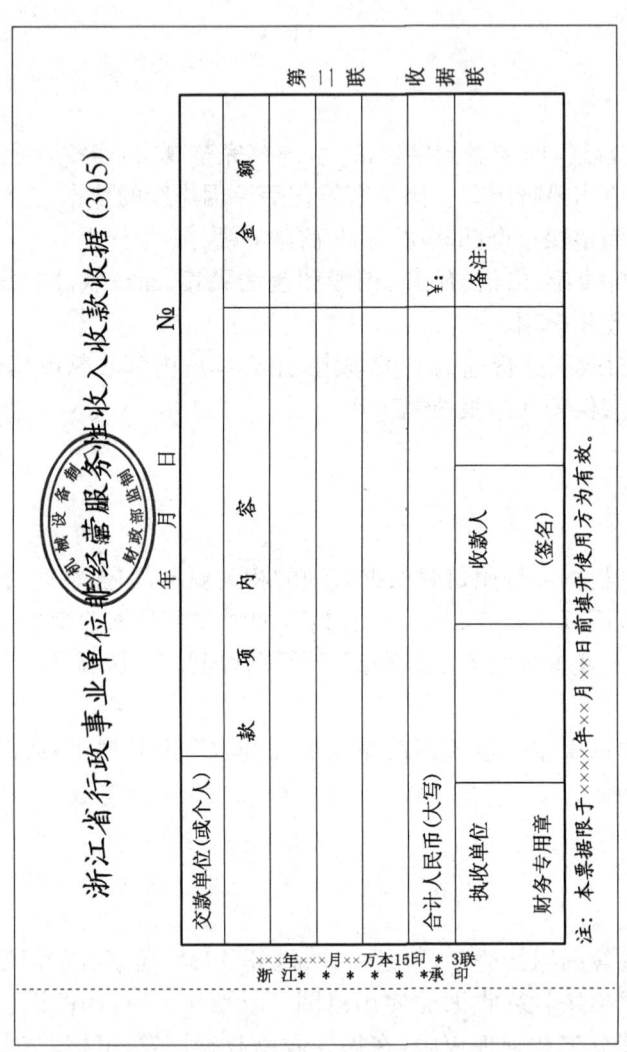

尺寸：180 mm*105 mm

十、本通知自发布之日起施行。

财政部关于进一步加强行政事业单位资金往来结算票据使用管理的通知

财综〔2013〕57号

党中央有关部门,国务院各部委、各直属机构,全国人大常委会办公厅,全国政协办公厅,高法院,高检院,有关人民团体,各省、自治区、直辖市、计划单列市财政厅(局),新疆生产建设兵团财务局:

2010年,财政部先后印发了《财政部关于印发〈行政事业单位资金往来结算票据使用管理暂行办法〉的通知》(财综〔2010〕1号)和《财政部关于行政事业单位资金往来结算票据使用管理有关问题的补充通知》(财综〔2010〕111号),对行政事业单位资金往来结算票据(以下简称资金往来结算票据)的概念、使用对象、适用范围、管理要求、监督检查等作出了统一规定,从制度上规范了资金往来结算票据的使用管理,有效防治了乱收费、乱集资和各种摊派行为,为加强非税收入管理,规范单位资金往来结算发挥了积极作用。但在实施过程中,一些单位反映,针对非国库集中支付来源的财政性资金,付款单位往往需要收款单位提供票据。同时,也存在资金往来结算票据使用不规范的问题。为进一步完善财政票据管理制度,加强资金往来结算票据管理,现将有关事宜通知如下:

一、行政事业单位通过国库集中支付方式取得的财政性资金,按照财综〔2010〕111号文件的规定,不开具资金往来结算票据,使用《财政直接支付入账通知书》或《财政授权支付额度到账通知书》及相关银行结算凭证入账。

二、行政事业单位取得非国库集中支付来源的财政性资金,暂可向付款单位开具资金往来结算票据。

三、各行政事业单位应严格按照财综〔2010〕1号、财综〔2010〕111号文件和本通知规定的范围使用资金往来结算票据,不得利用资金往来结算票据收取经营服务性收费、政府非税收入、会费收入、捐赠收入、医疗服务收入,也不得利用资金往来结算票据乱收费、乱集资和各种摊派。

四、各级财政部门可根据财综〔2010〕1号、财综〔2010〕111号文件和本通知规定,结合管理实际,进一步细化可否使用资金往来结算票据的行为,便于用票单位执行。要加大宣传和培训力度,提高对资金往来结算票据使用管理政策的认识和理解。要加强监督检查,坚决制止使用资金往来结算票据收取经营服务性收费和乱收滥支行为,切实规范资金往来结算票据的使用。

五、各级财政部门要按照《财政部关于印发〈关于推进财政票据电子化改革的方案〉的通知》(财综〔2012〕104号)要求,积极推进财政票据电子化改革,将资金往来结算票据纳入财政票据电子化管理系统,实行票据印制、发放、使用、保管、检查核销、销毁的全程监管,切实改进资金往来结算票据管理手段,提高资金往来结算票据管理水平。各用票单位要协同配合,积极推进,充分利用电子化手段管好用好财政票据。

财政部
2013 年 5 月 14 日

第四章 支出管理

浙江省财政厅关于印发浙江省外宾接待经费管理规定的通知

浙财行〔2014〕29号

各市、县(市、区)财政局(宁波不发),省级各单位:

为贯彻落实《党政机关厉行节约反对浪费条例》(中发〔2013〕13号),进一步做好接待外宾工作,规范外宾接待经费管理,根据《财政部关于印发中央和国家机关外宾接待经费管理办法的通知》(财行〔2013〕533号)精神,特制定《浙江省外宾接待经费管理规定》,现印发给你们,请认真贯彻执行。执行中有何问题,请及时向我们反映。

浙江省财政厅
2014年5月15日

浙江省外宾接待经费管理规定

第一章 总 则

第一条 为了进一步规范外宾接待工作,加强外宾接待经费管理,强化预算监督,提高资金使用效益,保证外宾接待工作顺利开展,根据《党政机关厉行节约反对浪费条例》(中发〔2013〕13号)及《财政部关于印发中央和国家机关外宾接待经费管理办法的通知》(财行〔2013〕533号),制定本规定。

第二条 本规定适用于全省各级机关,包括党政机关、人大机关、政协机关、审判机关、检察机关、人民团体、民主党派和工商联,以及参照公务员法管理的事业单位(以下简称各单位)开展国外、境外来宾接待工作。

第三条 各单位外宾接待工作应当坚持服务外交、友好对等、务实节俭的原则。

第四条 邀请外宾来访应当按照有关外事管理规定,严格执行审批规定。未经批准或授权,不得对外发出正式邀请或作出承诺。

第二章 预算管理

第五条 各单位外宾接待费应全部纳入部门公务接待费预算。并按照下列规定执行：

（一）各级财政部门应当加强公务接待费的预算管理，严格控制公务接待费总额，科学合理地安排公务接待费预算。

（二）各单位应当加强预算硬约束，认真贯彻落实厉行节约的要求，在核定的年度公务接待费预算内，务实高效、精简节约地安排外宾接待活动，不得超预算或无预算安排外宾接待活动。

（三）年度内各单位公务接待费预算原则上不得追加，确有特殊需要进行追加的，按规定程序报批。

第六条 各单位应当从严从紧控制公务接待费，严格执行外宾接待费开支标准，不得擅自突破，不得向同级机关、下级机关、下属单位和企业等摊派、转嫁费用。

第三章 开支范围及标准

第七条 外宾接待经费开支范围主要包括：住宿费、日常伙食费、宴请费、交通费、赠礼等。

外宾接待经费原则上不得列支外宾来访的国际旅费。

第八条 住宿费按以下办法执行：

（一）外宾住宿应当注重安全舒适，不追求奢华。副部长级及以上人员率领的外宾代表团，可安排在五星级、四星级宾馆；司局级及以下人员率领的代表团以及其他一般外宾代表团，安排的宾馆最高不超过四星级。

（二）外宾住房标准：副部长级及以上人员可安排套间，其他人员安排标准间。

（三）各单位应比照国内公务出差住宿费开支标准，结合实际情况与符合条件的宾馆签订协议，争取优惠价格。

第九条 日常伙食费按以下办法执行：

（一）外宾日常伙食招待应当注意节俭，严格根据伙食费标准选择菜品，提倡采用自助餐等形式。

（二）外宾日常伙食费（含酒水、饮料）标准：国家元首、政府首脑级每人每天600元；副总统、副总理和正、副议长级每人每天550元；正、副部长级每人每天500元；其他人员每人每天300元。

第十条 宴请费按以下办法执行：

（一）宴请外宾严禁讲排场，原则上安排在宴请举办单位内部的宾馆和招待所，不上高档菜肴和酒水，杜绝奢侈浪费。国际会议、大型涉外活动等，提倡采用冷餐会、酒会、茶会等多种宴请形式。

（二）外宾宴请费（含酒水、饮料）标准：省级及相当职级人员出面举办的宴请，每人每次400元；厅级及相当职级人员出面举办的宴请，每人每次300元；县（市、区）主要领导出面举办的宴请，每人每次260元。冷餐、酒会、茶会分别为每人每次150元、100元、60元。

（三）中央单位邀请的外宾团组在浙江期间，宴请安排不超过1次；省里邀请的外宾团组在浙江期间，宴请不得超过2次，其中包含赴市、县（市、区）访问，由市、县（市、区）接待单位安排的宴请1次。

第十一条 交通费按以下办法执行：

（一）外宾用车应当根据实际情况安排，除少数重要外宾乘坐小轿车外，其他外宾可视人数多少安排小轿车、中巴或大巴。在符合礼宾要求的前提下，外宾出行应当集中乘车，减少随行车辆。

（二）接待外宾确需租用车辆的，各单位应当与资质合格、运营规范的汽车租赁公司签订租赁合同。

（三）外宾赴市、县（市、区）访问需乘坐公共交通工具的，应当按级别乘坐相应等级交通工具，副部长级及以上外宾可乘坐飞机头等舱、轮船一等舱和火车软席（含高铁/动车商务座、全列软席列车一等座、火车高级软卧），其他人员可乘坐飞机经济舱、轮船二等舱和火车软席（含高铁/动车一等座、全列软席列车一等座、火车软卧）。

确因工作需要并经接待单位领导批准，外方主宾的重要随行人员1人可随主宾乘坐相应舱位。

第十二条 对外赠礼按以下办法执行：

（一）对外赠礼应当节约从简，实物礼品应当尽量选择具有浙江特色的纪念品、传统手工艺品和实用物品，朴素大方，不求奢华。

（二）赠礼对象仅为外方团长夫妇，必要时可包括主要陪同人员，原则上由接待单位或邀请单位赠礼1次，其他单位不得重复赠礼。如外方赠礼，可按对等原则回礼。

（三）对外赠礼以赠礼方或受礼方级别较高一方的级别确定赠礼标准。赠礼方或受礼方为正、副部长级人员的，每人次礼品不得超过400元；赠礼方或受礼方为司局级人员的，每人次礼品不得超过200元；其他人员，可以视情况赠送小纪念品。

（四）对访问我省的国外著名友好人士、社会名流、专家学者，确有必要赠礼的，按照正、副部长级人员标准执行。

第十三条 外宾在浙江期间的医药、邮电通讯、洗衣、理发等费用，除国家元首、政府首脑外，均由外宾自理。

第四章　陪同人员及经费管理

第十四条 省里邀请的外宾来访团组在浙江期间，我方陪同人员人数，应当根据礼宾要求，从严掌握。中央单位邀请的外宾团组来浙江访问，省里陪同人员人数商中央邀请单位确定。

第十五条 接待国家元首、政府首脑级外宾的重大外交外事活动，我方参加宴请人数应当根据礼宾要求安排。其他宴请，外宾5人（含）以内的，中外人数原则上在1∶1以内安排；外宾超过5人的，超过部分中外人数原则上在1∶2以内安排。

第十六条 陪同外宾赴市、县（市、区）访问期间，陪同人员的伙食费、住宿费、交通费、公杂费等开支标准按照差旅费管理的有关规定执行，并由陪同人员所在单位负担。确需与外宾同餐、同住、同行的，经所在单位领导批准，可按对应的外宾接待标准凭据据实报销。

第五章　支出责任和报销管理

第十七条 外宾接待原则上由邀请单位负担经费。中央单位邀请的外宾团组经费支出由中央单位负担；省里邀请的外宾团组经费支出由邀请单位负担。

第十八条 由中央单位邀请的外宾团组，如需到浙江访问的，接待单位应当事先明确划分中央与地方分别承担的接待费用。

第十九条 省里邀请的外宾团组,如确需到市、县(市、区)访问的,邀请单位应当事先明确市、县(市、区)接待费用的承担情况。

第二十条 对应邀到访浙江的外宾,各单位应当根据互惠对等原则或外事交流协议等,区分为全部招待、部分招待和外宾自理。

无互惠对等原则及外事交流协议的,省里邀请的外宾团组招待天数不得超过5天(含抵、离境当天),招待人数从严掌握,超出规定天数和人数的,一律由外宾自理。中央单位邀请的外宾团组来浙江访问,招待天数、招待人数商中央邀请单位确定。

第二十一条 外宾接待经费报销核算列"公务接待费"经济科目。

第二十二条 外宾接待经费报销时应提供正式邀请函或中央单位邀请的外宾团组来浙江访问的公函,住宿费、日常伙食费、宴请费、交通费、赠礼等的原始发票及费用开支清单。

第二十三条 外宾接待经费的报销支付应严格按照国库集中支付和公务卡管理的有关制度执行,采用银行转账或公务卡方式结算。

第六章 监督检查

第二十四条 除涉密内容和事项外,外宾接待经费的预决算应当按照预决算信息公开的有关规定,及时公开,接受社会监督。

第二十五条 外事、财政、审计等部门应当加强对外宾接待管理和经费使用情况的监督检查。各单位应如实提供包括接待计划、经费预算、开支报销凭证等在内的相关资料,主动配合接受检查,并认真落实检查意见。

第二十六条 违反本规定,有下列行为之一的,按照《财政违法行为处罚处分条例》《党政机关厉行节约反对浪费条例》等有关规定,责令整改,追回资金,并追究有关人员责任:

(一)擅自提高接待经费开支标准的;
(二)未经批准或授权邀请、接待外宾的;
(三)接待过程中存在铺张浪费、奢侈行为的;
(四)违规扩大外宾接待经费开支范围,或报销与接待无关的费用的;
(五)虚报外宾接待级别、人数、天数,套取接待经费的;
(六)使用虚假发票报销接待费用的;
(七)其他违反本规定的行为。

第七章 附 则

第二十七条 财政补助的非参照公务员法管理事业单位、社会团体等各类机构的外宾接待经费管理参照本规定执行。

第二十八条 在浙江举办国际会议涉及的外宾接待费用管理按照在华举办国际会议的有关规定执行。

第二十九条 本规定由省财政厅负责解释。

第三十条 本规定自2014年6月1日起实施,省财政厅《转发财政部关于接待外宾费用开支标准和管理办法的规定的通知》(浙财外〔1998〕47号)同时废止。

浙江省财政厅 浙江省人民政府外事办公室关于印发浙江省因公临时出国经费管理规定的通知

浙财行〔2014〕30号

各市、县(市、区)财政局、人民政府外事办公室(宁波不发),省级各单位:

为贯彻落实《党政机关厉行节约反对浪费条例》(中发〔2013〕13号),加强和规范因公临时出国经费管理,根据《财政部 外交部关于印发因公临时出国经费管理办法的通知》(财行〔2013〕516号)精神,我们制定了《浙江省因公临时出国经费管理规定》,现印发给你们,请认真贯彻执行。执行中有何问题,请及时向我们反映。

浙江省财政厅
浙江省人民政府外事办公室
2014年5月22日

浙江省因公临时出国经费管理规定

第一章 总 则

第一条 为了进一步加强和规范因公临时出国经费管理,强化预算监督,提高资金使用效益,保证外事工作的顺利开展,根据《党政机关厉行节约反对浪费条例》(中发〔2013〕13号)及《财政部 外交部关于印发因公临时出国经费管理办法的通知》(财行〔2013〕516号),制定本规定。

第二条 本规定适用于全省各级机关,包括党政机关、人大机关、政协机关、审判机关、检察机关、人民团体、民主党派和工商联,以及参照公务员法管理的事业单位(以下简称各单位)因公组派临时出国人员。

第三条 各单位因公组派临时出国人员(或团组)应当坚持强化预算约束、优化经费结构、厉行勤俭节约、讲求务实高效的原则,严格控制因公临时出国规模,规范因公临时出国经费管理。

第四条 各单位应当建立健全因公临时出国计划与经费的内部控制制度,明确审核责任。出国任务、出国经费预算未通过审核的,不得安排出访。

第二章 预算管理和计划管理

第五条 因公临时出国经费应当全部纳入预算管理,并按照下列规定执行:

（一）各级财政部门应当加强因公临时出国经费的预算管理，科学合理地安排因公临时出国经费预算，严格控制因公临时出国经费总额。

（二）各单位应当加强预算硬约束，认真贯彻落实厉行节约的要求，在核定的年度因公临时出国经费总额内，务实高效、精简节约地安排因公临时出国活动。

（三）省本级各单位每次因公组派临时出国人员，应填写《浙江省省本级因公临时出国经费预算审核表》（见附1），报经财政部门审核同意后，由组团单位报送外事审批部门作为审批临时出国任务的依据，做到预算先行。市、县（市、区）财政部门根据预算先行的原则结合当地出国经费管理情况，制订出国经费审批流程。

（四）年度内各单位因公临时出国经费预算原则上不得追加，确有特殊需要的，按规定程序报批。

第六条 出访任务实行计划审批管理，并按照下列规定执行：

（一）各单位应当认真贯彻中央和省有关外事管理规定，在年度因公临时出国经费总额内科学制订年度因公临时出国计划，认真履行因公临时出国计划报批制度，严格控制因公临时出国任务人数、国家数和在外停留天数，正确执行限量管理规定。组团单位和派出单位要明确责任，谁组团、谁负责，谁派出、谁负责。

（二）因公临时出国应当坚持因事定人的原则，不得因人找事，不得安排照顾性和无实质内容的一般性出访，不得安排考察性出访。

（三）各级外事部门应当加强因公临时出国计划的审核审批管理，严格把关，对违反规定、不适合成行的任务予以调整或者取消。

第三章　经费管理

第七条 因公临时出国经费实行凭据报销与定额包干相结合的办法。具体包括：国际旅费、国外城市间交通费、住宿费、伙食费、公杂费和其他费用。

国际旅费是指出境口岸至入境口岸旅费。

国外城市间交通费是指为完成工作按批准任务所必须发生的，在出访国家的城市与城市之间的交通费用。

住宿费是指出国人员在国外发生的住宿费用。

伙食费是指出国人员在国外期间的日常伙食费用。

公杂费是指出国人员在国外期间的市内交通、邮电、办公用品、必要的小费等费用。

其他费用主要是指出国签证费用、必需的保险费用、防疫费用、国际会议注册费用等。

省级用汇部门应根据出国经费预算，按照"谁组团、谁购汇"的原则，由组团单位就国外城市间交通费（按每人次200美元，港澳地区200港元预核）、定额包干经费的用汇，通过省财政厅批准的人民币资金账户，凭出国任务批件原件、外方邀请函（如有国际会议注册费），至外汇指定银行办理购汇手续。

第八条 国际旅费按照下列规定执行：

（一）选择经济合理的路线。出国人员除航班衔接等原因外应当优先选择由我国航空公司运营的国际航线。不得以任何理由绕道旅行，或以过境名义变相增加出访国家和时间。

（二）按照经济适用的原则，通过政府采购等方式，选择优惠票价，并尽可能购买往返机票。

（三）出国人员应当严格按照规定乘坐交通工具，不得违反规定乘坐民航包机，不得乘坐私人、企业和外国航空公司包机。

（四）省级及相当职级人员乘坐飞机，有公务舱的不坐头等舱，可以乘坐轮船一等舱、火车高级软卧或全列软席列车的商务座；厅级及相当职级人员可以乘坐飞机公务舱、轮船二等舱、火车软卧或全列软席列车的一等座；其他人员均乘坐飞机经济舱、轮船三等舱、火车硬卧或全列软席列车的二等座。所乘交通工具舱位等级划分与以上不一致的，可乘坐同等水平的舱位。所乘交通工具未设置上述规定中本级别人员可乘坐舱位等级的，应乘坐低一等级舱位。上述人员按规定发生的国际旅费凭有效原始凭据据实报销。

（五）出国人员乘坐国际列车，国内段按国内差旅费的有关规定执行；国外段超过6小时以上的按自然（日历）天数计算，每人每天补助12美元。

第九条 出国人员根据出访任务需要在一个国家城市间往来的，应当事先在出国任务报批时列明。未列入出国任务的，不得在国外城市间往来。

出国人员的行程必须按照批准的任务执行，其国外城市间交通费凭有效原始票据据实报销。

第十条 住宿费按照下列规定执行：

（一）出国人员应当严格按照规定安排住宿，省级及相当职级人员可安排普通套房或单间，住宿费凭据按实报销；其他人员安排标准间，在规定的住宿费标准内按实际住宿天数计算，由出访团组统一掌握，包干使用。

（二）参加国际会议等的出国人员，住宿费原则上应当按照标准执行。如对方组织单位指定或推荐酒店，应通过询价方式从紧安排，超出规定住宿费标准的，超出部分的30%由个人承担。

第十一条 伙食费和公杂费按照下列规定执行：

（一）出国人员伙食费、公杂费可以按规定的标准发给个人包干使用。包干天数按离、抵我国国境之日计算。

（二）根据工作需要和特点，不宜个人包干的出访团组，其伙食费和公杂费由出访团组统一掌握，包干使用。

（三）外方以现金或实物形式提供伙食费和公杂费接待我出访团组的，出国人员不再领取伙食费和公杂费。

（四）出访用餐应当勤俭节约，不上高档菜肴和酒水，自助餐也要注意节俭。

第十二条 出访团组对外原则上不搞宴请。出访团组与我国驻外使领馆等外交机构和其他中资机构、企业之间一律不得用公款相互宴请。

第十三条 出访团组在国外期间，收授礼品应当严格按有关规定执行。原则上不得用公款对外赠送礼品，确有必要赠送的，应当按照厉行节俭的原则，选择具有浙江特色的纪念品、传统手工艺品和实用物品。

出访团组与我国驻外使领馆等外交机构和其他中资机构、企业之间一律不得以任何名义、任何方式互赠礼品或纪念品。

第十四条 出国签证费用、防疫费用、国际会议注册费用等凭有效原始票据据实报销。根据到访国要求，出国人员必须购买保险的，按照到访国驻华使领馆要求购买，凭有效原始票据据实报销。

第四章 报销管理

第十五条 各单位应当严格执行各项费用开支标准，不得擅自突破，严禁接受或变相接受企事业单位资助，严禁向同级机关、下级机关、下属单位、企业、驻外机构等摊派或转嫁出访费用。省本级出国人员出访前，所在单位应根据组团单位出具的预付因公临时出国经费函,在财政部门核准的预算额度内预付给组团单位,由组团单位开具收款收据,出国经费由组团单位统一使用。

第十六条 出国任务结束后,组团单位应在回国后一个月内做好出国经费决算,填写《因公临时出国经费决算表》(附2),做好费用审核和分摊。决算内容包括国际旅费、国外城市间交通费、住宿费、伙食费、公杂费、出国签证费用、防疫费用、国际会议注册费用等。《因公临时出国经费决算表》需由经办人和团组负责人签字,并经组团单位财务部门审核。

出国人员凭《因公临时出国经费决算表》及时办理报销手续,并提供单位内部出国任务审批单、因公临时出国经费预算审核表、出国任务批件(含日程)、护照(包括签证和出入境记录)复印件、因公临时出国用汇相关凭据、以及国际旅费和国外城市间交通费原始凭证、各项需分摊费用的原始凭证或复印件等。各种有效票据凭证报销时须用中文注明开支内容、日期、数量、金额等,并由出国人员签字。

参加中央单位组团的因公临时出国费用,依据中央单位提供的有关资料、凭证及相关出国任务审批资料在规定标准内按实报销。

第十七条 因公临时出国人员国内旅费,按《浙江省机关工作人员差旅费管理规定》(浙财行〔2014〕10号)报销。

第十八条 各单位应当根据本规定制定出国任务内部审批、财务报销审核的具体规定,加强对因公临时出国任务的经费管理。严格按照批准的出国任务人员、天数、路线、经费预算及开支标准报销经费。对未经批准、超范围、超标准开支的费用以及与出访任务无关的开支不予报销,由出国人员个人自理。

第十九条 各单位出国经费的支付,应当严格按照国库集中支付制度和公务卡管理制度的有关规定执行。国际旅费由组团单位通过公务卡、银行转账方式直接支付,不得以现金支付。

第二十条 省级用汇单位在出访团组回国后及时凭银行"购汇水单"及外汇指定银行审核过的"浙江省省级预算内单位因公出国用汇预算表",向外汇指定银行办理核销手续。其中,国外城市间交通费用汇部分须按境外批准任务规定的行程取得的原始票据据实核销。

第二十一条 市级财政部门根据本级各部门和下级财政部门的申请,向省财政厅申请本地区购汇数额,经省财政厅审核后,按相关规定负责办理或委托一家外汇指定银行办理相关用汇手续。

第五章 专项活动

第二十二条 经批准组团出国开展经贸、推介、文化交流、人才引进、友城交流等专项活动,需开支与专项活动相关的宣传广告、场地和设备租用、布置搭建、仓储运输、活动就餐等费用的,由财政部门按部门预算编制(或追加)要求和流程专项审核。

第二十三条 省级各单位经批准组团出国开展专项活动,除出国人员费用外,根据财政部门核定的经费预算,实行外汇专项审批。组团单位凭专项活动批件及与外方签署的有关协议(中文版)等证明材料,于出国前5个工作日至省财政厅统一办理相关购汇手续。

第二十四条 出国开展的专项活动结束后,主办单位应在出访团组回国后15个工作日内办理外汇核销手续并及时完成费用报销手续。报销时主办单位需提供举办专项活动的批件、与专项活动相关的各类费用开支原始凭证、清单、"浙江省省级预算内单位因公出国用汇预算表"及"浙江省省级预算内单位因公出国用汇核销表"。报销核算时出国人员费用列"因公出国(境)费用"经济科目。

第六章 监督检查

第二十五条 除涉密内容和事项外,因公临时出国经费的预决算应当按照预决算信息公开的有关规定,及时公开,主动接受社会监督。

第二十六条 各单位应当建立健全因公临时出国任务内部监督检查机制,加强对本单位出国人员出访活动和经费报销的管理。相关领导、财务人员等应对出国经费报销进行审核把关,确保票据来源合法,内容真实完整、合规。对不按规定开支和报销出国经费的人员应进行严肃处理。

一级预算单位要强化对所属预算单位的监督检查,发现问题及时处理。

第二十七条 各级外事、财政、审计等部门对因公临时出国情况进行定期或不定期联合检查。各级财政部门应当定期或不定期对各单位因公临时出国经费管理使用情况进行监督检查。审计部门应当对各单位因公临时出国经费管理使用情况进行审计。

第二十八条 组团单位应当采取集中形式,对团组全体人员进行行前财经纪律教育。对出国人员违反本规定,有下列行为之一的,除相关开支一律不予报销外,按照《财政违法行为处罚处分条例》等有关规定严肃处理,并追究有关人员责任:

(一)违规扩大出国经费开支范围的;
(二)擅自提高经费开支标准的;
(三)虚报任务级别、人数、国家数、天数等,套取出国经费的;
(四)使用虚假发票报销出国费用的;
(五)其他违反本规定的行为。

第七章 附 则

第二十九条 各单位因公临时组派人员赴香港、澳门、台湾地区的,适用本规定。

第三十条 对与我国新建交或未建交国家,相关经费开支标准暂按照经济水平相近的邻国标准执行。

第三十一条 财政部、外交部根据出访国家或地区经济发展、物价等变动情况,对相关经费开支标准适时调整,我省将同步调整。

第三十二条 财政补助的非参照公务员法管理事业单位、社会团体因公临时出国参照本规定执行。

其他事业单位、国有企业负责本单位因公临时出国经费预算审核管理,其他各项规定参照本规定执行。

第三十三条 本规定由省财政厅、省外办负责解释。

第三十四条 本规定自2014年6月1日起施行。省财政厅、省外办《关于转发财政部外交部关于印发〈临时出国人员费用开支标准和管理办法〉的通知》(浙财外字〔2001〕110号)同时废止。

附:
1. 浙江省省本级因公临时出国经费预算审核表
2. 因公临时出国经费决算表
3. 各国家和地区住宿费、伙食费、公杂费开支标准表

附1

浙江省省本级因公临时出国经费预算审核表

单位(公章)　　　　　　　　　　　　　　　　　　　　　金额单位：人民币元

出国任务基本情况	团组名称		组团单位		
	出访国家(地区)		本单位出访人数		
	出访时间		出访天数	天	
	本单位年度出国经费控制指标				
	本次出访前已用指标				
	本次出访费用预计		人均费用		
	其中：国际旅费	国外城市间交通费	住宿费、伙食费、公杂费	其他费用	备注
财政部门意见	审核意见： 　　　　　　　　　　　　　　　　　　(盖章) 　　　　　　　　　　　　　　　　年　月　日				
备注	1. 各单位因公临时组派人员出国及赴港、澳、台地区应填报本表。本表一式3份，1份由组团单位报外事审批部门，1份财政部门留存，1份单位留存作报销凭证。				
	2. 如同一团组人员涉及两个以上单位的，需分单位填报。				
	3. 其他费用说明：				

填报单位经办人：　　　　　联系电话：　　　　　日期：　年　月　日

附2

因公临时出国经费决算表

组团单位（单位）　　　　　　　　　　　　　　　　　　金额单位：人民币元

团组名称			团组负责人	
出访国家（地区）			团组人数	
出访时间			出访天数	
国外行程及经费开支决算情况					
起讫日期	行程	天数	国际旅费	国外城市间交通费	住宿费、伙食费、公杂费	其他费用
	行前费用	—	—	—	—	
	从　到　住					
	从　到　住					
合计		—				
费用分摊明细						
姓名	小计	国际旅费	国外城市间交通费	住宿费、伙食费、公杂费	其他费用	备注
合计						

需说明情况：

　　　　　　　　　　　　　　　　　　　经办人：　团组负责人：
　　　　　　　　　　　　　　　　　　　日期：　年　月　日

注：本表由组团单位归国后统一填报并复印给其他派员单位。

附3

因公出国各国家和地区住宿费、伙食费、公杂费开支标准表

序号	国家(地区)	城 市	币种	住宿费（每人每天）	伙食费（每人每天）	公杂费（每人每天）
一	亚洲					
1	蒙古		美元	90	50	35
2	朝鲜		美元	90	40	30
3	韩国	首尔、釜山、济州	美元	180	70	35
4		光州、西归浦	美元	160	70	35
5		其他城市	美元	150	70	35
6	日本	东京	日元	20 000	10 000	5 000
7		大阪、京都	日元	18 000	10 000	5 000
8		福冈、札幌、长崎、名古屋	日元	14 000	10 000	5 000
9		其他城市	日元	9 000	10 000	5 000
10	缅甸		美元	90	50	35
11	巴基斯坦	伊斯兰堡、拉合尔、卡拉奇	美元	135	30	30
12		奎达	美元	70	30	30
13		其他城市	美元	60	30	30
14	斯里兰卡		美元	110	40	30
15	马尔代夫		美元	160	50	30
16	孟加拉		美元	150	50	40
17	伊拉克		美元	170	50	40
18	阿拉伯联合酋长国		美元	200	50	40
19	也门	萨那	美元	110	50	35
20		亚丁	美元	90	50	35
21		其他城市	美元	80	50	35
22	阿曼		美元	150	50	40
23	伊朗		美元	95	50	40
24	科威特		美元	200	70	40
25	沙特阿拉伯	利雅得	美元	200	70	40
26		吉达	美元	140	70	40
27		其他城市	美元	120	70	40

(续表)

序号	国家(地区)	城　市	币种	住宿费（每人每天）	伙食费（每人每天）	公杂费（每人每天）
28	巴林		美元	160	55	40
29	以色列		美元	200	70	40
30	巴勒斯坦		美元	180	70	40
31	文莱		美元	130	40	35
32		新德里、加尔各答	美元	175	50	35
33	印度	孟买	美元	200	50	35
34		其他城市	美元	155	50	35
35	不丹		美元	160	50	35
36	越南	河内	美元	90	40	30
37	越南	胡志明	美元	80	40	30
38		其他城市	美元	70	40	30
39	柬埔寨		美元	100	40	30
40	老挝		美元	90	40	30
41	马来西亚		美元	110	50	35
42	菲律宾		美元	130	50	35
43	印度尼西亚		美元	125	50	35
44	东帝汶		美元	130	40	35
45		曼谷	美元	140	50	35
46	泰国	宋卡	美元	110	50	35
47		清迈、孔敬	美元	90	50	35
48		其他城市	美元	80	50	35
49	新加坡		美元	220	55	40
50	阿富汗		美元	100	38	30
51	尼泊尔		美元	140	50	35
52	黎巴嫩		美元	150	50	35
53	塞浦路斯		美元	100	40	35
54	约旦		美元	120	50	35
55		安卡拉	美元	105	45	30
56	土耳其	伊斯坦布尔	美元	150	45	30
57		其他城市	美元	90	45	30
58	叙利亚		美元	110	50	35

(续表)

序号	国家(地区)	城　市	币种	住宿费（每人每天）	伙食费（每人每天）	公杂费（每人每天）
59	卡塔尔		美元	160	60	40
60	香港		港币	1 500	500	300
61	澳门		港币	1 200	500	300
62	台湾		美元	150	60	40
二	非洲					
63	马达加斯加	塔那那利佛	美元	130	38	30
64		塔马塔夫	美元	100	38	30
65		其他城市	美元	90	38	30
66	喀麦隆		美元	120	50	35
67	多哥		美元	110	48	35
68	科特迪瓦		美元	120	50	35
69	摩洛哥		美元	130	50	40
70	阿尔及利亚		美元	180	55	35
71	卢旺达		美元	130	32	30
72	几内亚		美元	130	55	35
73	埃塞俄比亚		美元	210	50	35
74	厄立特里亚		美元	110	50	35
75	莫桑比克		美元	170	50	35
76	塞舌尔		美元	240	50	35
77	肯尼亚		美元	195	50	35
78	利比亚		美元	160	50	35
79	安哥拉		美元	400	60	40
80	赞比亚		美元	150	45	35
81	几内亚比绍		美元	135	45	35
82	突尼斯		美元	100	40	35
83	布隆迪		美元	150	40	35
84	莱索托		美元	100	35	30
85	津巴布韦		美元	120	45	33
86	尼日利亚	阿布贾	美元	270	60	35
87		拉各斯	美元	300	60	35
88		其他城市	美元	250	60	35

(续表)

序号	国家（地区）	城　市	币种	住宿费（每人每天）	伙食费（每人每天）	公杂费（每人每天）
89	毛里求斯		美元	155	50	35
90	索马里		美元	180	50	35
91	苏丹		美元	130	40	32
92	贝宁		美元	150	35	30
93	马里		美元	150	50	35
94	乌干达		美元	170	50	35
95	塞拉利昂		美元	155	50	35
96	吉布提		美元	160	60	35
97	塞内加尔		美元	165	50	35
98	冈比亚		美元	170	50	35
99	加蓬		美元	180	60	35
100	中非		美元	140	50	35
101	布基纳法索		美元	140	50	35
102	毛里塔尼亚		美元	130	55	35
103	尼日尔		美元	145	50	35
104	乍得		美元	220	50	35
105	赤道几内亚		美元	200	50	35
106	加纳		美元	200	50	35
107	坦桑尼亚	达累斯萨拉姆	美元	180	50	35
108		桑给巴尔	美元	210	50	35
109		其他城市	美元	160	50	35
110	刚果（金）		美元	220	50	35
111	刚果（布）		美元	170	50	35
112	埃及		美元	170	50	35
113	圣多美和普林西比		美元	170	50	35
114	博茨瓦纳		美元	170	50	35
115	南非	比勒陀利亚、约翰内斯堡	美元	170	50	35
116		开普敦	美元	210	50	35
117	南非	德班	美元	150	50	35
118		其他城市	美元	130	50	35
119	纳米比亚		美元	140	35	30

(续表)

序号	国家(地区)	城　市	币种	住宿费（每人每天）	伙食费（每人每天）	公杂费（每人每天）
120	斯威士兰		美元	150	50	35
121	利比里亚		美元	195	50	35
122	佛得角		美元	120	50	35
123	科摩罗		美元	120	40	35
124	南苏丹		美元	160	40	32
125	马拉维		美元	130	50	35
三	欧洲					
126		布加勒斯特	美元	120	45	40
127	罗马尼亚	康斯坦察	美元	90	50	40
128		其他城市	美元	80	50	40
129	马其顿		美元	120	50	35
130	斯洛文尼亚		欧元	90	30	25
131	波黑		美元	100	40	35
132	克罗地亚		美元	120	40	35
133	阿尔巴尼亚		美元	150	35	30
134	保加利亚		美元	110	45	35
135		莫斯科	美元	285	45	40
136		哈巴罗夫斯克	美元	200	45	40
137	俄罗斯	叶卡捷琳堡、圣彼得堡	美元	170	45	40
138		伊尔库茨克	美元	150	45	40
139		其他城市	美元	140	45	40
140	立陶宛		美元	120	45	35
141	拉脱维亚		欧元	90	35	25
142	爱沙尼亚		欧元	90	35	25
143		基辅	美元	100	45	40
144	乌克兰	敖德萨	美元	130	45	40
145		其他城市	美元	80	45	40
146	阿塞拜疆		美元	150	45	40
147	亚美尼亚		美元	120	45	40
148	格鲁吉亚		美元	150	45	40

(续表)

序号	国家(地区)	城 市	币种	住宿费（每人每天）	伙食费（每人每天）	公杂费（每人每天）
149	吉尔吉斯斯坦	比什凯克	美元	230	45	40
150		其他城市	美元	80	45	40
151	塔吉克斯坦		美元	210	45	40
152	土库曼斯坦		美元	120	45	40
153		塔什干	美元	120	40	32
154	乌兹别克斯坦	撒马尔罕	美元	100	40	32
155		其他城市	美元	90	40	32
156	白俄罗斯		美元	180	45	40
157		阿斯塔纳	美元	160	45	40
158	哈萨克斯坦	阿拉木图	美元	200	45	40
159		其他城市	美元	140	45	40
160	摩尔多瓦		美元	90	45	40
161		华沙	美元	150	50	40
162	波兰	格但斯克	美元	130	50	40
163		其他城市	美元	120	50	40
164		柏林、汉堡	欧元	150	60	38
165	德国	慕尼黑	欧元	130	60	38
166		法兰克福	欧元	180	60	38
167		其他城市	欧元	120	60	38
168		海牙	欧元	150	60	38
169	荷兰	阿姆斯特丹	欧元	170	60	38
170		其他城市	欧元	130	60	38
171		罗马	欧元	160	65	38
172	意大利	米兰	欧元	140	65	38
173		佛罗伦萨	欧元	120	65	38
174		其他城市	欧元	110	65	38
175	比利时		欧元	160	60	38
176	奥地利		欧元	140	60	38
177	希腊		欧元	110	55	35
178		巴黎	欧元	150	60	40
179	法国	马赛、斯特拉斯堡、尼斯、里昂	欧元	130	60	40

(续表)

序号	国家(地区)	城　市	币种	住宿费 (每人每天)	伙食费 (每人每天)	公杂费 (每人每天)
180	法国	其他城市	欧元	120	60	40
181	西班牙		欧元	125	60	38
182	卢森堡		欧元	160	55	38
183	爱尔兰		欧元	120	60	38
184	葡萄牙		欧元	130	60	38
185	芬兰		欧元	145	60	40
186	捷克		美元	160	45	50
187	斯洛伐克		欧元	90	35	30
188	匈牙利		美元	180	45	45
189	瑞典		美元	280	80	50
190	丹麦		美元	200	80	50
191	挪威		美元	200	80	50
192	瑞士		美元	200	70	50
193	冰岛		美元	200	65	50
194	马耳他		欧元	90	38	25
195	塞尔维亚		美元	120	40	30
196	黑山		欧元	90	30	22
197	英国	伦敦	英镑	160	45	35
198		曼彻斯特、爱丁堡	英镑	140	45	35
199		其他城市	英镑	125	45	35
四	美洲					
200	美国	华盛顿	美元	210	55	45
201		旧金山	美元	250	55	45
202		休斯顿	美元	180	55	45
203		波士顿	美元	230	55	45
204		纽约	美元	245	55	45
205		芝加哥	美元	220	55	45
206		洛杉矶	美元	200	55	45
207		夏威夷	美元	195	55	45
208		其他城市	美元	160	55	45
209	加拿大	渥太华、多伦多、卡尔加里、蒙特利尔	美元	210	55	45

(续表)

序号	国家(地区)	城 市	币种	住宿费 (每人每天)	伙食费 (每人每天)	公杂费 (每人每天)
210	加拿大	温哥华	美元	240	55	45
211		其他城市	美元	190	55	45
212		墨西哥	美元	150	50	45
213	墨西哥	蒂华纳	美元	120	50	45
214		其他城市	美元	100	50	45
215		巴西利亚	美元	160	50	45
216	巴西	圣保罗	美元	240	50	45
217		里约热内卢	美元	260	50	45
218		其他城市	美元	150	50	45
219	牙买加		美元	160	50	45
220	特立尼达和多巴哥		美元	180	50	45
221	厄瓜多尔		美元	120	40	32
222	阿根廷		美元	130	50	45
223	乌拉圭		美元	135	50	45
224		圣地亚哥	美元	135	47	45
225		伊基克	美元	120	47	45
226	智利	安托法加斯塔、阿里卡	美元	110	47	45
227		其他城市	美元	100	47	45
228		波哥大	美元	190	40	35
229	哥伦比亚	麦德林	美元	110	40	35
230		卡塔赫纳	美元	120	40	35
231		其他城市	美元	100	40	35
232	巴巴多斯		美元	250	60	45
233	圭亚那		美元	160	50	45
234	古巴		美元	135	40	37
235	巴拿马		美元	135	45	45
236	格林纳达		美元	190	45	45
237	安提瓜和巴布达		美元	150	60	45
238	秘鲁		美元	140	40	40
239	玻利维亚		美元	110	36	30
240	尼加拉瓜		美元	120	45	45

(续表)

序号	国家(地区)	城　市	币种	住宿费（每人每天）	伙食费（每人每天）	公杂费（每人每天）
241	苏里南		美元	110	50	45
242	委内瑞拉		美元	230	45	45
243	海地		美元	180	45	43
244	波多黎各		美元	150	45	45
245	多米尼加		美元	150	45	45
246	多米尼克		美元	120	45	45
247	巴哈马		美元	220	45	45
248	圣卢西亚		美元	200	45	45
249	阿鲁巴岛		美元	200	45	45
250	哥斯达黎加		美元	120	45	40
五	大洋洲及太平洋岛屿					
251	澳大利亚	堪培拉、帕斯、布里斯班	美元	180	60	50
252		墨尔本、悉尼	美元	200	60	50
253		其他城市	美元	160	60	50
254	新西兰		美元	180	60	45
255	萨摩亚		美元	170	47	45
256	斐济	苏瓦	美元	190	45	50
257		南迪	美元	120	45	50
258		其他城市	美元	110	45	50
259	巴布亚新几内亚		美元	350	55	50
260	密克罗尼西亚		美元	120	40	30
261	马绍尔群岛		美元	120	55	35
262	瓦努阿图		美元	150	55	35
263	基里巴斯		美元	195	55	35
264	汤加		美元	160	60	35
265	帕劳		美元	180	60	35
266	库克群岛		美元	180	60	35
267	所罗门群岛		美元	200	60	35
268	法属留尼汪		美元	140	60	35
269	法属波利尼西亚		美元	240	60	35

浙江省财政厅 浙江省人力资源和社会保障厅关于印发浙江省因公短期出国培训经费管理规定的通知

浙财行〔2014〕31号

各市、县(市、区)财政局、人力资源和社会保障局(宁波不发),省级各单位：

现将《浙江省因公短期出国培训经费管理规定》印发给你们,请认真贯彻执行。执行中有何问题,请及时向我们反映。

浙江省财政厅
浙江省人力资源和社会保障厅
2014年6月17日

浙江省因公短期出国培训经费管理规定

第一章 总 则

第一条 为进一步规范因公短期出国培训经费管理,加强预算监督,提高资金使用效益,保证出国培训工作的顺利开展,根据《党政机关厉行节约反对浪费条例》(中发〔2013〕13号)及《财政部 国家外国专家局关于印发因公短期出国培训费用管理办法的通知》(财行〔2014〕4号),制定本规定。

第二条 本规定适用于全省各级党政机关、人大机关、政协机关、审判机关、检察机关、人民团体、民主党派和工商联,以及参照公务员法管理的事业单位(以下简称各单位)因公选派人员短期出国培训。

第三条 因公短期出国培训,是指各单位因公选派人员到国外进行90天以内(不含90天)的业务培训。

第四条 因公短期出国培训应当坚持强化预算约束、优化培训结构、因事立项定人、加强监督管理的原则,严控费用规模,严格计划执行。培训任务、培训费用预算审核未通过的,不得安排出国培训。

第二章 预算管理和计划管理

第五条 因公短期出国培训经费应当全部纳入部门因公出国经费预算管理,并按照下列规定执行：

（一）各级财政部门应当加强因公出国经费的预算管理，科学合理地安排因公短期出国培训经费，严格控制因公出国经费总额。

（二）各单位应当加强预算硬约束，认真贯彻落实厉行节约的要求，在核定的年度因公出国经费预算额度内务实高效、精简节约地安排因公短期出国培训。

（三）省本级各单位每次选派因公短期出国培训人员，应当填报《浙江省省本级因公短期出国培训预算审核表》，报经财政部门审核同意后，由组团单位报送出国培训管理部门作为审批依据，做到预算先行。市、县（市、区）财政部门根据预算先行的原则结合当地因公出国经费及出国培训管理情况，制订相应审批流程。

（四）年度内各单位因公出国经费预算原则上不得追加，确有特殊需要的，按规定程序报批。

第六条 因公短期出国培训实行计划审核审批管理。出国培训管理部门应当加强出国培训的总体规划，严格控制出国培训规模，科学设置培训项目，择优选派培训对象，注重出国培训的质量和实效。

第三章 经费管理

第七条 因公短期出国培训经费开支范围包括：培训费、国际旅费、国外城市间交通费、住宿费、伙食费、公杂费和其他费用。

培训费是指出国培训团组用于授课、翻译、场租、资料、课程设计、对口业务考察或业务实践活动等在国外培训所必需发生的费用。

第八条 国际旅费、国外城市间交通费、住宿费、伙食费、公杂费、其他费用及用汇的管理要求和开支标准参照《浙江省因公临时出国经费管理规定》（浙财行〔2014〕30号）执行。

住宿费、培训费开支在规定的标准之内据实报销。

出国培训团组需在国内开展预培训和培训总结所发生的费用，参照国内培训费相关规定执行。

第九条 组团单位和培训项目境外承办机构双方应当签订培训协议，明确培训费用的明细支出项目。

第十条 由外方资助出国培训经费的，各单位不得重复支付。外方对资助费用开支有明确规定的，按其规定执行；没有规定的，参照本规定的标准和要求执行。外方资助经费不足以弥补规定培训费用开支的，可以按照本规定的开支标准，由各单位补足其费用差额部分。

第十一条 培训团组在国外期间，原则上不赠送礼品，一律不安排宴请。

第四章 报销管理

第十二条 各单位应当严格执行各项费用开支标准，不得擅自突破，严禁接受或变相接受企事业单位资助，严禁向同级机关、下级机关、下属单位、企业、驻外机构等摊派或转嫁出国培训费用。

省本级因公短期出国培训人员出行前，所在单位应根据组团单位出具的预付因公短期出国培训经费函，在财政部门核准的出国经费预算额度内预付给组团单位，由组团单位开具收款收据。因公短期出国培训经费由组团单位统一使用。

第十三条 出国培训结束后，组团单位应在回国后一个月内做好出国培训经费决算，填写《因公短期出国培训经费决算表》，做好费用审核和分摊。决算内容包括培训费、国际旅费、国外城市间交通费、住宿费、伙食费、公杂费、其他费用等。《因公短期出国培训经费决算表》须由经办人和团组负责人签字，并经组团单位财务部门审核。

出国培训人员凭《因公短期出国培训经费决算表》及时办理报销手续，并提供单位内部出国培训任务审批单、因公短期出国培训经费预算审核表、出国培训审核件、出国任务批件（含日程）、护照（包括签证和出入境记录）复印件、因公短期出国培训用汇相关凭据，以及国际旅费、住宿费、国外城市间交通费和各项需分摊费用的原始凭证或复印件等。各种有效票据凭证报销时须用中文注明开支内容、日期、数量、金额等，并由出国培训人员签字。

各单位财务部门应当对因公短期出国培训人员提供的报销凭证进行认真审核，严格按照批准的出国培训人员、天数、路线、经费预算及开支标准报销经费，超出部分不得报销。

第十四条　参加中央单位组团的因公短期出国培训费用，依据中央单位提供的有关资料、凭证及相关出国任务审批资料在规定标准内按实报销。

第五章　监督检查

第十五条　各单位不得组织计划外或营利性出国培训项目，也不得安排照顾性质、无实质内容、无实际需要及参观考察等一般性出国培训项目。

第十六条　建立出国培训项目信息公开制度和成果共享机制。除涉密内容和事项外，各单位应当将培训的项目、内容、人数、经费等情况，以适当方式进行公开。

第十七条　各单位因公短期出国培训项目执行情况和培训费用管理使用情况应当接受外事、审计部门的监督和检查。各级出国培训管理、财政等部门对因公短期出国培训项目执行情况和培训费用管理使用情况进行定期或不定期检查。

各单位应当建立健全因公短期出国培训内部监督检查机制，加强对本单位因公短期出国培训人员培训活动和经费报销的管理。相关领导、财务人员等应对因公短期出国培训经费报销进行审核把关，确保票据来源合法，内容真实完整、合规。对不按规定开支和报销与因公短期出国培训无关费用的应进行严肃处理。

一级预算单位要强化对所属预算单位的监督检查，发现问题及时处理。

第十八条　各单位以及因公短期出国培训人员违反本规定，有下列行为之一的，相关开支一律不予报销，并按照《财政违法行为处罚处分条例》和《党政机关厉行节约反对浪费条例》等有关规定予以处理：

（一）违规扩大出国培训费用开支范围的；
（二）擅自提高出国培训费用开支标准的；
（三）虚报培训团组人数、天数等，套取出国培训费用的；
（四）使用虚假票据报销出国培训费用的；
（五）培训期间存在铺张浪费、公款旅游行为的；
（六）其他违反本规定的行为。

第六章　附　则

第十九条　各单位因公选派人员短期赴香港、澳门、台湾地区培训的，适用本规定。

第二十条　确有必要到未列培训费开支标准的国家（地区）开展因公培训的，可按照经济社会发展水平相近的国家标准执行。

第二十一条 财政补助的非参照公务员法管理事业单位、社会团体因公短期出国培训参照本规定执行。

其他事业单位、国有企业负责本单位因公短期出国培训经费预算审核管理，其他各项规定参照本规定执行。

第二十二条 本规定由省财政厅、省人力社保厅负责解释。

第二十三条 本规定自发文之日起施行。原浙江省人事厅、浙江省财政厅《印发国家外国专家局、财政部关于调整短期出国（境）培训生活费开支标准和部分国家培训费币种的通知》（浙人外〔2002〕173号）同时废止。

附：1. 浙江省省本级因公短期出国培训经费预算审核表
    2. 因公短期出国培训经费决算表
    3. 因公短期出国培训费开支标准表

附1

浙江省省本级因公短期出国培训经费预算审核表

单位名称(盖章)： 　　　　　　　　　　　　　　　　　金额单位：人民币元

项目名称								
组团单位			团长			本单位人数		
培训国别(含经停)			培训时间(天数)					
本单位年度出国经费控制指标								
本次出访前已用指标								
本次费用预计	资金来源及金额	1. 列入年度预算(人民币)：元						
		合计	培训费	国际旅费	住宿费	伙食费	公杂费	国外城市间交通费	其他费用
		2. 外方资助(折合人民币)：元；外方名称：						
		合计	培训费	国际旅费	住宿费	伙食费	公杂费	国外城市间交通费	其他费用
	需说明事项								
财政部门审核意见	审核意见： 　　　　　　　　　　　　　　　　　　（盖章） 　　　　　　　　　　　　　　　　　年　月　日								
备注	1. 各单位因公选派人员短期出国培训及赴港、澳、台地区培训应填报本表。本表一式3份，1份由组团单位报出国培训管理部门，1份财政部门留存，1份单位留存作报销凭证。 2. 如同一团组人员涉及两个以上单位的，需分单位填报。								

填报单位经办人：　　　　　　联系电话：　　　　　　日期：　年　月　日

附 2

因公短期出国培训经费决算表

组团单位（盖章）： 　　　　　　　　　　　　　　　　　　　金额单位：人民币元

项目名称								
团长姓名				培训国别（含经停）				
应派出人数				实际成行人数				
出国培训时间		年　月　日至　年　月　日共　天						
团组费用开支情况								
培训费	国际旅费	住宿费	伙食费、公杂费	城市间交通费	其他费用	合计	备注	
费用分摊明细								
姓名	培训费	国际旅费	住宿费	伙食费、公杂费	城市间交通费	其他费用	小计	

需说明情况：

　　　　　　　　　　　　　　　　　　　　　　　经办人：　　　团组负责人：
　　　　　　　　　　　　　　　　　　　　　　　日期：　年　月　日

注：本表由组团单位回国后统一填报并复印给其他派员单位。

附3

因公短期出国培训费开支标准表

序号	国家(地区)	币种	培训费(每人每天)	序号	国家(地区)	币种	培训费(每人每天)
	亚洲			16	奥地利	欧元	48
1	韩国	美元	80	17	瑞士	美元	95
2	日本	日元	8 400	18	法国	欧元	60
3	印度	美元	51	19	西班牙	欧元	48
4	以色列	美元	65	20	芬兰	欧元	66
5	泰国	美元	41	21	爱尔兰	欧元	59
6	新加坡	美元	80	22	匈牙利	美元	63
7	香港	港币	500	23	俄罗斯	美元	67
	欧洲				美洲		
8	德国	欧元	66	24	美国	美元	87
9	英国	英镑	56	25	加拿大	美元	80
10	荷兰	欧元	57	26	巴西	美元	65
11	瑞典	美元	90		大洋洲		
12	丹麦	美元	79	27	澳大利亚	美元	86
13	挪威	美元	90	28	新西兰	美元	81
14	意大利	欧元	48		非洲		
15	比利时	欧元	67	29	南非	美元	65

中共金华市委办公室　金华市人民政府办公室关于印发《金华市党政机关国内公务接待管理细则》的通知

金委办发〔2014〕61号

各县(市、区)党委和人民政府,市直属各单位:

《金华市党政机关国内公务接待管理细则》已经市委、市政府同意,现印发给你们,请认真贯彻执行。

中共金华市委办公室
金华市人民政府办公室
2014年8月18日

金华市党政机关国内公务接待管理细则

第一条　为规范党政机关国内公务接待管理,严格控制公务接待费支出,加强党风廉政建设,根据《浙江省党政机关国内公务接待管理办法》精神,制定本细则。

第二条　本细则适用于全市各级党的机关、人大机关、行政机关、政协机关、审判机关、检察机关,以及工会、共青团、妇联等人民团体和参照公务员法管理的事业单位(以下简称各单位)。

第三条　本细则所称国内公务,指出席会议、考察调研、执行任务、学习交流、检查指导、请示汇报工作等公务活动。

第四条　国内公务接待应当坚持"有利公务、务实节俭、严格标准、简化礼仪、高效透明、尊重少数民族风俗习惯、体现金华特色"的原则。

第五条　业务管理

(一)各级党政机关公务接待管理部门应当结合当地实际,完善国内公务接待管理制度,制定国内公务接待标准。

(二)县级以上党政机关公务接待管理部门负责管理本级党政机关的国内公务接待工作,指导本级党政机关各部门及下级党政机关国内公务接待工作。乡镇(街道)党(工)委、政府(办事处)应当加强国内公务接待管理,严格执行有关管理规定和开支标准。

(三)各级党政机关应当加强公务外出计划管理,科学安排和严格控制外出的时间、内容、路线、频率、人员数量,严禁异地部门间一般性学习交流、考察调研;严禁重复性考察,严禁以各种名义和方式变相旅游;严禁违反规定到风景名胜区举办会议和活动;严禁全市各单位之间、上下级之间以任何名义用公款相互吃请。

公务外出确需接待的,派出单位应当向接待单位发出公函,告知内容、行程和人员。

第六条 控制接待范围

(一)接待单位应当严格控制国内公务接待范围,严禁将休假、探亲、旅游等活动纳入国内公务接待范围,严禁用公款报销或者支付应由个人负担的费用。

(二)接待单位根据规定的接待范围,严格接待审批控制,对能够合并的公务接待统筹安排。严禁接待无公函的公务活动和来访人员。

(三)公务活动结束后,接待单位应当如实填写接待清单,并由相关负责人审签。接待清单包括接待对象的单位、姓名、职务和公务活动项目、时间、场所、费用等内容。

第七条 规范接待活动

(一)按照"统一管理、对口接待"的原则,国内公务接待由对口单位负责接待,接待部门协办。接待单位应根据公务活动需要制定接待方案,按照公务接待程序认真做好接待工作。

(二)规范调研安排。国内公务接待一律不得在机场、车站、码头和辖区边界组织迎送活动,路况不熟悉的可派一带路车,不得跨地区迎送,不得张贴悬挂标语横幅,不打电子屏滚动标语,不得安排群众迎送,不得铺设迎宾地毯。地区、部门主要负责人不得参加迎送。严格控制陪同人数,不得层层多人陪同。省委书记(兼省人大常委会主任)、省长、省政协主席、省委副书记来金调研,市陪同负责人一般不超过2人,原则上只限党政主要负责人中的1人陪同。其他省领导来金调研,安排1名分管负责人陪同,市委书记和市长不陪同。省领导到企业、农村、街道社区等基层单位调研,所在县(市、区)只安排1位负责人陪同,其他工作人员尽量减少。市委书记、市人大常委会主任、市长、市政协主席、市委副书记到各县(市、区)调研,陪同的市直有关部门负责人一般不超过5人,县(市、区)陪同负责人一般不超过2人,原则上只限党政主要负责人中的1人陪同。其他市领导调研,各县(市、区)安排1名分管负责人陪同,党政主要负责人不陪同。接待单位安排的活动场所、活动项目和活动方式,应当有利于公务活动开展。各地考察点现场要真实,不得为迎接考察装修布置。安排外出考察调研的,应当深入基层、深入群众,不得走过场、搞形式主义。考察调研时召开的各类会议,会场布置要简朴,不制作背景板,不摆放花草、香烟、水果,不安排茶歇,不发放材料袋、笔和记录本。

(三)规范用餐安排。接待对象应当按照规定标准自行用餐。确因工作需要,每批接待对象可以安排一次工作餐,并严格控制陪餐人数和工作餐标准。接待对象在10人以内的,陪餐人数不得超过3人;超过10人的,陪餐人数不得超过接待对象人数的三分之一。工作餐应当供应家常菜,不得提供鱼翅、燕窝等高档菜肴和用野生保护动物制作的菜肴,严禁使用私人和企业会所、高消费餐饮场所,市内公务活动禁止提供各类烟酒。

工作餐形式为自助餐或桌餐。接待对象超过10人且具备自助餐条件的安排自助餐,接待对象在10人以内及不具备自助餐条件的可安排桌餐。在节俭便利的前提下,提倡到机关食堂、普通农家乐就餐。工作餐一般安排在食堂,没有食堂或食堂不具备接待条件的单位,应安排到具备刷卡消费条件的饭店用餐。凡设置最低消费、收取额外服务费、开具的票据不能反映用餐支出实际等情况的饭店,不能作为公务接待饭店。要加强食堂经费管理,建立食堂接待台账,定期结算公务用餐经费,严格区分食堂一般用餐和接待用餐支出明细,食堂不得从酒店、饭店等处购买送餐服务。

除一次工作餐外的日常用餐,接待单位可根据接待对象要求予以协助。接待对象按照财政部门制定的接待地伙食补助费标准支付餐费,凭据回本单位报销。同城公务活动不安排用餐。其他市域范围内确需在当地就餐的,安排工作餐,每人每餐不超过60元。

(四)规范住宿安排。接待住宿应当严格执行差旅、会议管理的有关规定,优先安排在机关内部接待场所或者定点饭店,执行协议价格。出差人员住宿费应当回本单位凭据报销,住宿标准按照财政部门有关规定执行。接待单位严禁超标准安排接待住房,不得额外配发洗漱用品。同城公务活动不提供住宿。

(五)国内公务接待的出行活动应当安排集中乘车,合理使用车型,严格控制随行车辆。市领导到地方从事公务活动,原则上不超过1辆面包车,沿途各地不得加派车辆随行。

(六)接待单位严禁超标准接待,严禁组织旅游和与公务活动无关的参观,不安排接见合影,严禁组织到营业性娱乐、健身场所活动,严禁安排文艺演出,严禁以任何名义赠送礼金、有价证券、纪念品和土特产品等。

第八条 严格控制公务接待费

(一)县级以上地方党委、政府应当根据当地经济发展水平、市场价格等实际情况,按照当地会议用餐标准制定本级国内公务接待工作餐开支标准,并定期进行调整。接待住宿应当按照差旅费管理有关规定,执行接待对象在当地的差旅住宿费标准。公务接待开支标准应当报上一级党政机关公务接待管理部门、财政部门备案。

(二)严格公务接待费总额控制(含食堂接待开支),年度控制数由同级财政部门随部门预算一起下达,公务接待费用单独列示。各单位公务接待费用应严格控制在年度控制数之内,如确因临时承担重大接待任务的,在实施接待工作之前,应报同级财政部门审批同意和同级纪检监察机关备案,相应追加公务接待费指标,超出部分一律不得报销。

严禁在接待费中列支应当由接待对象承担的差旅、会议、培训等费用,严禁以举办会议、培训为名列支、转移、隐匿接待费开支;严禁向下级单位及其他单位、企业、个人转嫁接待费用,严禁在非税收入中坐支接待费用;严禁借公务接待名义列支其他支出。

(三)公务接待费在支出经济分类科目"30217公务接待费"列支并进行明细核算,单位财务报表应真实、全额反映接待支出情况。接待支出不得列入其他支出经济科目,或列入内部宾馆、招待所、培训中心、内部食堂的成本,严禁通过账外账、其他发票冲抵等任何形式隐匿实际支出。

(四)单位自购酒水、饮料费用支出列入接待费支出科目(省外来客公务接待)。

(五)各类会议、培训等公务活动中所发生的餐费,仍列入原经济科目核算,但需单独开具报销发票。

第九条 严格公务接待费审批结算

(一)各单位建立公务接待审批控制制度,无公函的公务活动不予接待,严禁将非公务活动纳入接待范围,严格执行"先审批、后接待、再报销"的程序。

(二)各单位应严格结算制度,接待承办部门完成接待工作后,应及时与接待饭店或内部食堂核对,结算费用。接待费资金支付应当严格按照国库集中支付制度和公务卡管理有关规定执行。具备条件的地方应当采用银行转账或者公务卡方式结算,不得以现金方式支付。

(三)各单位财务部门应认真审核把关,根据公务接待有关凭证及时结算、入账,加强对公务接待费开支的会计核算,并及时做好公务接待经费预算、决算的统计和上报等工作。

(四)各单位建立公务接待清单制度,接待费报销凭证应当包括财务票据、派出单位公函和接待清单。接待清单作为财务报销的凭证之一并接受审计。

第十条 加强接待场所管理

机关内部接待场所应优先保障国内公务接待,建立健全服务经营机制,推行企业化管理,推进劳动、用工和分配制度与市场接轨,建立市场化的接待费结算机制,降低服务经营成本,提高资产使用效率,逐步实现自负盈亏、自我发展。

严禁各级党政机关以任何名义新建、改建、扩建内部接待场所,严禁对机关内部接待场所进行超标准装修或者装饰、超标准配置家具和电器。推进机关内部接待场所集中统一管理和利用,建立资源共享机制。

积极推进国内公务接待服务社会化改革,有效利用社会资源为国内公务接待提供住宿、用餐、用车等服务。推行接待用车定点服务制度。

第十一条 严格监督检查

财政部门应当对党政机关国内公务接待经费开支和使用情况进行监督检查。

审计部门应当对党政机关国内公务接待经费进行审计,并加强对机关内部接待场所的审计监督。

市、县(市、区)公务接待管理部门应当会同同级财政部门按年度在新闻媒体上组织公开本级国内公务接待制度规定、标准、经费支出、接待场所、接待项目等有关情况,接受社会监督。市、县(市、区)公务接待管理部门要会同有关部门加强对本级党政机关各部门和下级党政机关国内公务接待工作的监督检查。监督检查的主要内容包括:国内公务接待规章制度制定情况、国内公务接待标准执行情况、国内公务接待经费管理使用情况、国内公务接待信息公开情况、机关内部接待场所管理使用情况和定点食宿点管理使用情况。

党政机关各部门应当按季度汇总本部门国内公务接待情况,报同级党政机关公务接待管理部门、财政部门、纪检监察机关备案。

各级党政机关应将国内公务接待工作纳入问责范围。纪检监察机关应当加强对国内公务接待违规违纪行为的查处,严肃追究接待单位相关负责人、直接责任人的党纪责任、行政责任并进行通报,涉嫌犯罪的移送司法机关依法追究刑事责任。

第十二条 各级政府和有关部门应当参照本细则,结合各地实际制定商务接待工作的相关规定,严禁以招商引资为名变相安排公务接待。

第十三条 市内国有企业、国有金融企业和不参照公务员法管理的事业单位参照本细则执行。

第十四条 各地、各单位应当依照本细则制定本地区、本单位国内公务接待管理有关制度。

第十五条 本细则由市委、市政府公务接待管理部门会同有关部门负责解释。

第十六条 本细则自发布之日起施行。此前我市出台的有关规定,凡与本细则不一致的,以本细则为准。

浙江省财政厅关于印发浙江省
机关工作人员差旅费管理规定的通知

浙财行〔2014〕10号

各市、县(市、区)财政局(宁波不发),省级各单位:

为贯彻落实《党政机关厉行节约反对浪费条例》(中发〔2013〕13号),进一步加强机关工作人员差旅费管理,统一和规范差旅费开支标准,根据《财政部关于印发中央和国家机关差旅费管理办法的通知》(财行〔2013〕531号)精神,我厅制定了《浙江省机关工作人员差旅费管理规定》。经省政府同意,现印发给你们,请认真贯彻执行。执行中有何问题,请及时向我们反映。

浙江省财政厅
2014年3月4日

浙江省机关工作人员差旅费管理规定

第一章 总 则

第一条 为了加强和规范全省机关工作人员国内差旅费管理,保证出差人员工作和生活需要,推进厉行节约反对浪费,完善公务活动管理制度,依据《党政机关厉行节约反对浪费条例》(中发〔2013〕13号)和《财政部关于印发中央和国家机关差旅费管理办法的通知》(财行〔2013〕531号),制定本规定。

第二条 本规定适用于全省各级机关,包括党政机关、人大机关、政协机关、审判机关、检察机关、人民团体、民主党派和工商联,以及参照公务员法管理的事业单位(以下简称各单位)。

第三条 差旅费是指工作人员临时到常驻地(含市辖区,下同)以外地区公务出差所发生的城市间交通费、住宿费、伙食补助费和公杂费。

差旅费实行凭据报销与定额包干相结合的办法。

第四条 各单位应当建立健全公务差旅审批制度,出差必须按规定报经批准,从严控制出差人数和天数,严格差旅费预算管理,控制差旅费规模,严禁无实质内容、无明确公务目的的差旅活动,严禁以任何名义和方式变相旅游,严禁异地部门间无实质内容的学习交流和考察调研。

第五条 省财政厅按照财政部公布的分地区、分级别、分项目差旅费标准,结合我省实际制定全省机关工作人员差旅费标准,并根据经济社会发展、物价及消费水平变动情况适时调整。

第二章 城市间交通费

第六条 城市间交通费是指工作人员因公到常驻地以外地区出差所发生的城市间交通费用。

第七条 出差人员应当在规定等级内选择乘坐交通工具。出差人员乘坐交通工具的等级见下表:

交通工具级别	火车(含高铁、动车、全列软席列车)	轮船(不包括旅游船)	飞机	其他交通工具(不包括出租小汽车)
省级及相当职级人员	软席(软座、软卧),高铁/动车商务座,全列软席列车一等软座	一等舱	头等舱	凭据报销
正副厅长及相当职级人员	软席(软座、软卧),高铁/动车一等座,全列软席列车一等软座	二等舱	经济舱	凭据报销
其余人员	硬席(硬座、硬卧),高铁/动车二等座、全列软席列车二等软座	三等舱	经济舱	凭据报销

省级及相当职级人员出差,因工作需要,随行一人可乘坐同等级交通工具。

未按规定等级乘坐交通工具的,超支部分由个人自理。

第八条 到出差目的地有多种交通工具可选择时,出差人员在不影响公务、确保安全的前提下,应当选乘相对经济便捷的交通工具。

第九条 乘坐飞机的,民航发展基金、燃油附加费可以凭据报销。

第十条 乘坐飞机、火车、轮船、客车等交通工具的,每人次可以购买交通意外保险一份。所在单位统一购买交通意外保险的,不再重复购买。

第三章 住 宿 费

第十一条 住宿费是指工作人员因公出差期间入住宾馆(包括饭店、招待所,下同)发生的房租费用。

第十二条 工作人员到省外出差,执行财政部公布的分地区、分级别住宿费限额标准(见附表1);工作人员在省内出差,执行财政部公布的浙江住宿费限额标准。

第十三条 省级及相当职级人员住普通套间,副处级及以上人员住单间或标准间,县(市、区)乡(镇、街道)机关担任正科领导职务人员住标准间。上述人员可一人住一间,其他人员应两人住一个标准间,单人出差或男、女出差人员为单数的,其单数人员可一人住一个标准间。

第十四条 出差人员应当在职务级别对应的出差目的地住宿费限额标准内,选择安全、经济、便捷的宾馆住宿。

第四章 伙食补助费

第十五条 伙食补助费是指对工作人员在因公出差期间给予的伙食补偿费用。

第十六条 出差人员应当自行用餐。如由接待单位协助安排用餐的,应由出差人员自行支付伙食费。

第十七条 工作人员出差伙食补助费按出差自然(日历)天数计算。省外出差,执行财政部公布的分地区伙食补助费标准,包干使用(见附表1)。省内出差,凭餐饮发票在财政部公布的浙江伙食补助费标准内据实报销;无餐饮发票的,按每人每天30元伙食补助费标准,包干使用。

第五章 公杂费

第十八条 公杂费是指工作人员因公出差期间发生的市内交通费用和打印、复印、传真、寄送等费用。

第十九条 工作人员出差公杂费按出差自然(日历)天数计算。省外出差,按每人每天80元补助标准,包干使用。省内出差,凭市内交通等公杂费发票在每人每天60元限额内据实报销;无公杂费发票的,按每人每天30元补助标准,包干使用。

第二十条 出差人员由接待单位或其他单位协助提供交通工具的,应由出差人员自行支付交通费用。

第六章 报销管理

第二十一条 出差人员应当严格按规定开支差旅费,费用由所在单位承担,不得向下级单位、企业或其他单位转嫁。

第二十二条 城市间交通费在规定乘坐交通工具的等级内凭据报销,订票费、经批准发生的签转或退票费、乘坐交通工具的交通意外保险费凭据报销。

住宿费在批准的出差天数和规定的限额标准之内凭发票据实报销。

伙食补助费按规定的出差目的地标准报销,在途期间伙食补助费按当天最后到达目的地标准报销。

出差人员应乘坐公共交通工具,凭住宿费发票和城市间交通费票据报销伙食补助费和公杂费。实际发生住宿而无住宿费发票的,不得报销伙食补助费和公杂费。无城市间交通费票据的,凭住宿费发票报销伙食补助费,减半报销公杂费。

出差人员当天来回的,凭城市间交通费票据报销伙食补助费和公杂费;无城市间交通费票据的可报销伙食补助费,减半报销公杂费。

第二十三条 出差人员差旅活动结束后,应在一个月内办理报销手续。差旅费报销时应当提供出差审批单、机票、车船票、住宿费发票、餐饮发票等凭证。

住宿费、机票支出等出差相关费用按公务卡使用规定结算。

第二十四条 各单位应当严格按规定审核差旅费开支,对未经批准,以及超范围、超标准开支的费用不予报销,由出差人员个人自理。

第七章 其他相关规定

第二十五条 工作人员到常驻地以外地区参加会议、培训,应当事先咨询、了解经费开支情况,对要求分摊费用的,应拒绝参加。举办单位统一开支费用的,往返会议、培训地点的差旅费由所在单位按照规定报销,报销时提供会议、培训通知。

第二十六条 工作人员离开常驻地到外地实(见)习、挂职锻炼或支援工作等,在外地工作期间每天的伙食补助费,省外按 30 元,省内按 15 元补助。省财政厅另有规定的从其规定,不得重复领取。

第二十七条 出差人员在途期间,连续乘坐火车超过 12 小时的,可凭车票每满 12 小时,加发 50 元伙食补助费。

第二十八条 农民代表和城市无固定收入代表参加各级组织召开的代表大会,会议期间由组织单位按每人每天 100 元计发误工补助,因参加会议所发生的城市间交通费由会议组织单位比照工作人员办理报销。

第二十九条 汽车驾驶员出车补助:

(一)汽车驾驶员出差补助标准与工作人员相同。

(二)省级机关汽车驾驶员的其他各种补贴按月人均 300 元以内的标准掌握,由省级各单位按照多劳多酬、拉开差距的原则自行制定补贴办法和实施细则,报省财政厅备案(纳入国库集中支付单位同时抄送 1 份给省级机关会计核算中心)。各地汽车驾驶员的其他各种补贴在 300 元标准之内由各地自行制定。

第三十条 长期派驻外地工作人员离开派驻地出差的执行本规定,在派驻地工作期间不得报销出差伙食补助费和公杂费。

第三十一条 有下列情况的人员不能享受出差有关补助:

(一)已享受会议、培训伙食者;

(二)调干待分配工作者;

(三)在常驻地参加各种临时办公室、指挥部、领导小组等机构工作者;

(四)已享受讲课补贴、野外津贴、下海津贴和其他作业津贴者。

第八章 监督问责

第三十二条 各单位应根据本规定制定实施细则等内控制度,加强对本单位工作人员差旅活动和经费报销的管理,对本单位差旅活动负责;相关领导、财务人员等应对差旅费报销进行审核把关,确保票据来源合法,内容真实完整、合规。对未经批准擅自出差、不按规定开支和报销差旅费的人员应进行严肃处理。

一级预算单位要强化对所属预算单位的监督检查,发现问题及时处理。

第三十三条 各级财政部门会同有关部门对差旅费管理和使用情况进行监督检查。主要内容包括:

(一)单位是否建立内控制度,差旅活动是否按规定履行审批手续;

(二)差旅费开支范围和开支标准是否符合规定;

(三)差旅费报销是否符合规定;

(四)是否向下级单位、企业或其他单位转嫁差旅费;

(五)差旅费管理和使用的其他情况。

第三十四条 出差人员不得向接待单位提出正常公务活动以外的要求,不得在出差期间接受违反规定用公款支付的宴请、游览和非工作需要的参观,不得接受礼品、礼金和土特产品等。

第三十五条 违反本规定,有下列行为之一的,依法依规追究相关单位和人员的责任:

(一)单位无差旅审批制度或差旅审批控制不严的;

(二)弄虚作假,虚报冒领差旅费的;

（三）违规扩大差旅费开支范围,擅自提高开支标准的；
（四）不按规定报销差旅费的；
（五）转嫁差旅费的；
（六）其他违反本规定行为的。

有前款所列行为之一的,由各级财政部门会同有关部门责令改正,涉及违规资金的,予以追回,并视情况予以通报。对直接责任人和相关负责人,报请其所在单位按规定给予行政处分。涉嫌违法的,移交司法机关处理。

第九章 附 则

第三十六条 财政补助的非参照公务员法管理事业单位、社会团体等各类机构参照本规定执行。

第三十七条 本规定自 2014 年 4 月 1 日起施行。浙江省财政厅《关于印发〈浙江省省级行政机关工作人员差旅费开支规定〉的通知》(浙财政字〔2007〕57 号)、《关于省级行政机关工作人员差旅费开支规定的补充通知》(浙财行〔2011〕64 号)同时废止。各地之前制订的差旅费管理规定与本规定不一致的同时废止。

第三十八条 本规定由省财政厅负责解释。

附表1

分地区、分级别差旅住宿费和伙食补助费限额标准表

单位:元

省份	住宿费			伙食补助费（人/天）
	省级及相当职级人员（普通套间）	正副厅长及相当职级人员（单间或标准间）	其他人员（单间或标准间）	
北京	800	500	350	100
天津	800	450	320	100
河北	800	450	310	100
山西	800	480	310	100
内蒙古	800	460	320	100
辽宁	800	480	330	100
大连	800	490	340	100
吉林	800	450	310	100
黑龙江	800	450	310	100
上海	800	500	350	100
江苏	800	490	340	100
浙江	800	490	340	100
安徽	800	460	310	100
福建	800	480	330	100
厦门	800	490	340	100
江西	800	470	320	100
山东	800	480	330	100
青岛	800	490	340	100
河南	800	480	330	100
湖北	800	480	320	100
湖南	800	450	330	100
广东	800	490	340	100
深圳	800	500	350	100
广西	800	470	330	100
海南	800	500	350	100
重庆	800	480	330	100
四川	800	470	320	100

(续表)

省份	住宿费			伙食补助费（人，天）
	省级及相当职级人员（普通套间）	正副厅长及相当职级人员（单间或标准间）	其他人员（单间或标准间）	
贵州	800	470	320	100
云南	800	480	330	100
西藏	800	500	350	120
陕西	800	460	320	100
甘肃	800	470	330	100
青海	800	500	350	120
宁夏	800	470	330	100
新疆	800	480	340	120

附表 2

浙江省机关工作人员出差审批单(参考格式)

工作部门			出差人	
出差地点	至		出差事由	
	至			
	至			
	至			
出差时间	自　月　日至　月　日		拟乘坐的交通工具	
审批人	年　月　日			

填表人：　　　　　　　　　　　　　　　　　　　　　　　　日期：
注：出差人员出差前需填写本单，报相关负责人审批。办理报销手续时作原始凭证。

金华市财政局关于调整金华市机关工作人员差旅费有关规定的通知

金市财行〔2015〕426 号

市本级各单位：

为进一步规范和加强机关工作人员差旅费管理，提高差旅费标准的科学性、有效性，根据《财政部关于调整中央和国家机关差旅住宿费标准等有关问题的通知》(财行〔2015〕497号)和《浙江省财政厅关于调整浙江省机关工作人员差旅费有关规定的通知》(浙财行〔2015〕104号)精神和差旅费制度关于标准应适时调整的规定，经研究决定，自2016年1月1日起调整金华市机关工作人员差旅费部分规定。现就具体事项通知如下：

一、调整工作人员到杭州市区(含所有市辖区)和省外出差住宿费限额标准(具体标准见附件)，到省内其他地区出差住宿限额标准保持不变。

二、工作人员跨设区市出差公杂费由原先的60元/(人·天)调整为80元/(人·天)，无城市间交通费票据减半按40元/(人·天)报销。设区市内出差公杂费仍按60元/(人·天)标准执行，无城市间交通费票据减半按30元/(人·天)报销。

三、工作人员到同一设区市域范围内出差，执行同一公务10天(包括中途往返天数)及以上的，公杂费均按实际出差天数30元/(人·天)报销。

四、工作人员出差执行专项任务，因工作需要统一安排食宿的，可由组织单位(牵头单位)在差旅费规定的食宿限额标准内凭食宿票据统一列支，并按规定及出差人员清单统一报销公杂费，出差人员不再领取伙食补助费；如由出差人员自行结算食宿费用，回原单位按差旅费相关规定报销的，则组织单位(牵头单位)不得再统一支出食宿费。

五、各单位应当严格执行差旅费制度和厉行节约反对浪费的有关规定，加强出差审批管理，从严控制出差人数和天数，严格差旅费预算管理和报销审核，控制差旅费支出规模。对违反差旅费管理规定的行为，有关部门应依法依规追究相关单位和人员的责任。

金华市财政局

2015年12月29日

关于印发《中央和国家机关会议费管理办法》的通知

财行〔2016〕214号

党中央有关部门,国务院各部委、各直属机构,全国人大常委会办公厅,全国政协办公厅,高法院,高检院,各民主党派中央,全国工商联,有关人民团体:

为贯彻落实《党政机关厉行节约反对浪费条例》关于加强相关开支标准之间的衔接,建立开支标准调整机制的规定,进一步加强会议费管理,我们制定了《中央和国家机关会议费管理办法》。现印发给你们,从2016年7月1日起施行,请认真遵照执行。执行中有何问题,请及时向我们反映。

附件:中央和国家机关会议费管理办法

财政部　国家机关事务管理局　中共中央直属机关事务管理局
2016年6月29日

附件:

中央和国家机关会议费管理办法

第一章　总　则

第一条　为进一步加强和规范中央和国家机关会议费管理,精简会议,改进会风,提高会议效率和质量,节约会议经费开支,制定本办法。

第二条　中央和国家机关会议的分类、审批和会议费管理等,适用本办法。

本办法所称中央和国家机关,是指党中央各部门,国务院各部委、各直属机构,全国人大常委会办公厅,全国政协办公厅,最高人民法院,最高人民检察院,各人民团体、各民主党派中央和全国工商联(以下简称各单位)。

第三条　各单位召开会议应当坚持厉行节约、反对浪费、规范简朴、务实高效的原则,严格控制会议数量和规模,规范会议费管理。

第四条　各单位召开的会议实行分类管理、分级审批。

第五条　各单位应当严格会议费预算管理,控制会议费预算规模。会议费预算应当细化到具体会议项目,执行中不得突破。会议费应当纳入部门预算,并单独列示。

第二章　会议分类和审批

第六条　中央和国家机关会议分类如下:

一类会议。是以党中央和国务院名义召开的,要求省、自治区、直辖市、计划单列市或中央部门负责同志参加的会议。

二类会议。是党中央和国务院各部委、各直属机构，最高人民法院，最高人民检察院，各人民团体召开的，要求省、自治区、直辖市、计划单列市有关厅（局）或本系统、直属机构负责同志参加的会议。

三类会议。是党中央和国务院各部委、各直属机构，最高人民法院，最高人民检察院，各人民团体及其所属内设机构召开的，要求省、自治区、直辖市、计划单列市有关厅（局）或本系统机构有关人员参加的会议。

四类会议。是指除上述一、二、三类会议以外的其他业务性会议，包括小型研讨会、座谈会、评审会等。

第七条 中央和国家机关会议按以下程序和要求进行审批：

一类会议。应当由主办单位报经党中央和国务院批准。会议总务、经费预算及费用结算等工作分别由中共中央直属机关事务管理局（以下简称中直管理局）和国家机关事务管理局（以下简称国管局）负责。

二类会议。党中央和国务院各部委、各直属机构，各人民团体应当于每年12月底前，将下一年度会议计划（包括会议名称、召开的理由、主要内容、时间地点、代表人数、工作人员数、所需经费及列支渠道等）送财政部审核会签，按程序经中央办公厅、国务院办公厅审核后报批。各单位召开二类会议原则上每年不超过1次。

三类会议。各单位应当建立会议计划编报和审批制度，年度会议计划（包括会议数量、会议名称、召开的理由、主要内容、时间地点、代表人数、工作人员数、所需经费及列支渠道等）经单位领导办公会或党组（党委）会审批后执行。

四类会议。由单位分管领导审核后列入单位年度会议计划。

年度会议计划一经批准，原则上不得调整。对党中央、国务院交办等确需临时增加的会议，按规定程序报批。

第八条 一类会议会期按照批准文件，根据工作需要从严控制；二、三、四类会议会期均不得超过2天；传达、布置类会议会期不得超过1天。

会议报到和离开时间，一、二、三类会议合计不得超过2天，四类会议合计不得超过1天。

第九条 各单位应当严格控制会议规模。

一类会议参会人员按照批准文件，根据会议性质和主要内容确定，严格限定会议代表和工作人员数量。

二类会议参会人员不得超过300人，其中，工作人员控制在会议代表人数的15％以内；不请省、自治区、直辖市和中央部门主要负责同志、分管负责同志出席。

三类会议参会人员不得超过150人，其中，工作人员控制在会议代表人数的10％以内。

四类会议参会人员视内容而定，一般不得超过50人。

第十条 全国人大常委会办公厅、全国政协办公厅、各民主党派中央和全国工商联的会议分类、审批事项、会期及参会人员等，由上述部门依据法律法规、章程规定，参照第六条至第九条作出规定，并报财政部备案。

第十一条 各单位召开会议应当改进会议形式，充分运用电视电话、网络视频等现代信息技术手段，降低会议成本，提高会议效率。

传达、布置类会议优先采取电视电话、网络视频会议方式召开。电视电话、网络视频会议的主会场和分会场应当控制规模,节约费用支出。

第十二条 不能够采用电视电话、网络视频召开的会议实行定点管理。各单位会议应当到定点会议场所召开,按照协议价格结算费用。未纳入定点范围,价格低于会议综合定额标准的单位内部会议室、礼堂、宾馆、招待所、培训中心,可优先作为本单位或本系统会议场所。

无外地代表且会议规模能够在单位内部会议室安排的会议,原则上在单位内部会议室召开,不安排住宿。

第十三条 参会人员以在京单位为主的会议不得到京外召开。各单位不得到党中央、国务院明令禁止的风景名胜区召开会议。

第三章 会议费开支范围、标准和报销支付

第十四条 会议费开支范围包括会议住宿费、伙食费、会议场地租金、交通费、文件印刷费、医药费等。

前款所称交通费是指用于会议代表接送站,以及会议统一组织的代表考察、调研等发生的交通支出。

会议代表参加会议发生的城市间交通费,按照差旅费管理办法的规定回单位报销。

第十五条 会议费开支实行综合定额控制,各项费用之间可以调剂使用。

会议费综合定额标准如下:

单位:元/(人·天)

会议类别	住宿费	伙食费	其他费用	合 计
一类会议	500	150	110	760
二类会议	400	150	100	650
三、四类会议	340	130	80	550

综合定额标准是会议费开支的上限。各单位应在综合定额标准以内结算报销。

第十六条 一类会议费在部门预算专项经费中列支,二、三、四类会议费原则上在部门预算公用经费中列支。

会议费由会议召开单位承担,不得向参会人员收取,不得以任何方式向下属机构、企事业单位、地方转嫁或摊派。

第十七条 各单位在会议结束后应当及时办理报销手续。会议费报销时应当提供会议审批文件、会议通知及实际参会人员签到表、定点会议场所等会议服务单位提供的费用原始明细单据、电子结算单等凭证。财务部门要严格按规定审核会议费开支,对未列入年度会议计划,以及超范围、超标准开支的经费不予报销。

第十八条 各单位会议费支付,应当严格按照国库集中支付制度和公务卡管理制度的有关规定执行,以银行转账或公务卡方式结算,禁止以现金方式结算。

具备条件的,会议费应当由单位财务部门直接结算。

第四章 会议费公示和年度报告制度

第十九条 各单位应当将非涉密会议的名称、主要内容、参会人数、经费开支等情况在

单位内部公示或提供查询,具备条件的应当向社会公开。

第二十条 一级预算单位应当于每年3月底前,将本级和下属预算单位上年度会议计划和执行情况(包括会议名称、主要内容、时间地点、代表人数、工作人员数、经费开支及列支渠道等)汇总后报财政部。党中央各部门同时抄送中直管理局,国务院各部门同时抄送国管局。

第二十一条 财政部对各单位报送的会议年度报告进行汇总分析,针对执行中存在的问题,及时完善相关制度。

第五章 管理职责

第二十二条 财政部的主要职责是:

(一)会同国管局、中直管理局等部门制定或修订中央本级会议费管理办法,并对执行情况进行监督检查;

(二)按规定对各单位报送的二类会议计划进行审核会签;

(三)对会议费支付结算实施动态监控;

(四)对各单位报送的会议年度报告进行汇总分析,提出加强管理的措施。

第二十三条 国管局的主要职责是:

(一)配合财政部制定或修订中央和国家机关会议费管理办法;

(二)负责国务院召开的一类会议的总务工作;

(三)配合财政部对国务院各部委、各直属机构会议费执行情况进行监督检查。

第二十四条 中直管理局的主要职责是:

(一)配合财政部制定或修订中央和国家机关会议费管理办法;

(二)负责党中央召开的一类会议的总务工作;

(三)配合财政部对中央各部门会议费执行情况进行监督检查。

第二十五条 各单位的主要职责是:

(一)负责制定本单位会议费管理的实施细则;

(二)负责单位年度会议计划编制和三类、四类会议的审批管理;

(三)负责安排会议预算并按规定管理、使用会议费,做好相应的财务管理和会计核算工作,对内部会议费报销进行审核把关,确保票据来源合法,内容真实、完整、合规;

(四)按规定报送会议年度报告,加强对本单位会议费使用的内控管理。

第六章 监督检查和责任追究

第二十六条 财政部、国管局、中直管理局会同有关部门对各单位会议费管理和使用情况进行监督检查。主要内容包括:

(一)会议计划的编报、审批是否符合规定;

(二)会议费开支范围和开支标准是否符合规定;

(三)会议费报销和支付是否符合规定;

(四)会议会期、规模是否符合规定,会议是否在规定的地点和场所召开;

(五)是否向下属机构、企事业单位或地方转嫁、摊派会议费;

(六)会议费管理和使用的其他情况。

第二十七条 严禁各单位借会议名义组织会餐或安排宴请;严禁套取会议费设立"小金

库";严禁在会议费中列支公务接待费。

各单位应严格执行会议用房标准,不得安排高档套房;会议用餐严格控制菜品种类、数量和份量,安排自助餐,严禁提供高档菜肴,不安排宴请,不上烟酒;会议会场一律不摆花草,不制作背景板,不提供水果。

不得使用会议费购置电脑、复印机、打印机、传真机等固定资产以及开支与本次会议无关的其他费用;不得组织会议代表旅游和与会议无关的参观;严禁组织高消费娱乐、健身活动;严禁以任何名义发放纪念品;不得额外配发洗漱用品。

第二十八条 违反本办法规定,有下列行为之一的,依法依规追究会议举办单位和相关人员的责任:

(一)计划外召开会议的;
(二)以虚报、冒领手段骗取会议费的;
(三)虚报会议人数、天数等进行报销的;
(四)违规扩大会议费开支范围,擅自提高会议费开支标准的;
(五)违规报销与会议无关费用的;
(六)其他违反本办法行为的。

有前款所列行为之一的,由财政部会同有关部门责令改正,追回资金,并经报批后予以通报。对直接负责的主管人员和相关负责人,报请其所在单位按规定给予行政处分。如行为涉嫌违法的,移交司法机关处理。

定点会议场所或单位内部宾馆、招待所、培训中心有关工作人员违反规定的,按照财政部定点会议场所管理的有关规定处理。

第七章 附 则

第二十九条 各单位应当按照本办法规定,结合本单位业务特点和工作需要,制定会议费管理具体规定。

第三十条 党中央、国务院直属事业单位的会议费管理参照本办法执行。中央和国家机关各部门所属事业单位的会议费管理由各部门依据从严从紧原则参照本办法作出具体规定。

第三十一条 本办法由财政部负责解释,自 2016 年 7 月 1 日起施行。《中央和国家机关会议费管理办法》(财行〔2013〕286 号)同时废止。

关于印发《中央和国家机关培训费管理办法》的通知

财行〔2016〕540号

党中央各部门,国务院各部委、各直属机构,全国人大常委会办公厅,全国政协办公厅,高法院,高检院,各人民团体,各民主党派中央,全国工商联,新疆生产建设兵团财务局、组织部、公务员局:

  为进一步推进厉行节约反对浪费制度体系建设,推进干部教育培训事业持续健康发展,我们对《中央和国家机关培训费管理办法》(财行〔2013〕523号)进行了修订。现将修订后的《中央和国家机关培训费管理办法》印发给你们,请认真遵照执行。

  附件:中央和国家机关培训费管理办法

财政部 中共中央组织部 国家公务员局
2016年12月27日

附件:

中央和国家机关培训费管理办法

第一章 总 则

  第一条 为进一步规范中央和国家机关培训工作,保证培训工作需要,加强培训经费管理,依据《中华人民共和国公务员法》《干部教育培训工作条例》和其他有关法律法规,制定本办法。

  第二条 本办法所称培训,是指中央和国家机关及其所属机构使用财政资金在境内举办的三个月以内的各类培训。

  第三条 本办法所称中央和国家机关,是指党中央各部门,国务院各部委、各直属机构,全国人大常委会办公厅,全国政协办公厅,最高人民法院,最高人民检察院,各人民团体,各民主党派中央和全国工商联(以下简称各单位)。

  第四条 各单位举办培训应当坚持厉行节约、反对浪费的原则,实行单位内部统一管理,增强培训计划的科学性和严肃性,增强培训项目的针对性和实效性,保证培训质量,节约培训资源,提高培训经费使用效益。

第二章 计划和备案管理

  第五条 建立培训计划编报和审批制度。各单位培训主管部门制订的本单位年度培训计划(包括培训名称、目的、对象、内容、时间、地点、参训人数、所需经费及列支渠道等),经单位财务部门审核后,报单位领导办公会议或党组(党委)会议批准后施行。

第六条 年度培训计划一经批准,原则上不得调整。因工作需要确需临时增加培训项目的,报单位主要负责同志审批。

第七条 各单位年度培训计划于每年3月31日前同时报中央组织部、财政部、国家公务员局备案。

第三章 开支范围和标准

第八条 本办法所称培训费,是指各单位开展培训直接发生的各项费用支出,包括师资费、住宿费、伙食费、培训场地费、培训资料费、交通费以及其他费用。

(一)师资费是指聘请师资授课发生的费用,包括授课老师讲课费、住宿费、伙食费、城市间交通费等。

(二)住宿费是指参训人员及工作人员培训期间发生的租住房间的费用。

(三)伙食费是指参训人员及工作人员培训期间发生的用餐费用。

(四)培训场地费是指用于培训的会议室或教室租金。

(五)培训资料费是指培训期间必要的资料及办公用品费。

(六)交通费是指用于培训所需的人员接送以及与培训有关的考察、调研等发生的交通支出。

(七)其他费用是指现场教学费、设备租赁费、文体活动费、医药费等与培训有关的其他支出。

参训人员参加培训往返及异地教学发生的城市间交通费,按照中央和国家机关差旅费有关规定回单位报销。

第九条 除师资费外,培训费实行分类综合定额标准,分项核定、总额控制,各项费用之间可以调剂使用。综合定额标准如下:

单位:元/(人·天)

培训类别	住宿费	伙食费	场地、资料、交通费	其他费用	合 计
一类培训	500	150	80	30	760
二类培训	400	150	70	30	650
三类培训	340	130	50	30	550

一类培训是指参训人员主要为省部级及相应人员的培训项目。

二类培训是指参训人员主要为司局级人员的培训项目。

三类培训是指参训人员主要为处级及以下人员的培训项目。

以其他人员为主的培训项目参照上述标准分类执行。

综合定额标准是相关费用开支的上限。各单位应在综合定额标准以内结算报销。

30天以内的培训按照综合定额标准控制;超过30天的培训,超过天数按照综合定额标准的70%控制。上述天数含报到撤离时间,报到和撤离时间分别不得超过1天。

第十条 师资费在综合定额标准外单独核算。

(一)讲课费(税后)执行以下标准:副高级技术职称专业人员每学时最高不超过500元,正高级技术职称专业人员每学时最高不超过1 000元,院士、全国知名专家每学时一般不超过1 500元。

讲课费按实际发生的学时计算,每半天最多按4学时计算。

其他人员讲课费参照上述标准执行。

同时为多班次一并授课的,不重复计算讲课费。

(二)授课老师的城市间交通费按照中央和国家机关差旅费有关规定和标准执行,住宿费、伙食费按照本办法标准执行,原则上由培训举办单位承担。

(三)培训工作确有需要从异地(含境外)邀请授课老师,路途时间较长的,经单位主要负责同志书面批准,讲课费可以适当增加。

第四章 培训组织

第十一条 培训实行中央和地方分级管理,各单位举办培训,原则上不得下延至市、县及以下。

第十二条 各单位开展培训,应当在开支范围和标准内优先选择党校、行政学院、干部学院以及组织人事部门认可的其他培训机构承办。

第十三条 组织培训的工作人员控制在参训人员数量的10%以内,最多不超过10人。

第十四条 严禁借培训名义安排公款旅游;严禁借培训名义组织会餐或安排宴请;严禁组织高消费娱乐健身活动;严禁使用培训费购置电脑、复印机、打印机、传真机等固定资产以及开支与培训无关的其他费用;严禁在培训费中列支公务接待费、会议费;严禁套取培训费设立"小金库"。

培训住宿不得安排高档套房,不得额外配发洗漱用品;培训用餐不得上高档菜肴,不得提供烟酒;除必要的现场教学外,7日以内的培训不得组织调研、考察、参观。

第十五条 邀请境外师资讲课,须严格按照有关外事管理规定,履行审批手续。境内师资能够满足培训需要的,不得邀请境外师资。

第十六条 培训举办单位应当注重教学设计和质量评估,通过需求调研、课程设计和开发、专家论证、评估反馈等环节,推进培训工作科学化、精准化;注重运用大数据、"互联网+"等现代信息技术手段开展培训和管理。所需费用纳入部门预算予以保障。

第五章 报销结算

第十七条 报销培训费,综合定额范围内的,应当提供培训计划审批文件、培训通知、实际参训人员签到表以及培训机构出具的收款票据、费用明细等凭证;师资费范围内的,应当提供讲课费签收单或合同,异地授课的城市间交通费、住宿费、伙食费按照差旅费报销办法提供相关凭据;执行中经单位主要负责同志批准临时增加的培训项目,还应提供单位主要负责同志审批材料。

各单位财务部门应当严格按照规定审核培训费开支,对未履行审批备案程序的培训,以及超范围、超标准开支的费用不予报销。

第十八条 培训费的资金支付应当执行国库集中支付和公务卡管理有关制度规定。

第十九条 培训费由培训举办单位承担,不得向参训人员收取任何费用。

第六章 监督检查

第二十条 各单位应当将非涉密培训的项目、内容、人数、经费等情况,以适当方式公开。

第二十一条 各单位应当于每年3月31日前将上年度培训计划执行情况（包括培训名称、对象、内容、时间、地点、参训人数、工作人员数、经费开支及列支渠道、培训成效、问题建议等）报送中央组织部、财政部、国家公务员局。

第二十二条 中央组织部、财政部、国家公务员局等有关部门对各单位培训活动和培训费管理使用情况进行监督检查。主要内容包括：

（一）培训计划的编报是否符合规定；

（二）临时增加培训计划是否报单位主要负责同志审批；

（三）培训费开支范围和开支标准是否符合规定；

（四）培训费报销和支付是否符合规定；

（五）是否存在虚报培训费用的行为；

（六）是否存在转嫁、摊派培训费用的行为；

（七）是否存在向参训人员收费的行为；

（八）是否存在奢侈浪费现象；

（九）是否存在其他违反本办法的行为。

第二十三条 对于检查中发现的违反本办法的行为，由中央组织部、财政部、国家公务员局等有关部门责令改正，追回资金，并予以通报。对相关责任人员，按规定予以党纪政纪处分；涉嫌违法的，移交司法机关处理。

第七章 附 则

第二十四条 各单位可以按照本办法，结合本单位业务特点和工作实际，制定培训费管理具体规定。

第二十五条 中央组织部、国家公务员局组织的调训和统一培训，有关部门组织的援外培训，不适用本办法，按有关规定执行。

第二十六条 中央事业单位培训费管理参照本办法执行。

第二十七条 本办法由财政部会同中央组织部、国家公务员局负责解释。

第二十八条 本办法自2017年1月1日起施行。《中央和国家机关培训费管理办法》（财行〔2013〕523号）同时废止。

关于实施市本级预算单位公务卡强制结算目录的通知

金市财核〔2013〕12号

市本级各预算单位、国库集中支付各代理银行：

为加强和规范公务支出管理，进一步推进公务卡改革，扩大公务卡适用范围，切实减少公务支出中的现金提取和使用。根据省财政厅文件精神，市财政局、中国人民银行金华市中心支行《关于印发金华市本级预算单位公务卡管理暂行办法的通知》（金市财库〔2010〕338号）等有关规定，决定在市本级预算单位实施公务卡强制结算目录。现将有关事项通知如下：

一、充分认识实施公务卡强制结算目录的必要性

市本级公务卡制度改革自推行以来，对减少预算单位现金结算、规范公务支出的政策效应逐步显现。但同时也存在着公务卡适用范围偏窄、使用率不高的问题，有卡不用现象较为普遍。建立公务卡强制结算目录，严格规定预算单位公务支出中必须使用公务卡结算的项目，有利于提高公务卡使用率，充分发挥公务卡制度优势，进一步加强和规范公务支出管理。各单位要从党风廉政建设和源头预防腐败的高度，切实提高对实施公务卡强制结算目录必要性和重要性的认识，认真抓好落实工作。

二、严格执行公务卡强制结算目录

（一）所有市本级预算单位，都应严格执行市本级预算单位公务卡强制结算目录。凡目录规定的公务支出项目，应按规定使用公务卡结算，原则上不再使用现金结算。原使用转账方式结算的，可继续使用转账方式。

（二）下列情况可暂不使用公务卡结算：

1. 签证费、快递费、过路过桥费、出租车费用等目前只能使用现金结算的支出。
2. 已办理托收手续的水电费、邮电费、手续费、过路过桥费等支出。

三、有关工作要求

（一）制定实施细则

各预算单位应按要求尽快制定相应的公务卡强制结算目录实施细则，重点明确属于强制结算目录范围内的支出，不能使用公务卡结算情况下的财务审批程序和报销手续。各单位要从严控制现金支付的支出事项，如遇特殊情况确需使用现金支付时，报销申请人应填写《现金支付情况说明书》报单位负责人审批。

（二）加强培训宣传

各预算单位要加强公务卡管理政策的培训，使单位财务人员和工作人员熟练掌握公务卡强制结算目录。同时要加强宣传，使单位内部形成自觉、主动用卡的良好氛围。

（三）加强监督管理

各主管部门要加强对所属预算单位实行公务卡强制结算目录制度的监督和指导。国库集中支付各代理银行要加强对预算单位现金支出的监督管理。市财政局将配合有关监督部门对预算单位公务卡强制结算目录制度的实施情况进行监督检查。

金华市财政局
2013 年 1 月 11 日

附件：

市本级预算单位公务卡强制结算目录

序号	公务卡结算项目	备注
1	办公费	指单位购买按财务会计制度规定不符合固定资产确认标准的日用办公用品、书报杂志等支出。
2	印刷费	指单位的印刷费支出。
3	咨询费	指单位咨询方面的支出。
4	差旅费	指单位工作人员因出差支付的住宿费、旅费、公杂费、伙食补助费等。
5	维护费	指单位日常开支的固定资产（不包括车船等交通工具）修理和维护费用，网络信息系统运行与维护费用。
6	租赁费	指租赁办公用房、宿舍、专用通讯网以及其他设备方面的费用。
7	会议费	指会议中按规定开支的房租费、文件资料的印刷费、会议场地租用费等。
8	培训费	指各类培训支出。
9	公务接待费	指单位按规定开支的各类公务接待（含外宾接待）费用。
10	专用材料费	指单位购买日常专用材料的支出。
11	物业管理费	指单位开支的办公用房、职工及离退休人员宿舍等物业管理费，包括综合治理、绿化、卫生等方面。
12	手续费	指单位支付的手续费支出。
13	水电费	指单位支付的水电费。
14	邮电费	指单位开支的电话费、电报费、传真费、网络通讯费等支出。
15	公务用车运行维护费	指公务用车的燃料费、维修费、保险费等支出。
16	其他交通费用	指单位除公务用车维护费以外的其他交通费用。如飞机、船舶等地燃料费、维修费、保险费等。

浙江省财政厅　科技厅　监察厅
关于严肃财经纪律　规范科技经费使用和加强监管的若干意见

浙财教〔2012〕29号

各市、县(市、区)财政局、科技局、监察局(宁波不发),各高等学校、科研院所、高新园区等有关单位：

为严肃财经纪律,确保合理有效地使用好科技经费,根据国家和省科技经费管理办法和相关财经法律法规,现就规范科技经费使用,加强经费监督管理,提出意见如下。

一、严禁挤占挪用项目经费和超预算范围开支的行为

项目经费应严格按照项目合同或任务书规定的预算用于与项目研究相关的支出,不得将项目经费用于与项目研究无关的活动。与项目研究活动相关的必要支出,也要在保证工作的前提下,按照勤俭节约的原则,严格控制开支标准。

二、严禁从项目直接费用中变相领取劳务费谋取私利

劳务费支出仅限于支付给项目组成员中没有工资性收入的相关人员(如在校研究生)和项目组临时聘用人员等的劳务性费用。严禁以虚列人员、虚假签字方式领取劳务费谋取私利。严禁以虚假劳务派遣合同方式外拨合作费用于劳务费支出。纠正以领代支、以提代支的劳务费发放方式,确保劳务费按照项目预算和实际科研工作量据实列支。

三、严禁编制虚假预算、提供虚假财务会计资料套取项目经费

应根据项目研究的合理需要编制项目预算,坚持目标相关性、政策相符性和经济合理性原则。严禁虚编合作协作事宜外拨项目经费。严禁虚编考察调研费、会议费,以考察调研或会议名义赴外埠旅游度假。严禁虚编设备购置费,或购置与项目实施无关的设备。严禁利用假发票、假合同等虚假财务资料套取项目经费。

四、严禁项目经费脱离依托单位财务部门监管

项目承担单位是项目经费使用和管理的责任主体。项目经费必须纳入单位财务统一核算,接受项目承担单位的日常管理和监督。外拨合作协作经费应作为项目合作单位纵向项

目经费,合作单位对拨入的合作协作经费应纳入单位财务统一核算,加强日常管理和监督。项目承担单位和合作单位要保证项目经费的合理使用和财务核算的准确规范,不得层层转拨、变相转拨经费。

五、切实做好科技经费专账核算

专账核算是保障科技经费专款专用的基础。项目承担单位应当严格按照有关规定,做好项目经费的专账核算工作。其中企业科技经费专账核算参照《浙江省财政科技经费企业会计核算的指导性意见》(浙科发计〔2009〕159号)执行。未按规定对科技经费进行单独建账、独立核算的,分期拨款项目要求限期整改,并停止拨付后续经费,给予项目承担单位和项目负责人不良科研信用记录;事后补助项目不予核定财政补助资金。

六、项目负责人、项目组成员和依托单位财务负责人要认真学习国家和我省科技计划和经费管理有关制度

增强预算管理和财务监督意识,严格执行项目预算,坚持实事求是、勤俭节约的原则,保证项目经费在批准的预算范围内合理使用,自觉接受有关方面的监督检查。

七、项目承担单位要认真履行项目经费使用和管理责任主体的职责

建立健全经费管理制度,完善科技经费使用内部控制和监督制约机制,及时修订与现有规定不符的内部管理规定,提高项目经费管理水平。加强项目执行的日常管理监督,加强财务管理和会计核算工作,做好科技经费专账核算,规范项目预算调整审批和审核程序,按时提出财务验收申请,配合做好财务审计、财务验收等工作,及时按规定办理财务结账手续。项目承担单位负责人要高度重视项目经费管理工作,杜绝本单位项目经费管理和使用中违规违纪行为的发生。

八、各市、县(市、区)科技行政部门、各高等学校、科研院所及其他项目归口管理部门

要加大对归口管理项目承担单位经费使用和管理的监督管理力度,将科技项目经费的使用作为本部门监管工作的重要内容,通过审计、专项检查、绩效考评等手段及时了解项目经费使用情况。要加强指导和培训,提高项目承担单位的科技项目经费管理水平。要加强与省级科技部门的沟通和联系,杜绝本部门及归口管理项目承担单位在经费管理和使用中违规违纪行为的发生。

九、对有违反本通知第一、二、三条之一行为或对第四、五条相关职责履行不力造成违规违纪行为发生的

省有关部门将视具体情况依法对项目当事人、项目承担单位、项目合作单位进行处罚处

理,具体措施有:实行限期整改、给予警告、暂停拨款、通报批评、终止项目执行、追回已拨经费,直至两年内取消其项目申报资格并记录相关当事人和相关单位科研不良信用。构成违纪的,有关部门要给予项目负责人或单位负责人纪律处分,构成犯罪的,依法移送司法机关追究刑事责任。违规违纪行为及处理处罚处分结果通过适当的方式向社会公告。

十、省财政厅会同有关部门不断完善科技经费监管体系建设,指导和规范科技经费的使用和管理工作

省科技厅进一步加强与项目归口管理部门的沟通与协调,分工负责,建立对重大科技项目的专项检查和抽查制度。省财政厅会同科技、监察、审计等部门开展对项目经费使用和管理情况的抽查,加大对项目经费的监管力度,严肃查处违反项目经费管理制度的行为。

省财政厅
省科技厅
省监察厅
2012 年 3 月 6 日

浙江省人民政府办公厅转发省科技厅 省财政厅关于改进加强省级财政科研项目和资金管理若干意见的通知

浙政办发〔2014〕148号

各市、县(市、区)人民政府,省政府直属各单位:

省科技厅、省财政厅制定的《关于改进加强省级财政科研项目和资金管理的若干意见》已经省政府同意,现转发给你们,请遵照执行。

浙江省人民政府办公厅
2014年12月16日

省科技厅 省财政厅关于改进加强省级财政科研项目和资金管理的若干意见

为贯彻落实党的十八大和省委十三届历次全会精神,深入实施创新驱动发展战略,建立适应科技创新规律和市场机制的科技管理体制,形成统筹协调、科学规范、公开透明、监管有力的科研项目和资金管理机制,参照《国务院关于改进加强中央财政科研项目和资金管理的若干意见》(国发〔2014〕11号),提出如下意见。

一、加强科技管理和资金配置的统筹协调

(一)建立健全统筹协调的科技管理机制

省科技行政主管部门要发挥对全省科技工作的规划引领和统筹协调作用,根据我省经济社会发展的需求、科技创新工作基础和产业发展布局,提出引领未来的科技发展规划和优先发展领域,加强全省科技政策、科研项目安排和管理的顶层设计,对科技重大问题、重大事项、重点工作与有关行业主管部门充分沟通、协商,统筹形成年度科技计划(专项、基金)重点工作安排和部门分工建议方案,经省科技体制改革和创新体系建设领导小组审议通过后,分工落实、协同推进。

(二)优化整合省级科技计划(专项、基金)

根据我省经济社会发展的战略需求和深化科技体制机制改革、提高财政科技资金绩效等各项要求,科学设置并梳理整合省级科技计划(专项、基金),明确各类科技计划(专项、基金)的功能定位、实现目标和实施期限。对支持领域较窄、实施目标重合、实施绩效不明显

的,通过撤、并、转、退等方式进行整合、优化。对面向社会、面向企业、面向高等院校和科研院所的科学探索、公益技术与关键共性技术、研发成果转移转化和科研载体、科研人才类科技计划(专项、基金),一般采用竞争性分配方式;对面向市县的引导类、激励性、奖励性科技计划(专项、基金)以及定项、定额类营造环境为主的科技计划(专项、基金),原则上按因素法分配。在完善各类科技计划(专项、基金)管理办法的基础上,建立绩效评估、动态调整和终止机制。

二、实行科研项目分类管理

(三)基础前沿科研项目突出创新导向

基础、前沿类科研项目要立足原始创新,鼓励自由探索,尊重专家意见,充分发挥科研人才的积极性和创造性,通过同行评议、公开择优的方式确定研究任务和承担者。高等院校、科研院所要利用自身的资源、特点、优势,结合学科发展,积极开展基础研究,划出部分资金自主确定科研项目。加大对青年科研人员的支持力度。引导支持企业增加基础研究投入,与高等院校、科研院所联合开展基础研究,推动基础研究与应用研究的紧密结合。

(四)公益性科研项目聚焦重大需求

公益性科研项目要重点解决制约公益性行业发展的科技问题和产业发展的共性技术问题,突出需求导向和应用导向。重点围绕农业新品种选育、病虫害防治、大气雾霾治理、人口健康、自然灾害预警、公共安全、"五水共治"、智慧城市建设等公益性行业重大科技问题,行业主管部门要充分发挥组织协调作用,提高项目的系统性、针对性和实用性,促进科技成果惠及民生,服务社会公益事业的发展。

(五)市场导向类项目突出企业主体

明晰政府与市场的边界,通过制定政策、营造环境,引导企业成为技术创新决策、投入、组织和成果转化应用的主体。政府引导或支持企业开展的创新活动和实施的创新项目,由企业提出技术需求、确定研发方向、组织要素配置。明确申报省级财政科研项目的企业资质及科研能力、科研投入、科研人才等方面的要求,引导企业加大投入,提升自主创新能力,促进企业自主研发和转化科研成果,形成主要由市场决定技术创新项目、资金分配、评价结果的机制和企业主导项目组织实施的机制。

(六)重大项目突出战略导向

省科技行政主管部门要会同有关部门围绕经济社会发展的重大技术需求,跟踪技术发展前沿,加强主动设计,聚焦攻关重点,明确攻关目标,组织优势资源联合攻关,并在任务书中明确考核指标,合力解决新兴产业和高新技术产业发展的关键核心问题,为经济转型升级提供技术支撑。深入实施产业技术创新综合试点,围绕做强产业链、部署创新链,突破核心关键技术,开发战略性产品和标志性产品。

三、改进科研项目管理流程

(七)改进项目指南制定和发布机制

项目主管部门要结合各类科技计划(专项、基金)的特点,编制实施方案和项目指南。要充分吸收科研单位、企业、相关部门、高等院校、地方政府、协会、学会等有关方面意见和建议,并建立由各方参与的项目指南论证机制。每年固定时间向社会公开发布下一年度项目指南,并广泛宣传,自项目指南发布日至项目申报受理截止日,原则上不少于50天,以保证科研人员有充足时间申报项目。市场导向类项目指南要充分体现产业需求,大力拓展利用市场机制选择项目的途径,善于从风险资本、创业资本投资的项目及创新大赛项目和引进人才团队携带的技术成果中发现值得支持的优秀项目。

（八）完善项目立项评审程序

建立科研项目立项检索制度,避免重复立项、重复支持或重复投入,并与市、县(市、区)政府及行业主管部门形成联动。建立公开透明、公平公正、科学评价的项目立项评审机制,全面推行科研项目网上申报、网上与网下评审结合、网上公示等制度,逐步实现项目立项全程在线化、规范化、公开化管理,做到可申诉、可查询、可追溯。科学安排各类科技计划(专项、基金)项目的评审节奏,从受理项目申请到反馈立项结果原则上不超过120个工作日,并按规定建立下一年度项目库;注重项目绩效管理,在项目申报和评审过程中关注项目绩效目标的编制及其可行性、合理性和有效性。规范评审专家队伍管理和评审专家行为。应对突发公共事件应急启动的科研项目,可按照省政府统一工作部署,由省科技行政主管部门会同行业主管部门、财政部门采取简易程序安排项目立项。

（九）明确项目过程管理职责

强化项目实施的过程监管。项目承担单位要强化法人责任意识,负责抓好项目实施,规范科技经费管理和使用;要主动做好自查工作,及时通过项目管理系统提交中期实施报告,明示项目的实施进展、阶段性研究成果、经费使用等情况。对稳定性支持的科技项目,项目主管部门和依托单位要加强对项目的动态评估,根据实施进展和绩效情况及时调整支持强度和方向。要充分发挥市、县(市、区)有关部门和项目归口管理部门在项目过程管理中的作用,协调解决实施中出现的新情况新问题,认真做好放权管理的相关事项,履行好项目执行统计、绩效评估等工作。省科技行政主管部门要会同省财政部门组织开展项目实施和经费使用的巡视检查或抽查,构建常态化监督检查机制,对实施不力的要加强督导,对存在违规行为的要责成项目承担单位限期整改,对问题严重的要暂停项目实施。

（十）加强项目验收和结题管理

项目完成后,项目承担单位要按照省科技计划项目验收管理、省级科技计划项目验收财务审计管理等有关规定,做好项目验收或结题的准备工作,编制项目决算,完成财务审计,由省科技行政主管部门组织验收。对支持强度较小或通过专项性一般转移支付由市、县(市、区)安排的科研项目,可委托项目归口管理部门或市、县(市、区)科技行政主管部门组织验收。项目验收可采用同行评议、第三方评估和用户测评方式进行,探索科技项目标准化评价替代部分科技项目验收工作。项目验收结果纳入省级科技报告。无特殊原因逾期6个月未提出验收申请的,按不通过验收处理。省科技行政主管部门、项目归口管理部门应当加强验收和结题审查,严把验收和审查质量。省科技行政主管部门应当对委托实施的项目验收工作,提出质量标准要求并进行抽查,验收质量不高的,取消其委托验收资格。

四、改进科研项目资金管理

（十一）规范项目预算编制

科研项目申请单位要根据项目研究计划、任务需求和自身财力,实事求是地编制项目预算,并按照省级科技研发和成果转化项目经费管理、省科技计划项目经费预算评审等规定的科研项目开支范围和支出标准,精确细化项目预算。项目预算编制要体现项目绩效目标的相关性、政策相符性、经济合理性,对跨年度科研项目要编制项目总预算和分年度经费预算,并说明资金来源。建立仪器设备资源共用共享机制,严格专用设备的采购预算审核,通用共用设备、常规办公设备和本单位或本地友邻单位已有专用设备不得进入采购预算。合作研发的项目,应对合作单位资质及拟外拨资金进行重点说明。

（十二）严格直接费用支出管理

按照省级科技研发和成果转化项目经费管理等有关规定和项目研究需要,科学界定直接费用中各科目支出的范围。严格控制会议费、差旅费、合作协作与交流费中的出国（境）费等三项支出,项目实施中发生的三项支出之间允许调剂使用,但不得突破三项支出预算总额。直接费用中人员劳务费不设比率限定,发放对象为直接参加项目研究、没有工资性收入的相关人员及临时聘用人员等,发放标准应当结合当地实际以及相关人员参与项目的全时工作时间等因素合理确定。劳务费开支范围包括项目临时聘用人员社会保险补助。

（十三）完善间接费用支出管理

项目承担单位应当按照省级科技研发和成果转化项目经费管理等有关规定,建立健全间接费用的内部管理办法,合规合理使用间接费用,结合一线科研人员实际贡献公开公正安排激励支出,充分体现对科研人员脑力劳动价值的认可和激励。项目承担单位不得在核定的间接费用以外再以任何名义在项目资金中重复提取、列支相关费用。

（十四）改进项目结转结余资金管理

加快科技资金使用和科研项目执行进度。项目在研期间,年度剩余资金结转下一年度继续使用,超过预算确定期限1年以上的剩余资金原则上由财政部门收回,对因客观原因导致或合同期限未满的项目,由项目承担单位的财务主管部门向财政部门申请返还。科研项目实施完成、项目终止或撤销形成的结余资金,收归财政部门统筹安排。其中项目完成任务目标并通过验收,且项目承担单位信用评价好的,项目结余资金可申请返还,在一定期限内由项目承担单位统筹安排用于科研活动或奖励给项目组进行持续研究,并使用情况报项目主管部门备案；未通过验收或整改后通过验收的项目,或项目承担单位信用差的,结余资金不再返还。上级专项转移支付安排形成的结转、结余资金,按上级资金管理办法的规定执行。

（十五）创新支持市、县（市、区）科技专项资金管理

由省科技行政主管部门统筹全省科技资源,按规定程序立项,在市、县（市、区）企业实施的项目,通过专项转移支付形式下达科技专项资金,由市、县（市、区）财政及时拨付给项目承担单位。对可由放权市、县（市、区）为主实施的项目,通过专项性一般转移支付形式下达科技专项资金,给予市、县（市、区）在项目立项等方面更大的自主权,同时承担项目管理和资金及绩效管理的责任。各市、县（市、区）科技、财政部门要加强对上述资金的管理,按照省级科技计划实施目标和专项资金管理要求,建立项目储备库,加强资金拨付（分配）管理,做好管理信息公开工作。各市、县（市、区）财政部门要按照"谁用款、谁担责"的原则,加强对项目实施绩效的评估考核,不得截留、挪用、挤占省级下达的科技专项资金。省科技、财政部门要加强对下达市、县（市、区）专项资金使用的监督检查,发现截留、挪用、挤占等情况的,要及时追回资金,并取消其下一年度相关省级资金安排。

五、加强项目执行和资金监管

（十六）规范科研项目资金使用行为

项目承担单位、项目负责人和科研人员要依法依规使用项目资金，不得擅自调整外拨资金，不得利用虚假票据套取资金，不得通过编造虚假合同、虚构人员名单等方式虚报冒领劳务费和专家咨询费，不得通过虚构测试化验内容、提高测试化验支出标准等方式违规开支测试化验加工费，不得随意调账变动支出、随意修改记账凭证、以表代账应付财务审计和检查。项目承担单位要建立健全科研和财务管理等相结合的内部控制制度，规范项目资金管理，在职责范围内及时审批项目预算调整事项。对于从省级财政以外渠道获得的项目资金，按照有关财务会计制度规定以及相关资金提供方的具体要求管理和使用。

（十七）改进科研项目资金结算方式

高等院校、科研院所等事业单位及学会、协会等社会团体承担项目所发生的会议费、差旅费、小额材料费和测试化验加工费等，要按规定实行"公务卡"结算，不具备"公务卡"结算条件的要实行转账结算；企业承担的项目，上述支出也应当采用非现金方式结算。项目承担单位对设备费、大宗材料费和测试化验加工费、劳务费、专家咨询费等支出，原则上应当通过银行转账方式结算。因国际科技合作需要，在项目实施期间发生的出国（境）经费，应按规定履行报批手续。

（十八）完善科研信用管理

建立覆盖指南编制、项目申请、评估评审、立项、执行、验收全过程的科研信用记录制度。由项目主管部门委托专业机构对项目承担单位和科研人员、评估评审专家、中介机构等参与主体进行信用评级，并按信用评级实行分类管理。各项目主管部门应当共享信用评价信息。建立"黑名单"制度，将严重不良信用记录者记入"黑名单"，阶段性或永久取消其申请省级财政资助项目或参与项目管理的资格。

（十九）加大对违规行为的惩处力度

建立完善覆盖项目决策、管理、实施主体的逐级考核问责机制。省科技、财政部门要加强科研项目和资金监管工作，严肃处理违规行为，按规定采取通报批评、暂停项目拨款、终止项目执行、追回已拨项目资金、取消项目承担者一定期限内项目申报资格等措施，并将有关结果向社会公开，对涉及违法的移交司法机关处理。建立责任倒查制度，针对出现的问题倒查项目主管部门相关人员的履职尽责和廉洁自律情况，经查实存在问题的依法依规严肃处理。

六、加强相关制度和信息平台建设

（二十）建立健全科研项目信息公开制度

除涉密及法律法规另有规定外，省科技行政主管部门、项目归口管理部门要按规定向社会公开科研项目的立项信息、验收结果和资金安排情况等，接受社会监督。项目承担单位要在单位内部公开项目立项、主要研究人员、资金使用、大型仪器设备购置以及项目研究成果等情况，接受内部监督。根据省科技项目经费使用信息公开管理的规定，高等院校、科研院所在项目立项、执行中期和项目验收等环节，对项目执行及经费使用信息进行公开，接受社会监督；承担省级财政资助科技项目的企业实行主动报告制度，要求每半年向所属市县科技行政主管部门报告项目执行及经费落实和使用情况。

（二十一）建立省级科技报告制度

省科技行政主管部门要会同有关部门对接国家科技报告，制订科技报告的标准和规范，建立全省科技报告共享服务平台，实现科技资源持续积累、完整保存和开放共享。对省级财政资金支持的科研项目，项目承担者必须按规定提交科技报告，科技报告提交和共享情况作为对其后续支持的重要依据。在各类省级科技计划（专项、基金）设立周期结束后，由省科技行政主管部门会同省财政部门进行阶段性、整体性绩效评价，形成科技报告报省政府，并提出对该科技计划（专项、基金）继续执行或终止执行的评估结论和建议，作为下一年度部门预算科技专项资金安排依据。

（二十二）改进专家遴选制度

充分发挥专家在项目评审中的作用，提高项目评审结果的客观性、公正性和科学性。项目评估评审要以同行专家为主，吸收省外专家参与，评估评审专家中一线科研人员的比例应当达到75％左右。扩大企业专家、风险投资人参与市场导向类项目评估评审的比重。探索建立项目省际交叉评审机制，完善重大科技专项专家组制度。建立省级专家数据库，实行评估评审专家轮换、调整机制和回避制度，面向市县开放共享。对采用视频或会议方式评审的，公布专家名单，强化专家自律，接受同行质询和社会监督；对采用通讯方式评审的，评审前专家名单严格保密，保证评审公正性。

（二十三）完善激发创新创造活力的相关制度和政策

完善科研人员收入分配政策，健全与岗位职责、工作业绩、实际贡献紧密联系的分配激励机制。健全科技人才流动机制，鼓励高等院校、科研院所与企业创新人才双向交流，完善兼职兼薪管理政策。加快推进事业单位科技成果使用、处置和收益管理改革，完善和落实促进科研人员成果转化的收益分配政策。加强知识产权运用和保护，落实激励科学技术创新的税收政策，推进科技评价和奖励制度改革，制定导向明确、激励约束并重的评价标准，充分调动项目承担单位和科研人员的积极性、创造性。

（二十四）建设覆盖全省的科技管理信息系统

省科技行政主管部门要进一步完善现有省级各类科技计划（专项、基金）科研项目数据库，建设科技云平台，按照统一的数据结构、接口标准和信息安全规范，对接市县、省级部门科技项目数据库，逐步对接国家科技管理信息系统，实现互联互通，形成上下贯通、覆盖全省的科技计划（专项、基金）项目数据管理信息系统，并向社会开放服务。

七、明确和落实管理职责

（二十五）项目承担单位要强化法人责任

项目承担单位是科研项目实施和资金管理使用的责任主体，要切实履行在项目申请、组织实施、验收和资金使用等方面的管理职责，加强支撑服务条件建设，提高对科研人员的服务水平，建立常态化的自查自纠机制，严肃处理本单位出现的违规行为。科研人员要弘扬科学精神，恪守科研诚信，强化责任意识，严格遵守科研项目和资金管理的各项规定，自觉接受有关方面的监督。

（二十六）有关部门要落实管理和服务责任

省科技行政主管部门要充分发挥牵头抓总的作用，加强与相关部门的沟通协调，根据科技体制机制改革要求,完善科技计划体系,统筹管理好各类科技计划(专项、基金)和科研项目,监督项目实施和资金使用行为,并加强对市县科技工作的指导和服务。省财政部门要会同有关部门根据财税改革要求,尽快制订或修订各类科技专项资金管理制度,完善省级科技专项资金竞争性分配、对市县补助资金因素法分配等管理方式,督促预算执行进度,强化项目资金的事中、事后管理,评估资金使用绩效。各项目归其管理部门要建立健全本部门内部控制和监管体系,加强对所属单位科研项目实施和资金管理内部制度的审查,督促指导项目承担单位和科研人员依法合规开展科研活动,做好经常性的政策宣传、培训和科研项目实施中的服务工作。

中共中央办公厅　国务院办公厅印发《关于进一步完善中央财政科研项目资金管理等政策的若干意见》

中办发〔2016〕50号

近日,中共中央办公厅、国务院办公厅印发了《关于进一步完善中央财政科研项目资金管理等政策的若干意见》,并发出通知,要求各地区各部门结合实际认真贯彻落实。

《关于进一步完善中央财政科研项目资金管理等政策的若干意见》全文如下。

《中共中央、国务院关于深化体制机制改革加快实施创新驱动发展战略的若干意见》和《国务院关于改进加强中央财政科研项目和资金管理的若干意见》印发以来,有力激发了创新创造活力,促进了科技事业发展,但也存在一些改革措施落实不到位、科研项目资金管理不够完善等问题。为贯彻落实中央关于深化改革创新、形成充满活力的科技管理和运行机制的要求,进一步完善中央财政科研项目资金管理等政策,现提出以下意见。

一、总体要求

全面贯彻落实党的十八大和十八届三中、四中、五中全会及全国科技创新大会精神,以邓小平理论、"三个代表"重要思想、科学发展观为指导,深入学习贯彻习近平总书记系列重要讲话精神,按照党中央、国务院决策部署,牢固树立和贯彻落实创新、协调、绿色、开放、共享的发展理念,深入实施创新驱动发展战略,促进大众创业、万众创新,进一步推进简政放权、放管结合、优化服务,改革和创新科研经费使用和管理方式,促进形成充满活力的科技管理和运行机制,以深化改革更好激发广大科研人员积极性。

——坚持以人为本。以调动科研人员积极性和创造性为出发点和落脚点,强化激励机制,加大激励力度,激发创新创造活力。

——坚持遵循规律。按照科研活动规律和财政预算管理要求,完善管理政策,优化管理流程,改进管理方式,适应科研活动实际需要。

——坚持"放管服"结合。进一步简政放权、放管结合、优化服务,扩大高校、科研院所在科研项目资金、差旅会议、基本建设、科研仪器设备采购等方面的管理权限,为科研人员潜心研究营造良好环境。同时,加强事中事后监管,严肃查处违法违纪问题。

——坚持政策落实落地。细化实化政策规定,加强督查,狠抓落实,打通政策执行中的"堵点",增强科研人员改革的成就感和获得感。

二、改进中央财政科研项目资金管理

(一)简化预算编制,下放预算调剂权限

根据科研活动规律和特点,改进预算编制方法,实行部门预算批复前项目资金预拨制度,保证科研人员及时使用项目资金。下放预算调剂权限,在项目总预算不变的情况下,将直接费用中的材料费、测试化验加工费、燃料动力费、出版/文献/信息传播/知识产权事务费及其他支出预算调剂权下放给项目承担单位。简化预算编制科目,合并会议费、差旅费、国际合作与交流费科目,由科研人员结合科研活动实际需要编制预算并按规定统筹安排使用,其中不超过直接费用10%的,不需要提供预算测算依据。

(二)提高间接费用比重,加大绩效激励力度

中央财政科技计划(专项、基金等)中实行公开竞争方式的研发类项目,均要设立间接费用,核定比例可以提高到不超过直接费用扣除设备购置费的一定比例:500万元以下的部分为20%,500万元至1 000万元的部分为15%,1 000万元以上的部分为13%。加大对科研人员的激励力度,取消绩效支出比例限制。项目承担单位在统筹安排间接费用时,要处理好合理分摊间接成本和对科研人员激励的关系,绩效支出安排与科研人员在项目工作中的实际贡献挂钩。

(三)明确劳务费开支范围,不设比例限制

参与项目研究的研究生、博士后、访问学者以及项目聘用的研究人员、科研辅助人员等,均可开支劳务费。项目聘用人员的劳务费开支标准,参照当地科学研究和技术服务业从业人员平均工资水平,根据其在项目研究中承担的工作任务确定,其社会保险补助纳入劳务费科目列支。劳务费预算不设比例限制,由项目承担单位和科研人员据实编制。

(四)改进结转结余资金留用处理方式

项目实施期间,年度剩余资金可结转下一年度继续使用。项目完成任务目标并通过验收后,结余资金按规定留归项目承担单位使用,在2年内由项目承担单位统筹安排用于科研活动的直接支出;2年后未使用完的,按规定收回。

(五)自主规范管理横向经费

项目承担单位以市场委托方式取得的横向经费,纳入单位财务统一管理,由项目承担单位按照委托方要求或合同约定管理使用。

三、完善中央高校、科研院所差旅会议管理

(一)改进中央高校、科研院所教学科研人员差旅费管理

中央高校、科研院所可根据教学、科研、管理工作实际需要,按照精简高效、厉行节约的原则,研究制定差旅费管理办法,合理确定教学科研人员乘坐交通工具等级和住宿费标准。对于难以取得住宿费发票的,中央高校、科研院所在确保真实性的前提下,据实报销城市间交通费,并按规定标准发放伙食补助费和市内交通费。

(二)完善中央高校、科研院所会议管理

中央高校、科研院所因教学、科研需要举办的业务性会议(如学术会议、研讨会、评审会、座谈会、答辩会等),会议次数、天数、人数以及会议费开支范围、标准等,由中央高校、科研院所按照实事求是、精简高效、厉行节约的原则确定。会议代表参加会议所发生的城市间交通费,原则上按差旅费管理规定由所在单位报销;因工作需要,邀请国内外专家、学者和有关人员参加会议,对确需负担的城市间交通费、国际旅费,可由主办单位在会议费等费用中报销。

四、完善中央高校、科研院所科研仪器设备采购管理

(一) 改进中央高校、科研院所政府采购管理

中央高校、科研院所可自行采购科研仪器设备,自行选择科研仪器设备评审专家。财政部要简化政府采购项目预算调剂和变更政府采购方式审批流程。中央高校、科研院所要切实做好设备采购的监督管理,做到全程公开、透明、可追溯。

(二) 优化进口仪器设备采购服务

对中央高校、科研院所采购进口仪器设备实行备案制管理。继续落实进口科研教学用品免税政策。

五、完善中央高校、科研院所基本建设项目管理

(一) 扩大中央高校、科研院所基本建设项目管理权限

对中央高校、科研院所利用自有资金、不申请政府投资建设的项目,由中央高校、科研院所自主决策,报主管部门备案,不再进行审批。国家发展改革委和中央高校、科研院所主管部门要加强对中央高校、科研院所基本建设项目的指导和监督检查。

(二) 简化中央高校、科研院所基本建设项目审批程序

中央高校、科研院所主管部门要指导中央高校、科研院所编制五年建设规划,对列入规划的基本建设项目不再审批项目建议书。简化中央高校、科研院所基本建设项目城乡规划、用地以及环评、能评等审批手续,缩短审批周期。

六、规范管理,改进服务

(一) 强化法人责任,规范资金管理

项目承担单位要认真落实国家有关政策规定,按照权责一致的要求,强化自我约束和自我规范,确保接得住、管得好。制定内部管理办法,落实项目预算调剂、间接费用统筹使用、劳务费分配管理、结余资金使用等管理权限;加强预算审核把关,规范财务支出行为,完善内部风险防控机制,强化资金使用绩效评价,保障资金使用安全规范有效;实行内部公开制度,主动公开项目预算、预算调剂、资金使用(重点是间接费用、外拨资金、结余资金使用)、研究成果等情况。

(二) 加强统筹协调,精简检查评审

科技部、项目主管部门、财政部要加强对科研项目资金监督的制度规范、年度计划、结果运用等的统筹协调,建立职责明确、分工负责的协同工作机制。科技部、项目主管部门要加快清理规范委托中介机构对科研项目开展的各种检查评审,加强对前期已经开展相关检查结果的使用,推进检查结果共享,减少检查数量,改进检查方式,避免重复检查、多头检查、过度检查。

(三) 创新服务方式,让科研人员潜心从事科学研究

项目承担单位要建立健全科研财务助理制度,为科研人员在项目预算编制和调剂、经费支出、财务决算和验收等方面提供专业化服务,科研财务助理所需费用可由项目承担单位根

据情况通过科研项目资金等渠道解决。充分利用信息化手段,建立健全单位内部科研、财务部门和项目负责人共享的信息平台,提高科研管理效率和便利化程度。制定符合科研实际需要的内部报销规定,切实解决野外考察、心理测试等科研活动中无法取得发票或财政性票据,以及邀请外国专家来华参加学术交流发生费用等的报销问题。

七、加强制度建设和工作督查,确保政策措施落地见效

（一）尽快出台操作性强的实施细则

项目主管部门要完善预算编制指南,指导项目承担单位和科研人员科学合理编制项目预算;制定预算评估评审工作细则,优化评估程序和方法,规范评估行为,建立健全与项目申请者及时沟通反馈机制;制定财务验收工作细则,规范委托中介机构开展的财务检查。2016年9月1日前,中央高校、科研院所要制定出台差旅费、会议费内部管理办法,其主管部门要加强工作指导和统筹;2016年年底前,项目主管部门要制定出台相关实施细则,项目承担单位要制定或修订科研项目资金内部管理办法和报销规定。以后年度承担科研项目的单位要于当年制定出台相关管理办法和规定。

（二）加强对政策措施落实情况的督查指导

财政部、科技部要适时组织开展对项目承担单位科研项目资金等管理权限落实、内部管理办法制定、创新服务方式、内控机制建设、相关事项内部公开等情况的督查,对督查情况以适当方式进行通报,并将督查结果纳入信用管理,与间接费用核定、结余资金留用等挂钩。审计机关要依法开展对政策措施落实情况和财政资金的审计监督。项目主管部门要督促指导所属单位完善内部管理,确保国家政策规定落到实处。

财政部、中央级社科类科研项目主管部门要结合社会科学研究的规律和特点,参照本意见尽快修订中央级社科类科研项目资金管理办法。

各地区要参照本意见精神,结合实际,加快推进科研项目资金管理改革等各项工作。

第五章 审计监督

国务院关于加强审计工作的意见

国发〔2014〕48号

各省、自治区、直辖市人民政府，国务院各部委、各直属机构：

为切实加强审计工作，推动国家重大决策部署和有关政策措施的贯彻落实，更好地服务改革发展，维护经济秩序，促进经济社会持续健康发展，现提出以下意见：

一、总体要求

（一）指导思想

坚持以邓小平理论、"三个代表"重要思想、科学发展观为指导，深入贯彻落实党的十八大和十八届二中、三中全会精神，依法履行审计职责，加大审计力度，创新审计方式，提高审计效率，对稳增长、促改革、调结构、惠民生、防风险等政策措施落实情况，以及公共资金、国有资产、国有资源、领导干部经济责任履行情况进行审计，实现审计监督全覆盖，促进国家治理现代化和国民经济健康发展。

（二）基本原则

——围绕中心，服务大局。紧紧围绕国家中心工作，服务改革发展，服务改善民生，促进社会公正，为建设廉洁政府、俭朴政府、法治政府提供有力支持。

——发现问题，完善机制。发现国家政策措施执行中存在的主要问题和重大违法违纪案件线索，维护财经法纪，促进廉政建设；发现经济社会运行中的突出矛盾和风险隐患，维护国家经济安全；发现经济运行中好的做法、经验和问题，注重从体制机制制度层面分析原因和提出建议，促进深化改革和创新体制机制。

——依法审计，秉公用权。依法履行宪法和法律赋予的职责，敢于碰硬，勇于担当，严格遵守审计工作纪律和各项廉政、保密规定，注意工作方法，切实做到依法审计、文明审计、廉洁审计。

二、发挥审计促进国家重大决策部署落实的保障作用

（三）推动政策措施贯彻落实

持续组织对国家重大政策措施和宏观调控部署落实情况的跟踪审计，着力监督检查各

地区、各部门落实稳增长、促改革、调结构、惠民生、防风险等政策措施的具体部署、执行进度、实际效果等情况，特别是重大项目落地、重点资金保障，以及简政放权推进情况，及时发现和纠正有令不行、有禁不止行为，反映好的做法、经验和新情况、新问题，促进政策落地生根和不断完善。

（四）促进公共资金安全高效使用

要看好公共资金，严防贪污、浪费等违法违规行为，确保公共资金安全。把绩效理念贯穿审计工作始终，加强预算执行和其他财政收支审计，密切关注财政资金的存量和增量，促进减少财政资金沉淀，盘活存量资金，推动财政资金合理配置、高效使用，把钱用在刀刃上。围绕中央八项规定精神和国务院"约法三章"要求，加强"三公"经费、会议费使用和楼堂馆所建设等方面审计，促进厉行节约和规范管理，推动俭朴政府建设。

（五）维护国家经济安全

要加大对经济运行中风险隐患的审计力度，密切关注财政、金融、民生、国有资产、能源、资源和环境保护等方面存在的薄弱环节和风险隐患，以及可能引发的社会不稳定因素，特别是地方政府性债务、区域性金融稳定等情况，注意发现和反映苗头性、倾向性问题，积极提出解决问题和化解风险的建议。

（六）促进改善民生和生态文明建设

加强对"三农"、社会保障、教育、文化、医疗、扶贫、救灾、保障性安居工程等重点民生资金和项目的审计，加强对土地、矿产等自然资源，以及大气、水、固体废物等污染治理和环境保护情况的审计，探索实行自然资源资产离任审计，深入分析财政投入与项目进展、事业发展等情况，推动惠民和资源、环保政策落实到位。

（七）推动深化改革

密切关注各项改革措施的协调配合情况，促进增强改革的系统性、整体性和协调性。正确把握改革和发展中出现的新情况，对不合时宜、制约发展、阻碍改革的制度规定，及时予以反映，推动改进和完善。

三、强化审计的监督作用

（八）促进依法行政、依法办事

要加大对依法行政情况的审计力度，注意发现有法不依、执法不严等问题，促进法治政府建设，切实维护法律尊严。要着力反映严重损害群众利益、妨害公平竞争等问题，维护市场经济秩序和社会公平正义。

（九）推进廉政建设

对审计发现的重大违法违纪问题，要查深查透查实。重点关注财政资金分配、重大投资决策和项目审批、重大物资采购和招标投标、贷款发放和证券交易、国有资产和股权转让、土地和矿产资源交易等重点领域和关键环节，揭露以权谋私、失职渎职、贪污受贿、内幕交易等问题，促进廉洁政府建设。

（十）推动履职尽责

深化领导干部经济责任审计，着力检查领导干部守法守纪守规尽责情况，促进各级领导干部主动作为、有效作为，切实履职尽责。依法依纪反映不作为、慢作为、乱作为问题，促进健全责任追究和问责机制。

四、完善审计工作机制

（十一）依法接受审计监督

凡是涉及管理、分配、使用公共资金、国有资产、国有资源的部门、单位和个人，都要自觉接受审计、配合审计，不得设置障碍。有关部门和单位要依法、及时、全面提供审计所需的财务会计、业务和管理等资料，不得制定限制向审计机关提供资料和开放计算机信息系统查询权限的规定，已经制定的应予修订或废止。对获取的资料，审计机关要严格保密。

（十二）提供完整准确真实的电子数据

有关部门、金融机构和国有企事业单位应根据审计工作需要，依法向审计机关提供与本单位、本系统履行职责相关的电子数据信息和必要的技术文档；在确保数据信息安全的前提下，协助审计机关开展联网审计。在现场审计阶段，被审计单位要为审计机关进行电子数据分析提供必要的工作环境。

（十三）积极协助审计工作

审计机关履行职责需要协助时，有关部门、单位要积极予以协助和支持，并对有关审计情况严格保密。要建立健全审计与纪检监察、公安、检察以及其他有关主管单位的工作协调机制，对审计移送的违法违纪问题线索，有关部门要认真查处，及时向审计机关反馈查处结果。审计机关要跟踪审计移送事项的查处结果，适时向社会公告。

五、狠抓审计发现问题的整改落实

（十四）健全整改责任制

被审计单位的主要负责人作为整改第一责任人，要切实抓好审计发现问题的整改工作，对重大问题要亲自管、亲自抓。对审计发现的问题和提出的审计建议，被审计单位要及时整改和认真研究，整改结果在书面告知审计机关的同时，要向同级政府或主管部门报告，并向社会公告。

（十五）加强整改督促检查

各级政府每年要专题研究国家重大决策部署和有关政策措施落实情况审计，以及本级预算执行和其他财政收支审计查出问题的整改工作，将整改纳入督查督办事项。对审计反映的问题，被审计单位主管部门要及时督促整改。审计机关要建立整改检查跟踪机制，必要时可提请有关部门协助落实整改意见。

（十六）严肃整改问责

各地区、各部门要把审计结果及其整改情况作为考核、奖惩的重要依据。对审计发现的重大问题，要依法依纪作出处理，严肃追究有关人员责任。对审计反映的典型性、普遍性、倾向性问题，要及时研究，完善制度规定。对整改不到位的，要与被审计单位主要负责人进行约谈。对整改不力、屡审屡犯的，要严格追责问责。

六、提升审计能力

（十七）强化审计队伍建设

着力提高审计队伍的专业化水平，推进审计职业化建设，建立审计人员职业保障制度，实行审计专业技术资格制度,完善审计职业教育培训体系,努力建设一支具有较高政治素质和业务素质、作风过硬的审计队伍。审计机关负责人原则上应具备经济、法律、管理等工作背景。招录审计人员可加试审计工作必需的专业知识和技能,部分专业性强的职位可实行聘任制。

(十八)推动审计方式创新

加强审计机关审计计划的统筹协调,优化审计资源配置,开展好涉及全局的重大项目审计,探索预算执行项目分阶段组织实施审计的办法,对重大政策措施、重大投资项目、重点专项资金和重大突发事件等可以开展全过程跟踪审计。根据审计项目实施需要,探索向社会购买审计服务。加强上级审计机关对下级审计机关的领导,建立健全工作报告等制度,地方各级审计机关将审计结果和重大案件线索向同级政府报告的同时,必须向上一级审计机关报告。

(十九)加快推进审计信息化

推进有关部门、金融机构和国有企事业单位等与审计机关实现信息共享,加大数据集中力度,构建国家审计数据系统。探索在审计实践中运用大数据技术的途径,加大数据综合利用力度,提高运用信息化技术查核问题、评价判断、宏观分析的能力。创新电子审计技术,提高审计工作能力、质量和效率。推进对各部门、单位计算机信息系统安全性、可靠性和经济性的审计。

(二十)保证履行审计职责必需的力量和经费

根据审计任务日益增加的实际,合理配置审计力量。按照科学核算、确保必需的原则,在年度财政预算中切实保障本级审计机关履行职责所需经费,为审计机关提供相应的工作条件。加强内部审计工作,充分发挥内部审计作用。

七、加强组织领导

(二十一)健全审计工作领导机制

地方各级政府主要负责人要依法直接领导本级审计机关,支持审计机关工作,定期听取审计工作汇报,及时研究解决审计工作中遇到的突出问题,把审计结果作为相关决策的重要依据。要加强政府监督检查机关间的沟通交流,充分利用已有的检查结果等信息,避免重复检查。

(二十二)维护审计的独立性

地方各级政府要保障审计机关依法审计、依法查处问题、依法向社会公告审计结果,不受其他行政机关、社会团体和个人的干涉,定期组织开展对审计法律法规执行情况的监督检查。对拒不接受审计监督,阻挠、干扰和不配合审计工作,或威胁、恐吓、报复审计人员的,要依法依纪查处。

国务院

2014年10月9日

中共金华市委办公室 金华市人民政府办公室关于建立健全市本级公务支出公款消费审计制度的意见

金委办发〔2014〕24号

为加强对市本级行政事业单位公务支出、公款消费的审计监督,促进党政机关厉行节约,根据《中华人民共和国审计法》《党政机关厉行节约反对浪费条例》和中央八项规定、省委"28条办法"、市委"25条意见"以及《中共浙江省委办公厅、浙江省人民政府办公厅关于建立健全公务支出公款消费审计制度的意见》(浙委办发〔2013〕83号)等有关要求,经市委、市政府同意,现就建立健全市本级公务支出、公款消费审计制度提出如下意见。

一、突出审计重点

公务支出、公款消费主要是指财政预算安排的商品和服务支出,包括办公费、公务接待费、公务用车运行维护费、因公出国(境)经费、会议费、差旅费、培训费、劳务费等,以及其他资本性支出中的大型修缮、公务用车购置、办公设备配置等支出。公务支出、公款消费审计的重点内容:

(一)行政事业单位公务支出、公款消费预算编制和执行总体情况

各单位各项支出是否严格按照财政部门批复的预算列支,有无超预算、超标准支出;有无挤占挪用专项经费,随意改变专项资金用途;有无向企事业单位转嫁、摊派和报销费用;有无虚列支出、虚开发票,使用假发票报销等手段套取财政资金问题。评价各单位在预算执行中是否做到厉行勤俭节约,反对铺张浪费,强化支出管理。

(二)"三公"经费使用情况

各单位"三公"经费支出的预算编制标准是否合规、调整变动的审批程序是否规范,有无超预算支出"三公"经费现象;有无以各种名义用公款出国(境)旅游,出国时间、出国费用有无超标准;是否严格执行公务用车编制管理规定、配备使用标准;是否严格控制公务接待费用支出额度、严格接待标准。重点揭示公务活动中讲排场、比阔气、铺张浪费等享乐主义现象。

(三)会议费和培训费使用情况

会议支出是否符合严格控制数量、细化预算、规范管理的相关要求;会期、规模是否符合要求,会议费报销和支付是否符合规定,会议是否在规定的地点和场所召开;有无向下属机构、企事业单位或地方转嫁、摊派会议费;有无借会议名义组织会餐或安排宴请;有无套取会议费设立"小金库"或在会议费中列支公务接待费。培训费支出是否真实、合法;有无虚报培训人数、变相收取费用、超标准安排就餐等问题。

（四）举办节庆、搞形象宣传活动等情况

使用财政资金举办各种庆典、节会、论坛等是否严格履行审批手续，是否存在奢靡现象；是否存在借机发放礼品、贵重纪念品等为单位和个人谋取私利的问题。特别是揭露使用财政资金超过规定标准邀请名人，明星举办节庆活动，以合办专刊等形式支出形象广告宣传费用、违反规定摊派发行报刊杂志费用等。

（五）党政机关办公楼费用支出情况

党政机关办公楼等楼堂馆所建设是否严格执行中央的规定要求，新建、扩建、迁建、购置、装修改造党政机关办公楼项目是否严格执行标准、规范资金来源和管理方式；有无不按规定新建或扩建具有住宿、会议、餐饮等接待功能的楼堂馆所设施；有无超标准豪华装修、超标准占用办公楼、超标准购置办公设施等问题。

（六）专项资金支出情况

审计专项资金的使用管理情况并进行分析评价，揭露专项资金使用管理中存在的问题，重点关注专项资金中用于公务支出、公款消费的规范性。

（七）行政事业单位规范津补贴情况

有无违反规定自行新设项目、继续发放已经明令取消的津贴补贴，或者超过规定标准、范围发放津贴补贴，以及以各种名义向职工普遍发放各类奖金，福利等违规行为；有无私设"小金库"以及从中开支津贴、补贴、奖金、福利等问题。

（八）内部控制制度建设及执行情况

关注是否建立健全内部控制制度和制度完善情况，制度建设是否符合国家相关规定，执行是否到位、是否依法完整编制政府采购预算，采购货物、工程和服务，是否遵循公开透明、公平竞争、诚实信用原则；公务支出、公款消费除按规定实行财政直接支付或者银行转账外，是否严格执行公务卡管理制度。

二、明确审计任务

审计机关对公务支出，公款消费审计要结合领导干部经济责任审计、预算执行审计、财政财务收支审计等开展，也可专门组织审计和审计调查。市审计局统筹市本级行政事业单位公务支出、公款消费审计工作，采用国家审计、内部审计、社会中介机构审计分工负责的方式进行。

（一）实行分类审计

市本级审计对象按照突出重点、全面审计的要求，根据单位类型和资金性质进行分类。3年内，对涉及预算执行法定要求的一级预算单位，每年必审；对其他一级预算单位和二、三级预算单位至少审计1次。加大对掌管大量财政资金分配权和下属单位较多的一级预算单位或公务支出、公款消费金额较大的二、三级预算单位的审计力度。通过实行分类审计，最终达到全面覆盖的目标。

（二）实行分级管理

市审计局主要负责市本级一级预算单位的审计，并对涉及财政拨款和受托管理公共资金的下属二、三级预算单位进行抽审，同时检查内部审计、社会中介机构的审计质量。有内部审计机构的单位负责二、三级预算单位的公务支出、公款消费的审计；内部审计力量不足的单位，可以委托社会中介机构进行审计。对上述单位所属的学会、协会、工会、自收自支事业单位,可由主管部门委托社会中介机构对其涉及财政拨款和受托管理公共资金进行审计。

三、统筹审计计划

审计机关要根据审计任务和要求,统筹国家审计、内部审计、社会中介机构审计任务和成果质量管理,确保各项工作有序开展。

(一)统筹计划管理

审计机关要将公务支出、公款消费作为每年审计工作的重点,统筹安排审计计划。每年年初,审计机关结合年度审计项目计划中的领导干部经济责任审计、部门预算执行审计,专项审计调查等任务,并根据3年全覆盖的总量要求,综合协调平衡后,下达国家审计、内部审计及社会中介机构审计分工计划,避免重复审计。

(二)统一内容要求

审计机关根据年度审计工作计划,统一制订审计工作方案,并根据业务分工,制订审计实施方案。内部审计机构、社会中介机构要按照审计机关工作方案和实施方案并结合被审计单位实际情况开展审计。

(三)明确报告制度

各行政事业单位要将内部审计机构、社会中介机构出具的审计报告报送市审计局汇总。没有财政拨款单位的审计情况由各主管部门负责审查管理。市总工会要把每年工会经费审计情况汇总后报送市审计局。

四、提高审计效率

对公务支出、公款消费审计要积极运用信息化手段,推进信息技术与审计业务的深度融合,推广数字化审计模式。加强审计数据资源的建设和利用,建立审计数据联网机制和共享机制。审计机关应就审计方案、审计技术与方法等内容对内部审计机构和社会中介机构进行培训,并在审计实施中加强业务指导,进一步提高审计效率和质量。

五、注重审计整改

审计机关要切实抓好审计发现问题的整改,采取边审边改、督查整改、公开促改、追责问改等措施,提高整改工作效率和效果,确保审计整改贯穿全过程、实现全覆盖。被审计单位要对审计发现的问题及时进行整改,整改情况分别报审计机关和主管部门汇总。主管部门负责督促下属单位问题的整改。

六、建立通报制度

审计机关要在每年年末召开被审计单位及其主管部门、财政部门、纪检监察部门、组织人事部门等参加的审计情况通报会,通报当年度公务支出、公款消费审计中发现的问题,提出审计意见和建议。要结合部门预算公开、"三公"经费公开工作,逐步推进公务支出、公款消费情况审计公告。

七、加强监督管理

市政府成立由市长任组长、相关部门主要负责人参加的公务支出、公款消费专项审计工作领导小组,加强组织领导和督促检查,大力推动公务支出、公款消费审计工作的有效开展。审计机关要依法进行审计,及时向市政府报告重大审计情况,并提交当年度行政事业单位公务支出、公款消费审计综合报告。财政部门要组织指导部门细化预算编制和执行,负责审核批复部门(单位)的年度预决算;组织制定公务支出、公款消费经费开支标准、定额,限定专项经费使用范畴,细化专项经费开支内容;组织制定财政国库管理制度,负责指导全市政府采购监督管理、负责市直党政机关和事业单位小汽车编制及控购管理工作;组织开展财政资金绩效评价、分析;按照审计要求,每年年初提供审计需要的资料、数据,并根据审计意见建议,修订健全相关制度,完善预算编制工作。被审计单位要积极配合审计,及时提供审计需要的资料、数据,单位负责人对本单位提供的资料、数据的真实性、完整性和审计整改工作负责。组织人事部门和主管部门要严肃责任追究,对拒不配合审计、不按期整改、整改不到位、提供虚假整改报告等相关人员,根据审计提出的处理意见,认真核实、查明情况。对违反公务支出、公款消费纪律规定的,要移送纪检监察机关处理;对顶风违纪、性质严重的典型问题,要进行通报、及时曝光、严肃处理。

对国有企业、国有资本占控股地位企业的公务支出、公款消费,由市国资委和主管部门参照本意见,履行监督职责;对行政事业单位下属自收自支单位和学会、协会、工会等社团组织,涉及财政性资金和受托管理公共资金的公务支出、公款消费,参照本意见执行。

违规发放津贴补贴行为处分规定

监察部令〔2013〕第 31 号

第一条 为维护收入分配秩序,严肃财经纪律,规范津贴补贴政策执行,根据《中华人民共和国行政监察法》《中华人民共和国公务员法》《行政机关公务员处分条例》及其他有关法律、行政法规,制定本规定。

第二条 本规定所称津贴补贴包括国家统一规定的津贴补贴和工作性津贴、生活性补贴、离退休人员补贴、改革性补贴以及奖金、实物、有价证券等。

第三条 有违规发放津贴补贴行为的单位,其负有责任的领导人员和直接责任人员,以及有违规发放津贴补贴行为的个人,应当承担纪律责任。属于下列人员的,由任免机关或者监察机关按照管理权限依法给予处分:

(一)行政机关公务员;

(二)法律、法规授权的具有公共事务管理职能的事业单位中经批准参照《中华人民共和国公务员法》管理的工作人员。

法律、行政法规对违规发放津贴补贴行为的处分另有规定的,从其规定。

第四条 有下列行为之一的,给予警告处分;情节较重的,给予记过或者记大过处分;情节严重的,给予降级或者撤职处分:

(一)违反规定自行新设项目或者继续发放已经明令取消的津贴补贴的;

(二)超过规定标准、范围发放津贴补贴的;

(三)违反中共中央组织部、人力资源社会保障部有关公务员奖励的规定,以各种名义向职工普遍发放各类奖金的;

(四)在实施职务消费和福利待遇货币化改革并发放补贴后,继续开支相关职务消费和福利费用的;

(五)违反规定发放加班费、值班费和未休年休假补贴的;

(六)违反《中共中央纪委、中共中央组织部、监察部、财政部、人事部、审计署关于规范公务员津贴补贴问题的通知》(中纪发〔2006〕17号)等规定,擅自提高标准发放改革性补贴的;

(七)超标准缴存住房公积金的;

(八)以有价证券、支付凭证、商业预付卡、实物等形式发放津贴补贴的;

(九)违反规定使用工会会费、福利费及其他专项经费发放津贴补贴的;

(十)借重大活动筹备或者节日庆祝之机,变相向职工普遍发放现金、有价证券或者与活动无关的实物的;

(十一)违反规定向关联单位(企业)转移好处,再由关联单位(企业)以各种名目给机关职工发放津贴补贴的;

(十二)其他违反规定发放津贴补贴的。

第五条 将执收执罚工作与津贴补贴挂钩,使用行政事业性收费、罚没收入发放津贴补贴的,给予记大过处分;情节严重的,给予降级或者撤职处分。

第六条 以发放津贴补贴的形式,变相将国有资产集体私分给个人的,给予记大过处分;情节较重的,给予降级或者撤职处分;情节严重的,给予开除处分。

第七条 违反财政部关于行政事业单位工资津贴补贴有关会计核算的规定核算津贴补贴的,给予警告处分;情节较重的,给予记过或者记大过处分;情节严重的,给予降级或者撤职处分。

第八条 使用"小金库"款项发放津贴补贴的,给予警告处分;情节较重的,给予记过或者记大过处分;情节严重的,给予降级或者撤职处分。

第九条 利用职务上的便利或者职务影响,违反规定在其他单位领取津贴补贴的,给予记过或者记大过处分;情节较重的,给予降级或者撤职处分;情节严重的,给予开除处分。

第十条 以虚报、冒领等手段骗取财政资金发放津贴补贴的,给予记大过处分;情节较重的,给予降级或者撤职处分;情节严重的,给予开除处分。

以虚报、冒领等手段骗取财政资金,并以发放津贴补贴的形式合伙私分的,依照前款规定从重处分。

第十一条 在执行津贴补贴政策中不负责任,导致本地区、本部门、本系统和本单位发生严重违规发放津贴补贴行为的,给予记过或者记大过处分;情节较重的,给予降级或者撤职处分;情节严重的,给予开除处分。

第十二条 不制止、不查处本地区、本部门、本系统和本单位发生的严重违规发放津贴补贴行为的,给予记过或者记大过处分;情节较重的,给予降级或者撤职处分;情节严重的,给予开除处分。

第十三条 对违规发放的津贴补贴,应当按有关规定责令整改,并清退收回。

第十四条 经费来源由财政补助的事业单位工作人员有本规定所列行为的,参照本规定第四条至第十二条规定的违纪情节,依照《事业单位工作人员处分暂行规定》处理。

第十五条 处分的程序和不服处分的申诉,依照《中华人民共和国行政监察法》《中华人民共和国公务员法》《行政机关公务员处分条例》等有关法律法规的规定办理。

第十六条 有违规发放津贴补贴行为,应当给予党纪处分的,移送党的纪律检查机关处理;涉嫌犯罪的,移送司法机关处理。

第十七条 本规定由监察部、人力资源社会保障部、财政部、审计署负责解释。

第十八条 本规定自2013年8月1日起施行。

金华市财政局关于重申公务支出
开支标准严肃财经纪律的通知

金市财行〔2016〕65号

市本级各单位：

为进一步规范党政机关公务开支行为，严肃财经纪律，深入推进党风廉政建设，建立健全厉行节约反对浪费长效机制，根据《中共浙江省委浙江省人民政府关于印发浙江省党政机关厉行节约反对浪费实施细则的通知》（浙委发〔2014〕13号）精神，现重申党政机关会议费、培训费、差旅费、因公临时出国经费、因公短期出国培训经费、外宾接待经费等六项综合性公务支出开支标准。

一、会议费、培训费开支标准

市本级自2014年7月14日起按《金华市财政局关于印发〈金华市市级机关会议费管理规定〉和〈金华市市级机关培训费管理规定〉的通知》（金市财行〔2014〕234号）执行。各单位应当加强会议费、培训费的管理，严格按照会议分类、参与人数、会期、会议费标准执行。根据精简会议的要求，通过减少次数、压缩会议规模等方式控制会议费用支出，会议费标准实行综合定额控制：一类会议500元/人·天，二类会议410元/人·天，三类会议380元/人·天，培训费按三类会议标准控制。讲课费严格按照标准执行。

二、差旅费开支标准

自2014年4月1日起分别按《金华市财政局关于转发〈浙江省机关工作人员差旅费管理规定〉的通知》（金市财行〔2014〕116号）、《金华市财政局关于调整金华市机关工作人员差旅费有关规定的通知》（金市财行〔2015〕426号）及差旅费管理规问题系列解答（浙财行〔2014〕19号、25号、55号、93号）行。城市间交通费：出差人员应当在规定等级内选择乘坐交通工具，超出部分由个人自理；住宿费：严格按照最新出台的分地区、分级别国内差旅费限额标准执行（见附件）；公杂费：工作人员跨设区市出差公杂费为80元/人·天，无城市间交通费票据减半按40元/人·天报销，设区市内出差按60元/人·天，无城市间交通费票据减半按30元/人·天报销；工作人员到同一设区市市域范围内出差，执行同一公务10天（包括中途往返天数）及以上的，公杂费均按实际出差天数30元/人·天报销；各单位应当建立健全审批制度，从严控制出差人员人数和天数。外出学习考察活动按《金华市本级规范外出学习考察活动管理办法（试行）》（金委办发〔2015〕12号）文件规定执行，先审批后外出，经费标准按照差旅费文件执行。工作人员离开常驻地到外地实(见)习、挂职锻炼或支援工作等，在外地工作期间每天的伙食补助费,省外按30元,省内按15元补助。

三、因公临时出国经费、因公短期出国培训经费、外宾接待经费开支标准

因公临时出国经费、外宾接待经费自2014年6月1日起,因公出国短期培训经费自2014年6月17日起,按《金华市财政局关于转发〈浙江省外宾接待经费管理规定〉、〈浙江省因公临时出国经费管理规定〉、〈浙江省因公短期出国培训经费管理规定〉的通知》(金市财行〔2014〕243号)执行。对年初未列入因公出国(境)计划的单位,原则上不安排出访。对未经批准、超范围、超标准开支的费用以及与出访任务无关的开支不予报销,由出国人员个人自理。

各部门要切实采取有力措施,认真梳理、对照检查。上述各项规定施行以来,凡执行中擅自违反的,要立即整改;凡自行制订的会议费、培训费、差旅费等开支标准超过上述制度规定的,必须立即纠正,重新予以修订。

财政部门将会同有关部门加强对各单位公务支出管理和使用情况进行监督检查;各部门要强化对所属单位的监督检查,各部门要强化对所属单位的监管,确保严格执行各项公务支出开支标准。自本通知发文之日起,各部门仍有违反上述公务支出开支标准的,依据《财政违法行为处罚处分条例》《中共浙江省委浙江省人民政府关于印发浙江省党政机关厉行节约反对浪费实施细则的通知》(浙委发〔2014〕13号)第十一章之规定,将严肃追究当事人、审批人等相关人员责任,超出开支标准部分的费用一律由当事人自行负担。

金华市财政局
2016年4月1日

附件

分地区、分级别国内差旅住宿费限额标准表

单位:元/间

序号	地区（城市）	住宿费标准			淡旺季浮动标准建议				
		省级及相当职级人员	正副厅长及相当职级人员	其他人员	旺季期间	旺季上浮价			上浮比例
						省级及相当职级人员	正副厅长及相当职级人员	其他人员	
1	北京市	1 100	650	500					
2	天津市	800	480	380					
3	河北省	800	450	350					
4	山西省	800	480	350					

(续表)

序号	地区（城市）	住宿费标准			淡旺季浮动标准建议				
		省级及相当职级人员	正副厅长及相当职级人员	其他人员	旺季期间	旺季上浮价			上浮比例
						省级及相当职级人员	正副厅长及相当职级人员	其他人员	
5	内蒙古	800	460	350					
6	辽宁省	800	480	350					
7	大连市	800	490	350	7~9月	960	590	420	20%
8	吉林省	800	450	350					
9	黑龙江省	800	450	350	7~9月	960	540	420	20%
10	上海市	1 100	600	500					
11	江苏省	900	490	380					
12	浙江省（杭州市区）	900	500	400					
13	浙江省（杭外其他地区）	800	490	340					
14	安徽省	800	460	350					
15	福建省	900	480	380					
16	厦门市	900	500	400					
17	江西省	800	470	350					
18	山东省	800	480	380					
19	青岛市	800	490	380	7~9月	960	590	450	20%
20	河南省	900	480	380					
21	湖北省	800	480	350					
22	湖南省	800	450	350					
23	广东省	900	550	450					
24	深圳市	900	550	450					
25	广西	800	470	350					
26	海南省	800	500	350	11~2月	1 040	650	450	30%
27	重庆市	800	480	370					
28	四川省	900	470	370					
29	贵州省	800	470	370					
30	云南省	900	480	380					
31	西藏	800	500	350	6~9月	1 200	750	530	50%

(续表)

序号	地区（城市）	住宿费标准			淡旺季浮动标准建议			
		省级及相当职级人员	正副厅长及相当职级人员	其他人员	旺季期间	旺季上浮价			上浮比例
						省级及相当职级人员	正副厅长及相当职级人员	其他人员	
32	陕西省	800	460	350					
33	甘肃省	800	470	350					
34	青海省	800	500	350	6～9月	1 200	750	530	50%
35	宁夏	800	470	350					
36	新疆	800	480	350					

设立"小金库"和使用"小金库"款项违法违纪行为政纪处分暂行规定

中华人民共和国监察部
中华人民共和国人力资源和社会保障部
中华人民共和国财政部
中华人民共和国审计署令
第 19 号

第一条 为规范财政秩序,严肃财经纪律,惩处设立"小金库"和使用"小金库"款项违法违纪行为,确保"小金库"治理工作取得实效,根据《中华人民共和国行政监察法》《中华人民共和国公务员法》《行政机关公务员处分条例》《财政违法行为处罚处分条例》及其他有关法律、行政法规,制定本规定。

第二条 本规定所称"小金库",是指违反法律法规及其他有关规定,应列入而未列入符合规定的单位账簿的各项资金(含有价证券)及其形成的资产。

第三条 国家行政机关及其内设机构有设立"小金库"或者使用"小金库"款项行为的,对负有责任的领导人员和其他直接责任人员(以下统称有关责任人员),由任免机关或者监察机关按照管理权限,依法给予处分。

国有及国有控股企业、事业单位有设立"小金库"或者使用"小金库"款项行为的,对负有责任的领导人员和其他直接责任人员中由国家行政机关任命的人员(以下统称有关责任人员),由任免机关或者监察机关按照管理权限,依法给予处分。

第四条 有设立"小金库"行为的,对有关责任人员,给予记过或者记大过处分;情节严重的,给予降级或者撤职处分。

第五条 使用"小金库"款项吃喝、旅游、送礼、进行娱乐活动或者有其他类似行为的,对有关责任人员,给予警告处分;情节较重的,给予记过或者记大过处分;情节严重的,给予降级或者撤职处分。

第六条 使用"小金库"款项新建、改建、扩建、装修办公楼或者培训中心等的,对有关责任人员,给予警告处分;情节较重的,给予记过或者记大过处分;情节严重的,给予降级或者撤职处分。

第七条 使用"小金库"款项提高福利补贴标准或者扩大福利补贴范围、滥发奖金实物或者有类似支出行为的,对有关责任人员,给予警告处分;情节较重的,给予记过或者记大过处分;情节严重的,给予降级或者撤职处分。

第八条 使用"小金库"款项报销应由个人负担的费用的,对有关责任人员,给予记过或者记大过处分;情节较重的,给予降级或者撤职处分;情节严重的,给予开除处分。

第九条 以单位名义将"小金库"财物集体私分给单位职工的,对有关责任人员,给予记过或者记大过处分;情节较重的,给予降级或者撤职处分;情节严重的,给予开除处分。

第十条 有设立"小金库"或者使用"小金库"款项行为,并且有本规定之外的其他违法违纪行为需要合并处理的,对有关责任人员,依照《行政机关公务员处分条例》第十条的规定追究责任。

第十一条 对在治理"小金库"工作中有弄虚作假、对抗检查、拒不纠正、销毁证据、突击花钱、压案不查、打击报复举报人等行为的,依法从重处理。

第十二条 中共中央办公厅、国务院办公厅《关于深入开展"小金库"治理工作的意见》(中办发〔2009〕18号)印发前,有设立"小金库"或者使用"小金库"款项行为,情节较轻,且能够按照有关规定认真自查自纠的,可以免予处分;情节较重,但能够按照有关规定自查自纠的,可以减轻或者从轻处分;情节严重,但能够按照有关规定自查自纠的,可以从轻处分。

第十三条 中共中央办公厅、国务院办公厅《关于深入开展"小金库"治理工作的意见》(中办发〔2009〕18号)印发后再设立或者继续设立"小金库"的,对有关责任人员,按照组织程序先予免职,再依据本规定追究责任。

第十四条 本规定由监察部、人力资源社会保障部、财政部、审计署负责解释。

第十五条 本规定自2010年2月15日起施行。

关于印发《关于在党政机关和事业单位开展"小金库"专项治理工作的实施办法》的通知

中纪发〔2009〕7号

关于在党政机关和事业单位
开展"小金库"专项治理工作的实施办法

根据《中共中央办公厅　国务院办公厅印发〈关于深入开展"小金库"治理工作的意见〉的通知》（中办发〔2009〕18号，以下简称《意见》），现就在党政机关和事业单位开展"小金库"专项治理工作制定实施办法如下。

一、专项治理的范围和内容

（一）专项治理范围

此次专项治理范围是全国党政机关和事业单位，事业单位中要以财政全额拨款事业单位为重点（包括境外机构，下同）。

党政机关包括各级党的机关、人大机关、行政机关、政协机关、审判机关、检察机关以及工会、共青团、妇联等人民团体。

事业单位是指按照《事业单位登记管理暂行条例（修正）》（中华人民共和国国务院令第411号）和中央机构编制委员会办公室《关于批转〈事业单位登记管理暂行条例实施细则〉的通知》（中央编办发〔2005〕15号）规定所设立的各类社会服务组织。

（二）专项治理内容

违反法律法规及其他有关规定，应列入而未列入符合规定的单位账簿的各项资金（含有价证券）及其形成的资产，均纳入治理范围。重点是2007年以来各项"小金库"资金的收支数额，以及2006年底"小金库"资金滚存余额和形成的资产。对设立"小金库"数额较大或情节严重的，应追溯到以前年度。

"小金库"主要表现形式包括：

1. 违规收费、罚款及摊派设立"小金库"；
2. 用资产处置、出租收入设立"小金库"；
3. 以会议费、劳务费、培训费和咨询费等名义套取资金设立"小金库"；
4. 经营收入未纳入规定账簿核算设立"小金库"；
5. 虚列支出转出资金设立"小金库"；
6. 以假发票等非法票据骗取资金设立"小金库"；
7. 上下级单位之间相互转移资金设立"小金库"。

二、专项治理的方法和步骤

此次专项治理工作从《意见》下发之日起至2009年底基本结束,主要采取自查自纠和重点检查相结合的方式进行。

(一)动员部署(《意见》下发之日起至2009年5月底)

各地区各部门要把专项治理工作摆上重要议事日程,切实加强组织领导,建立健全工作机制,深入做好思想发动、政策宣传、计划制定和组织部署工作。充分发挥新闻媒介作用,支持群众监督,鼓励群众举报。

(二)自查自纠(截至2009年6月底)

凡列入此次专项治理范围的党政机关和事业单位,要按照《意见》和本办法要求,抓紧制定具体工作方案,落实工作措施,认真组织自查,做到不走过场、全面覆盖。对自查中发现的各种违法违规问题,必须自觉纠正。自查自纠工作结束后,各单位按规定上报自查自纠总结报告,并填报《单位"小金库"自查自纠情况报告表》(见附件2)。各单位负责人对自查自纠情况负完全责任。自查面必须达到100%。

为保证自查效果,各地区各部门要组织力量有重点地进行督促指导,及时做好政策解释和咨询工作。有关部门和单位也要组织力量开展内部检查,尽量把问题解决在自查阶段。各级"小金库"治理日常工作机构根据《单位"小金库"自查自纠情况报告表》汇总填列《"小金库"自查自纠情况统计表》(见附件3),逐级上报。各省(自治区、直辖市)、中央和国家机关各部门"小金库"治理日常工作机构于6月30日前将自查自纠总结报告和统计表报送中央治理"小金库"工作领导小组办公室。

(三)重点检查(2009年7月初至10月底)

在自查自纠基础上,中央和地方各级"小金库"治理领导机构要组织开展重点检查,重点检查面不得低于纳入治理范围单位总数的5%,重点领域、重点部门和重点单位检查面不得低于20%。

重点检查对象:

1. 执收、执罚权相对集中的部门和单位;
2. 教育、卫生、交通、民政等与人民群众利益密切相关的部门和单位;
3. 宾馆、培训中心、招待所、出版社、报社、杂志社等与党政机关、事业单位有隶属关系的单位;
4. 以前检查发现存在"小金库"的部门和单位;
5. 有群众举报的部门和单位;
6. 自查自纠措施不得力、工作走过场的部门和单位。

重点检查要与规范津贴补贴、规范行政事业单位经营性资产管理、节约和控制行政成本支出、加强银行账户监管,以及行政事业单位发票管理检查、救灾资金管理使用情况检查、扩大内需促进经济增长和政策落实情况监督检查等工作相结合,也要与财政监管、审计监督、税务稽查等日常监管工作相结合,整体推进,综合实施。

重点检查报告及《"小金库"重点检查情况统计表》(见附件4)要逐级上报,各省(自治区、直辖市)"小金库"治理日常工作机构汇总后,于2009年11月20日前报送中央治理"小金库"工作领导小组办公室。

（四）整改落实（截至 2009 年 11 月底）

各地区各部门要针对治理工作中发现的问题，制定整改措施并抓好落实，做到资金资产处理到位、违纪责任人员处理到位。在整改过程中要深入剖析产生问题的原因，完善制度，深化改革，强化源头治理，建立和完善防治"小金库"的长效机制。各级"小金库"治理领导机构要加强对整改落实情况的督促指导。

各省（自治区、直辖市）、中央和国家机关各部门"小金库"治理日常工作机构要将专项治理工作情况形成书面报告，于 2009 年 12 月 10 日前报中央治理"小金库"工作领导小组办公室，由其对全国"小金库"专项治理工作进行全面总结分析，形成专题报告，经中央治理"小金库"工作领导小组审定后报党中央、国务院。

三、专项治理的政策规定

对专项治理中发现的"小金库"，要严格按照"依法处理，宽严相济"的原则进行处理。

（一）"小金库"治理工作鼓励自查，对自查发现的问题从轻从宽处理。凡自查认真、纠正及时的，对责任单位可从轻、减轻或免予行政处罚，对有关责任人员可从轻、减轻或免予处分。对自查出的"小金库"，要如数转入符合规定的单位账簿，依法进行财务、税务等相关处理。各部门各单位对其所属单位进行的内部检查，视同自查。

（二）对被查发现的"小金库"，除依法进行财务、税务等相关处理外，还要对责任单位和责任人员依法予以行政处罚，并依纪依法追究责任。

对设立"小金库"负有领导责任和直接责任的人员，依照《设立"小金库"违纪行为适用〈中国共产党纪律处分条例〉若干问题的解释》《设立"小金库"违法违纪行为政纪处分暂行规定》，严肃追究责任。

（三）对专项治理工作中走过场的部门和单位，主管部门和专项治理领导机构要及时了解掌握有关情况，给予通报批评并责令整改；对问题严重的，要追究主要负责人的责任。

（四）对在专项治理工作中弄虚作假、压案不查、对抗检查、拒不纠正、销毁证据、突击花钱、打击报复举报人的，或重点检查中发现"小金库"数额巨大、情节严重的，要按照有关规定从重处理。涉嫌犯罪的，移交司法机关依法处理。

（五）《意见》下发后再设立"小金库"的，对主要领导、分管领导和直接责任人要严肃处理，按照组织程序先予以免职，再依据党纪政纪和有关法律法规追究责任。

（六）对专项治理工作中发现的其他违反法律法规的问题，按国家有关法律法规进行处理。

四、专项治理的组织领导

此次专项治理工作在党中央、国务院的领导下，实行条块结合、分级负责。

中央成立由中央纪委、监察部、财政部、审计署牵头的治理"小金库"工作领导小组，成员单位包括中央组织部、中央宣传部、公安部、中国人民银行、国家税务总局、银监会等部门。领导小组主要负责指导和协调全国范围内"小金库"治理工作，研究制定有关政策规定和治理措施，协调解决有关重要问题。领导小组办公室设在财政部，负责"小金库"治理的日常组织协调工作。（见附件 1）

各地区各部门要成立由分管领导牵头、相关部门负责人参加的专项治理领导机构,并设立日常工作机构。各省(自治区、直辖市)、中央和国家机关各部门"小金库"治理领导机构及日常工作机构的设立情况要在 2009 年 5 月 10 日前报中央治理"小金库"工作领导小组办公室。

五、专项治理的工作要求

(一)做好宣传发动

《意见》下发后,中央治理"小金库"工作领导小组将召开全国电视电话会议进行部署。各地区各部门要充分利用报纸、广播、电视等各种新闻渠道,多形式、多层次、多角度地宣传治理工作的重要意义、工作内容和政策规定,对治理工作中发现并查处的典型案例有选择地予以公开曝光,把思想认识统一到中央的决策部署上来。

各级"小金库"治理日常工作机构要通过编发工作简报等方式,及时通报治理"小金库"工作进展情况,加强信息沟通,促进工作深入开展。

(二)落实举报制度

各级"小金库"治理日常工作机构要设立并公布举报电话、举报信箱,注意发挥网络举报作用。要认真做好举报的受理工作,建立举报登记和查处督办制度,指定专人负责,做到件件有交待、事事有着落。要认真执行信访工作保密制度,切实保护举报人的合法权益,对打击报复举报人的,依法依纪从严惩处。对举报有功的单位和个人,根据查出并已收缴入库的"小金库"资金、税款和罚款的金额,给予 3%~5% 的奖励,奖金最高额为 10 万元,由同级财政负担。

(三)完善协调机制

"小金库"治理领导机构及日常工作机构要主动加强与各地区各部门的沟通和联系,及时研究明确专项治理的有关政策规定和工作要求,加强对方案制定、自查自纠、重点检查、案件移送、宣传报道等工作的督促指导和组织协调,建立起分工明确、运转顺畅、配合有力的专项治理工作协调机制。各级纪检监察机关和组织人事部门要加强对有关纪律规定执行情况的监督检查,严肃查处违纪违规典型,对有关责任人员及时作出处理;各级财政、审计部门要做好重点检查工作的组织实施和对违反财政法律法规问题的处理处罚工作;各级宣传部门要协调有关新闻单位做好宣传工作;各级公安机关要做好"小金库"有关经济犯罪案件的侦查处理工作;各级税务部门要做好有关涉税问题的查处工作;各级人民银行和银监机构要协调商业银行对专项治理工作给予支持配合,对专项治理中涉及的账户查询、资金冻结和划转等事宜,依法及时办理,特别是对"小金库"举报线索的核查取证工作,金融机构要积极配合。

(四)强化工作督导

在专项治理工作期间,中央治理"小金库"工作领导小组将派出督导组,分赴各地区各部门加强督促和指导,总结推广好的经验做法,督办典型案件,验收治理效果。对工作组织领导不力、自查自纠和重点检查不认真,以及拒绝接受重点检查的部门和单位,及时给予批评并责令整改。各地区各部门也要开展督导工作。

中共中央纪委　监察部　财政部　审计署
2009 年 4 月 23 日

第二部分

高校财务管理范例

# 第一章 高校财务管理制度案例

关于印发《金华职业技术学院项目经费管理暂行办法》的通知

金职院办〔2013〕18号

校内各单位：

经研究，现将《金华职业技术学院项目经费管理暂行办法》印发给你们，请遵照执行。

金华职业技术学院办公室
2013年9月4日

金华职业技术学院项目经费管理暂行办法

第一章 总 则

第一条 为了加强学校各类专项资金的管理，强化财务监督机制，保障专项资金使用的合法性、合理性，提高资金使用绩效，根据国家财经法规、财务管理制度，结合学校发展规划、办学目标和实际情况，特制定本暂行办法。

第二条 项目经费是指为完成学校事业发展目标，由财政专项资金或学校非税资金安排，在基本支出以外的具有指定用途的经费。

第三条 项目经费的安排原则。全局性原则：立项要按学校整体规划、布局展开。重要性原则：立项要围绕当年的中心工作，确保重点项目的实施。完整性原则：立项申报要完整，既要考虑项目主要建设内容，也要考虑配套服务。绩效性原则：立项的项目要有明确的预期绩效目标，体现资金的使用效能。

第四条 项目经费的管理原则：贯彻执行国家相关政策、法规和财务规章制度，统筹安排，专户核算，专款专用，节俭高效。

第五条 项目经费按照支出性质分为专项公用类项目和发展建设类项目两大类。

专项公用类项目，是指为履行职能，完成工作任务，而用于商品和服务支出的特定项目。具体包括：大型会议、培训类项目；重大宣传、活动类项目；重大课题调研、规划类项目；信息化运行维护项目；大宗印刷类项目；房租类项目；物业管理类项目；其他专项公用类项目。

发展建设类项目，是指为完成事业发展目标，一次性或阶段性发生的属于基本支出外的建设项目。具体包括：房屋建筑物购建类项目；大型修缮类项目；信息网络购建类项目；设备购置类项目；其他发展建设类项目。

第二章　申报和立项

第六条　项目经费原则上按财务年度申报，每年7～9月申报次年度项目经费。

第七条　学校根据教育发展规划，结合财力可能，确定次年建设期内项目经费支持重点方向和建设目标，在项目经费规定的使用范围内指导二级学院、职能部门及有关单位等编制次年的项目预算。

第八条　项目经费以项目形式申报，采用项目使用单位申请，项目统筹职能部门申报，学校项目预算论证小组、项目预算审核小组论证审核的形式。

第九条　各二级学院、职能部门及有关单位，根据学校建设规划和办学目标，结合本单位工作重点和需要，申报项目经费预算。在编制项目预算时，要从紧编制项目支出预算，项目经费预算原则上不得安排在职人员基本支出。要加强项目的论证、审核、筛选、细化项目预算，着力提高预算编制的科学性和准确性，填写"项目申报书"及有关附件资料。

第十条　推进项目预算编制绩效管理，强化绩效理念，项目预算要求"立项有依据，绩效有目标，计算有标准"，确保列入年度预算的项目切实可行。所有发展建设类项目和专项公用类项目需申报绩效目标，无绩效目标的项目不予安排。

第十一条　健全学校资产管理与预算管理有机结合的机制，涉及资产配置的项目，必须依据《金华市本级行政事业单位国有资产配置管理暂行办法》和《金华市本级行政事业单位国有资产配置标准》及实际工作需要，编制资产配置预算。填报《金华市本级行政事业单位资产配置计划审批表》。未按要求编制资产配置预算的，不得新购资产。

第十二条　项目经费中凡纳入集中采购目录以内或集中采购目录以外限额标准以上的货物、工程和服务，均应当编制政府采购预算。严格执行有关政府采购政策，未按以上要求编报政府采购预算的，不得组织采购活动，不得支付资金。

第十三条　项目预算论证小组对提交的项目申报书及有关附件资料进行论证，项目是否符合学校总体建设方向，项目建设的总体设想、依据、规模是否合理妥当；对项目的组织、技术、经济及财务等方面方案是否切实可行。学校项目预算审核小组统筹全校项目资金安排，对项目资金预算是否合理；配套资金落实是否确有保障等进行审议。

第十四条　按规定程序论证审议后，由学校院长办公会议审定立项，上报金华市财政部门审批，待财政批准后下达。特别重大项目由项目责任单位与学校签订项目责任协议书。

第三章　项目经费的使用管理

第十五条　项目经费确定后，项目责任单位应严格按照项目批复和预算执行，填制"预算经费执行计划表"，有计划按进度执行预算，积极组织落实和实施。

第十六条　项目经费实行项目责任人负责制。每笔开支需经项目负责人、经办人签字，符合财务规定，方可办理报销手续。

第十七条　计财处负责项目经费的财务管理，对项目经费使用的合法性、有效性、真实性实行全面监督。实行预算项目管理，设立相应的会计科目进行核算，专款专用，不得相互占用或挪用。

第十八条 项目经费年度预算一经审定下达，必须严格执行，一般不作调整，确有必要调整时，应按规定程序重新上报审批，并加以详细说明。

第十九条 用于基本建设、大型设备等项目经费，要严格执行项目招投标程序，并依据学校立项文件、招投标合同和建设项目施工合同等，按项目进行管理核算。基本建设项目竣工，经工程项目竣工结算审计后方可办理结算手续。

第二十条 在项目实施中，纳入政府采购的项目应按照市政府采购的有关规定执行。

第四章 监督检查和绩效考核

第二十一条 学校绩效评价工作领导小组负责组织、落实项目经费使用评估、监督、检查和管理。各项目责任单位应于次年2月底前上报项目经费绩效评价报告。

第二十二条 建立项目追踪反馈制度。对项目经费的使用和管理进行定期监督检查和跟踪了解，对项目使用和执行情况定期进行数据分析，及时了解项目执行情况和专项经费使用情况，以保证项目经费按核定的预算合理使用。

第二十三条 建立、健全经费使用管理的监督约束机制，做到审批手续完备，账目清楚，内容真实，核算准确，监督措施得力，确保资金的安全和合理使用。审计处依据法律法规和有关规定对项目的执行情况予以审计。自觉接受上级有关部门组织的监督和检查。

第二十四条 项目经费实行绩效考核制。需申报绩效目标的延续项目须报上年度项目绩效评价报告。学校将把评价结果作为当年度预算安排的重要依据。对评价结果优秀并绩效突出的，在安排预算时给予优先考虑；对评价结果不合格的，在安排预算时应从紧考虑或不予安排；统筹项目的职能部门未报绩效目标或评价报告的，不予安排预算。

第二十五条 落实项目经费预算执行主体责任，建立项目经费预算执行与预算安排相挂钩的机制。延续项目年度经费执行进度较低的，在编制次年项目预算时将按上年项目预算规模相应缩减安排。

第二十六条 加强项目经费年度结余的管理。项目经费结余按项目进展情况分为项目已完成形成的净结余和项目在执行过程未完成的专项结余。净结余资金应于当年年底缴入市财政局用于平衡市财政预算；项目未完成形成的结余也于当年年底缴入市财政局，经学校申请，市财政审核后，方可纳入下年度预算。

第二十七条 项目经费实行责任追究制，项目因故终止或造成损失，由学校审计处负责对其进行清查审计。如果是人为原因造成损失的，要追究项目责任单位和项目责任人的责任。

第五章 附 则

第二十八条 本办法自发布之日起施行。本办法由金华职业技术学院计财处解释。

附件：1. 项目经费申报审批流程图；
  2. 项目预算论证小组、项目预算审核小组人员组成；
  3.《项目申报书》及填报说明；
  4. 预算经费执行计划表、资产配置计划表、政府采购预算表；
  5. 项目绩效评价报告样式。

金华职业技术学院办公室关于印发二级学院经费分配办法的通知

金职院办〔2015〕19号

校内各单位：

《二级学院经费分配办法》已经五届三次教职工代表大会表决通过，现印发执行。

金华职业技术学院办公室
2015年4月20日

金华职业技术学院二级学院经费分配办法

为进一步理顺学校财务管理体制，顺应现阶段国家财政体制改革的要求，提高学校资金使用效益，根据《高等学校财务管理制度》和国家、省、市有关财经法规和政策，结合学校实际，对二级学院经费分配办法进行重新调整完善。

一、经费分配的基本原则

经费分配按照有利于提高学校整体办学效益，加快学校事业发展的总体要求，实行"统一领导、集中核算"的财务管理体制，继续实行"预算管理、绩效分配"的经费包干管理办法，同时遵循保持激励性、优化师生比、保障教学投入、鼓励优质办学、体现公平均衡、改善收入结构的原则。

二、学校统筹项目

（一）按照公平均衡原则，学校全体教职工公积金、离退休人员工资、公共基础学院经费由学校统筹，不再由二级学院承担。

（二）教职工绩效工资由校、院共同承担，按现有政策继续运行，基础性绩效工资增资部分由二级学院承担，2017年起再增加部分由学校承担。

（三）跨学院课时结算：各二级学院之间相互承担的课程、公共基础学院为其他学院承担全日制学生公共基础课范围之外的课程，以及其他学院为公共基础学院承担的课程，课时费按60元/课时进行结算。

三、二级学院经费分配

二级学院包干经费在学校原经费分配方式上进行改革,进一步优化专业结构与师生比,推进二级学院合理设置继续教育项目和社会服务项目。

二级学院包干经费＝全校全日制学生学费×12％×(教职工人数÷各学院教职工总人数)＋全日制大专生学费×18％×K＋成教住读生学费×45％＋成教业余生学费×68％＋社会培训(服务)费×95％＋优质办学项目分配经费＋中外合作专科分配经费±跨学院课时费。

有关说明如下：

1. 教职工人数确定：根据学校框定的师生比范围(1∶21～1∶30,2017年起调整为1∶21～1∶27),按当年全日制学生人数(全日制大专生＋全日制本科生＋中外合作学生)测算最多配备教职工人数,超出的教职工人数不列入经费分配。有中外合作办学的学院外教按在校任教时间折算后计入教职工人数中。

2. 全日制学生人数确定：根据学校框定的师生比范围,按当年教职工人数测算最多培养全日制学生人数,超出的全日制大专生人数不列入经费分配。

3. 中外合作全日制专科经费分配：中外合作全日制专科生人数列入全日制大专生统计,先按同专业非中外合作学费标准列入分配,超出部分扣除外方合作经费后,二级学院比例为75％。

4. 优质办学项目经费划拨：①全日制本科,学校按学费和上级配套经费的50％划拨给二级学院。对于政策规定学费较低的专业,学校划拨给二级学院的保底分配额为专科同专业的2倍。第一次办学的专业给予10万元开办费。②中外合作全日制本科,学校在扣除外方合作经费后,按50％划拨给二级学院。③留学生教育,按学费的40％划拨给二级学院。

5. 经费专业调节系数K：见下表。

专业类别	财经、文科类	师范类	工科类	农林类	医学、艺术类
专业调节系数	1	1.1	1.13	1.15	1.2

6. 公共基础学院经费分配：公共基础学院包干经费＝全校全日制学生学费×12％×(教职工人数÷各学院教职工总人数)＋全校全日制学生学费×18％×20％＋其他相关工作补助＋社会培训(服务)费×95％±跨学院课时费。

四、经费使用比例要求

(一)二级学院包干经费由公用经费、人员经费(含基础性绩效工资增资额)两部分组成。

(二)包干经费原则上在扣除基础性绩效工资增资额后的30％作为公用经费(公共基础学院为20％),列支范围如下：

1. 办学业务经费：包括办公经费、教学用办公设备费、补助离退休职工、学生活动、社团经费等。其中补助社团经费不得超公用经费的20％(公共基础学院为30％,社团经费指工会活动经费、党建经费等)。

2. 专业建设经费:包括教改及科研经费、教师进修培训费、合作办学经费、学科技能竞赛费、材料费、设备维修费、学生实习实训费、学生实习保险费、其他实验实训支出费等。专业建设经费不得低于公用经费的40%,财经、文科类学院不得低于30%,公共基础学院不得低于20%。

3. 成教办学经费:包括成教招生费用、技能考证考评费、成教外聘人员劳务费、社会培训费等。

(三)包干经费原则上在扣除基础性绩效工资增资额后的70%作为人员经费(公共基础学院为80%,财经、文科类学院和人员经费未达到奖励性绩效工资年度核定限额的学院,可以按不超73%执行),列支范围:

1. 在职人员奖励性绩效工资、合同工工资及外聘教师薪酬等。
2. 在职人员奖励性绩效工资必须在年度核定限额内使用。
3. 对年终结算人员经费有结余的学院,年终奖允许按年度核定限额最大上浮5%以内发放。

(四)包干经费年终结余低于当年包干经费10%的允许结转下一年度,结余超出10%部分的80%结转下一年度,20%由学校收回统筹。

金华职业技术学院办公室关于印发收费管理办法的通知

金职院办〔2015〕47号

校内各单位：

学校收费管理办法已经院长办公会研究通过，现印发给你们，请遵照执行。

金华职业技术学院办公室
2015年12月21日

金华职业技术学院收费管理办法

第一章 总 则

第一条 为规范收费行为，加强收费管理，保障合法收费，根据《浙江省政府非税收入管理条例》《浙江省财政票据管理实施办法》和《行政事业单位资金往来结算票据使用管理暂行办法》等有关收费和票据政策规定，结合学校实际，制定本办法。

第二条 本办法适用于校内各单位事业性收费（不含产业法人实体、基金会等）。

第三条 学校收费是指按照国家收费管理有关政策和规定，向学生或服务对象收取的费用。学校应当贯彻、落实国家高校收费政策，健全收费管理机制，确保学校收费工作依法有序、合法合规、公开透明。

第四条 本办法所称收费包括：

（一）学校为履行特定职能，依据国家法律、行政法规及有关政策规定收取的费用，主要指学费、住宿费；

（二）学校向学生和社会提供相关服务，按照成本补偿原则收取的费用，主要指各类培训费；

（三）非经营服务性收入，主要指科研经费、场租费等；

（四）各类代收款项。

第五条 计财处为学校收费工作的归口管理部门，负责学校收费的组织管理工作。监察、审计等部门，负责学校收费的监督管理工作。

第二章 立项管理

第六条 学费收费项目和标准的确定。

（一）学校按照国家有关法规和政策规定，向经教育行政部门批准招收的各类学生收取学费，各类学生包括全日制普通班学生、全日制自考助学班学生、成人学历教育学生、留学生、交换生等。

（二）学费收费项目和标准的申报，由计财处根据学校当年招生计划和国家有关收费政策规定，对相关专业的学费项目和标准报省物价部门核定。

第七条 住宿费收费项目和标准的确定。

（一）学校为在学校接受各类教育的学生提供住宿的，向学生收取住宿费。

（二）住宿费收费项目和标准的申报，由计财处根据国家有关收费政策规定和学生宿舍基本条件的实际情况，将住宿费标准的申报材料报省物价部门核定。

第八条 各类培训费收费项目和标准的确定。

（一）校内各单位按照自愿原则面向在校学生和社会人员提供各类培训服务的，向其收取培训费用。

（二）各类培训费收费项目和标准的申报：

1. 培训费具体标准按照成本补偿原则制定，报省物价部门备案后执行；由机关事业单位、行业企业授权或委托开展的培训，根据文件或协议的相关要求执行；

2. 各单位新增培训收费项目，需提出书面申请，提供培训成本计算表及相关材料送计财处，计财处根据相关材料审核后形成文件报送省物价局备案；经备案的培训收费项目，由收费单位填写"收费申请表"，收费单位负责人审核，经计财处审批后据此设立相关培训收费项目和标准；

3. 由国家行政机关授权或委托的培训，由收费单位填写《收费申请表》，同时提供文件或协议，经计财处审批后据此设立相关培训收费项目和标准。

第九条 各类代收项目和标准的确定。

（一）学生代管费：根据学生代管费支出范围和往年支出情况，制定下一学年代管费收取的标准，每学年予以结算；

（二）其他代收项目按文件或协议执行，据实结算；

（三）各类代收项目由收费单位填写《收费申请表》，收费单位负责人审核，经计财处审批后据此设立相关代收项目和标准。

第三章 收缴管理

第十条 所有收费项目纳入学校收费平台或财政征收系统收取，各种费用的收取部门是：

（一）全日制普通学生、全日制自考助学生、留学生、交换生的学费、住宿费和代管费由计财处收缴；

（二）成教学生学费、各类培训费、代管费及其他代收款项由二级学院组织收缴。

第十一条 收缴方式。

（一）存款扣缴方式：全日制学生将应缴款存入指定的银行卡中，学校通过银行代扣；

（二）网上缴费方式：全日制学生登录学校收费服务管理系统进行网上自主缴纳；

（三）POS机缴费方式：缴费者持银行卡通过POS机刷卡缴费；

（四）现金缴费方式：确因特殊情况无法使用上述缴费方式的，经分管财务校领导同意，并向监察处等相关职能部门备案后方可使用现金收费并及时缴存。

第十二条 学生的学费、住宿费按学年收取，不得跨学年预收。遇学费、住宿费标准调整，原则上实行"老生老办法，新生新办法"。

（一）学生因故退学或受校纪处分开除学籍的，根据学生实际学习时间退还剩余的学费和住宿费；代收款项也应在学生退学时一并结清。退费应由学生提出书面申请，经相关学院、职能部门审批，凭书面申请、缴费收据以及相关材料等到计财处办理退费，打入学生银行卡。

1. 全日制普通学生：学校根据学生实际学习和住宿时间，按月计算应交学费和住宿费，多余部分退还学生。实际学习和住宿时间的起始时点为开学日，截止时点为办理离校手续日，30 天折算为 1 个月，不足 30 天的按 1 个月计算，一学年按 10 个月计算。

2. 全日制自考助学生：学生在报到注册后第一学期一个月内申请退学的，按学年所缴学费、住宿费的 80% 退费；一个月后申请退学的，按学年所缴学费、住宿费的 50% 退费。第二学期开学后一个月内申请退学的，按学年所缴学费、住宿费的 30% 退费；一个月以后退学的，不予退费。

（二）学生休学或参军的，按照上级文件规定或参照退学规定办理；休学期间不缴纳学费、住宿费等费用；复学后，按照随读年级相关专业的收费标准收取。

（三）学生申请转专业并经学校核准的，当年学费按就高标准收取，下一学年按所读专业的学费标准收取；学生走读或调整住宿的，新生在报到入住宿舍后 2 周内、老生在学年结束前 1 个月内提出申请，经批准后予以退费。

（四）全日制普通学生确因家庭经济困难需申请贷款或申请缓缴的，需在开学后 1 个月内到所在学院和学生处办理贷款或缓缴手续。

第十三条　校内各单位的收费必须按照批准的收费项目和标准收取，不得巧立名目擅自增设收费项目和超标准收费。

第十四条　收取的各项行政事业性收费收入及其他收入，应当按照国家有关规定，及时、足额上缴财政专户。

第十五条　缴入专户的资金如有学费分成、多缴、错缴等需要退付的，应严格按照规定办理退付手续，不得跨年退付。

第十六条　缴入财政专户的收入依法纳入部门预算，不得在收费收入中坐支。

第四章　票据管理

第十七条　收费票据由计财处统一管理，建立收费票据登记簿，由专人负责收费票据的购买、发放、保管、核销等工作；各单位收费应使用计财处提供的合法票据，严禁不出具票据、打白条，不得自购、自制票据。

第十八条　各单位要指定专人管理票据，保管好空白票据、作废票据和存根，不得销毁或丢弃，票据不得转借、代开或代管；收费人员发生变动时，应及时办理交接手续；各单位应按先核销后领用的程序办理票据结算。

第十九条　各单位申领票据的种类由收费项目的性质确定。种类主要有：

（一）非税收入统一票据，为学校依法收取政府非税收入开具的票据，主要指学费、住宿费和培训费等；

（二）非经营服务性收入收款收据，为学校收到拨补经费、科研经费、赔（退）款项和其他非经营服务性收入所开具的票据；

（三）资金往来结算票据，为学校收取暂收、代收款项开具的票据，主要指学生代管费、押金保证金和代收等级考试费等；

（四）税务票据，为应当依法使用税务发票的经营服务性收费，主要指向社会提供信息咨询、技术开发和技术服务等收费。

第五章　监督检查

第二十条　学校实行收费公示制度，按照国家《教育收费公示制度》和金华市《关于实施行政事业性收费公示报告制度的通知》规定，将收费项目和标准向学生和社会公示，接受学生、家长和社会的监督。

第二十一条　校内各部门、单位有下列情形之一的属乱收费行为。

（一）未经批准，擅自设立收费项目或自定收费标准的；

（二）未经批准，擅自扩大收费范围或调整收费标准的；

（三）未使用规定的收费票据，擅自印制、代开收费票据，超范围使用收费票据的；

（四）其他违规违法收费行为。

第二十二条　收费人员有下列行为之一者，将按照国家有关规定，交纪检监察部门处理。

（一）收费不开票据的；

（二）收费不入账或不上缴的；

（三）收费收入公款私存、挪用的。

第二十三条　所有收费收入必须及时、全额上缴，严格执行"收支两条线"管理规定，不得截留、挪用、坐收坐支，严禁私设"小金库"。

第六章　附　则

第二十四条　本办法自发布之日起执行，由计财处负责解释。

金华职业技术学院办公室关于印发财务报销管理办法的通知

金职院办〔2015〕46号

校内各单位：

学校财务报销管理办法已经院长办公会研究通过，现印发给你们，请遵照执行。

金华职业技术学院办公室
2015年12月21日

金华职业技术学院财务报销管理办法

为进一步加强学校财务管理，健全财务分级审批制度，完善学校二级财务运行机制，明确经济责任，简化报销程序，提高办事效率，根据财经、财务制度的有关规定，结合学校财务运行实际，特制定本办法。

一、常规经费

（一）人员经费支出

1. 在职人员的基本工资和基础性绩效工资由计财处根据人事处提供的信息按月制表，由人事处审核。

2. 在职人员的奖励性绩效工资：职能部门由人事处统一制表，分管人事校领导审批，并报校长审批；二级单位由其办公室按统一格式制表，各二级单位负责人审批，并报分管财务校领导审批。

3. 按月计酬的其他人员经费：职能部门由人事处制表，分管人事校领导审批；后勤公司由后勤中心汇总制表，人事处审核，分管后勤校领导审批；二级学院由二级学院办公室制表，人事处审核，二级学院负责人审批。其中个人月酬超过5千元的，需报分管财务校领导审批，超过1万元的需报校长审批。

4. 人员经费的发放由计财处处长审核。

（二）公用经费支出

1. 各单位公用经费及项目经费支出，5万元以下的由各单位负责人审批，超过5万元按"大额资金支出"执行。

2. 各单位发放校外人员的课酬、讲座、指导及咨询等劳务费，按规定标准和统一格式制表。公用经费列支的,个人5千元以下由各单位负责人审批,5千元~1万元报分管财务校领导审批,1万元以上需报校长审批;项目经费列支的,由项目负责人审核,分管财务校领导审批,个人1万元以上需报校长审批。

3. 经费支出的审核:1万元以下由计财处会计审核,1万元~10万元由计财处分管副处长审核,10万元以上由计财处处长审核。

二、特殊经费

(一)公务支出

1. 因公出国(境)经费

因公出国(境)经费从严控制,限额管理。因公出国(境)计划由国合处统筹,分管外事校领导审核,学校党委会或院长办公会议研究确定。支出金额在5万元以下的,由分管外事校领导审批,支出金额在5~10万元的,报分管财务校领导审批,支出金额在10万以上的,需报校长审批。

2. 公务接待费

公务接待费从严控制,限额管理。公务接待应先审批后接待,按《关于印发学校公务接待管理办法的通知》(金职院办〔2014〕25号)执行。报销时,需附单位公函或说明、公务接待审批单和接待清单。接待费一次性支出金额在5千元以上的由分管财务校领导审批,1万元以上需报校长审批。

3. 公务用车运行维护费

公务用车运行维护费从严控制,限额管理。二级学院公务用车运行维护费由二级学院办公室审核,学院负责人审批。学校公务用车运行维护费由车队统筹安排,学校办公室主任审核,分管财务校领导审批。

4. 会议费及培训费

会议及培训按《关于印发〈会议费管理规定〉和〈培训费管理规定〉的通知》(金职院办〔2014〕43号)执行。

会议及培训实行事先审批制,事前填写《集体(会议、培训)活动申报表》,各单位依据批准的《集体(会议、培训)活动申报表》开展会议或培训活动。在会议或培训结束后的一个月内及时办理费用报销手续,实行"一事一结"。会议及培训涉及劳务费的,开支标准按规定执行。

5. 公务差旅费

公务差旅应先审批后出差,按《关于进一步规范教职工公务差旅管理的通知》(金职院办〔2015〕28号)执行。在公务差旅结束后一个月内凭出差审批单办理报销手续;差旅费开支标准按《关于转发浙江省机关工作人员差旅费管理规定的通知》(金职院办〔2014〕9号)执行。离开常驻地的国内学习培训、考察交流执行差旅管理规定。

6. 公务卡结算

公务支出应通过单位银行账户或公务卡结算。公务卡结算制度是阳光消费的载体,是源头防腐的举措,未按规定使用公务卡结算的,不予报销。确因特殊情况不具备刷卡条件的公务消费,凭对方单位证明报销。

(二)科研项目经费

依据各科研项目负责人在年度内所申报的研究项目、项目建设进度及经费预算方案,经科研中心审核后,报学校分管校领导审批,实行项目负责人责任制,并由计财处分项目核算科研经费。纵向科研项目经费、学科经费、研究所经费的报销根据相关文件要求及学校科研管理有关规定执行;技术服务(横向科研、专业性公司)经费的报销根据协议规定及学校科研管理有关规定执行。其支出内容、支出范围由项目负责人、所在单位分管科研领导审核,科研中心审批。

(三)政府采购

1. 纳入政府集中采购目录的货物、工程和服务类项目或集中采购目录之外且超过政府采购限额标准(货物、服务类项目,单项累计预算金额 10 万元,工程类项目预算金额 30 万元)的项目,向市政府采购管理部门办理审批手续,进行依法采购。报销时需附立项审批表、市级政府(分散)采购预算执行确认书、采购合同、验收报告和入库单等。

2. 未纳入政府采购目录且未超过政府采购限额标准的项目,8 万元以上的基建(维修)工程类项目,3 万元以上的货物类、服务类项目由学校采购中心实施招标采购。报销时需附采购立项审批表、评标结果确认书、采购合同、决算审计报告(工程修缮类项目)、验收报告和入库单等。

3. 未纳入政府采购目录且限额以下的项目为零星采购。其中:货物和服务类由学校采购中心统筹零星采购,工程修缮类由后勤中心组织实施。报销时需附零星采购审批表、采购结果说明等。

(四)政府投资项目经费

政府投资项目经费审批按市财政规定办理。学校自筹资金支付的政府投资项目经费经分管校领导及分管财务校领导审定后,报校长审批。

(五)借款、预付款及内部结算

严格控制个人借款,因公且无法使用公务卡方可借款,并严格执行"前账未清、后账不借"的规定。学生及非学校在编人员不能作为借款人办理借款手续。从严控制预付款,根据文件或合同有关要求执行。

借款、预付款及内部结算 1 万元以下由各单位负责人审批,1~5 万元由分管财务校领导审批,5 万元以上需报校长审批,由计财处处长审核。

(六)大额资金支出

支出金额在 5~10 万元的,报联系(分管)校领导审批;支出金额在 10~50 万元的,报分管财务校领导审批;支出金额在 50 万以上的,需报校长审批;重大经济事项及特殊支付实行会签制或校领导班子集体决策制。

三、附则

各级审批责任人要严格按照国家财经法律法规、学校规章制度履行审批职责,并对签批事项的真实性、合法性、合理性负责。

本办法从 2016 年 1 月 1 日起执行,原《财务审批制度》(金职院办〔2011〕59 号)同时废止。

本办法由计财处负责解释。

金华职业技术学院办公室关于印发后勤财务管理办法的通知

金职院办〔2016〕21号

校内各单位：

学校后勤财务管理办法已经校长办公会研究通过，现印发给你们，请遵照执行。

金华职业技术学院办公室
2016年5月24日

金华职业技术学院后勤财务管理办法

为进一步理顺后勤管理体制，优化学校后勤资源配置，加强后勤财务管理，规范后勤内部核算的财务收支行为，严格控制后勤成本支出范围及标准，明确经济责任，简化报销程序，提高办事效率，根据财经、财务制度，结合学校后勤管理模式，特制定本办法。

一、经费管理体制

学校后勤经费实行"分类管理、分级审批、成本核算、责任考核"的经费管理体制。经费分类核算范围如下：

（一）后勤中心经费

后勤中心属学校职能部门，经费由学校列支，纳入学校预算，实行国库集中支付。人员经费由人事处考核计发；公用经费包干使用，支出范围包含办公费、邮电费、差旅费、培训费、行业学会（协会）会费等。

（二）后勤公司经费

后勤公司为学校二级独立核算单位，参照企业会计制度，依据目标责任制，试行成本核算，自负盈亏。列入各公司成本费用的支出范围有：工资（含奖励性绩效工资）及福利费、工程成本、服务成本、设备购置及维修、业务经费（含办公费、差旅费、邮电费、培训费等）、按规定提取的工会经费以及其他费用等。

（三）后勤工会经费

后勤工会经费由后勤中心人员工会经费（学校公用经费中列支）和后勤公司人员工会经费（各公司经费中列支）组成。后勤工会开展的活动费用按工会经费支出范围在后勤工会经费中列支。

（四）后勤公司成本核算

后勤各公司经费根据"经费分类、成本归口、自负盈亏"的原则，组织成本核算：

1. 后勤公司人员按各公司薪酬考核计发办法核算人员经费支出。
2. 承接校内服务及工程等项目按收支配比原则预算经费，核算成本，不以盈利为目的。
3. 按学校下达的目标任务出现政策性亏损的项目，可申请后勤公司历年结余经费弥补亏损。

二、财务报销办法

（一）常规经费

1. 人员经费

（1）后勤全体在职人员的基本工资和基础性绩效工资由计财处根据人事处提供的信息按月制表，由人事处审核后计发。其中后勤公司在职人员的基本、基础工资由学校统一发放后计入各公司成本。

（2）后勤公司在职人员的奖励性绩效工资由后勤各公司制表，各公司负责人审核，后勤中心按统一表格汇总，后勤中心负责人审批，并报分管后勤及财务校领导审批。

（3）按月计酬的其他人员经费：由后勤各公司制表，负责人审核，后勤中心按统一表格汇总，人事处审核，分管后勤校领导审批。其中个人月酬超过5千元的，需报分管财务校领导审批，超过1万元的需报校长审批。

（4）人员经费的发放由计财处处长审核。

2. 业务经费

（1）经费支出审批：1万元以下的由各公司负责人审批，1万元到5万元的，经公司经理审核后，报后勤中心负责人审批；5万元以上的，按程序逐级报校领导审批（5～10万元的，报分管后勤校领导审批；10～50万元的，报分管财务校领导审批；50万以上的，报校长审批）。

（2）经费支出审核：1万元以下由计财处综合财务科会计审核，1万元～10万元由计财处分管副处长审核，10万元以上由计财处处长审核。

（二）特殊经费

1. 公务支出

（1）公务接待费

公务接待费从严控制，限额管理。公务接待应先审批后接待，按《关于印发学校公务接待管理办法的通知》（金职院办〔2014〕25号）执行。报销时，需附单位公函或说明、公务接待审批单和接待清单。接待费一次支出金额在5千元以上的由分管财务校领导审批，1万元以上需报校长审批。

（2）差旅费

出差实行事前审批制。按《进一步规范教职工公务差旅管理的通知》（金职院办〔2015〕28号）执行。在差旅结束后一个月内凭出差审批单办理报销手续；差旅费开支标准按《关于转发浙江省机关工作人员差旅费管理规定的通知》（金职院办〔2014〕9号）执行。

（3）会议费及培训费

会议及培训按《关于印发〈会议费管理规定〉和〈培训费管理规定〉的通知》（金职院办〔2014〕43号）执行。会议及培训实行事先审批制，事前填写《集体（会议、培训）活动申报表》，各单位依据批准的《集体（会议、培训）活动申报表》开展会议或培训活动。在会议或培训结束后的一个月内及时办理费用报销手续，实行"一事一结"。

（4）车辆维修费：车辆修理须先由经办人提出申请，经公司经理同意后维修，费用按经费支出审批权限报销。

（5）公务卡结算

公司支出应通过单位银行账户或公务卡结算。公务卡结算制度是阳光消费的载体，是源头防腐的举措，未按规定使用公务卡结算的，不予报销。确因特殊情况不具备刷卡条件的公务消费，凭对方单位证明报销。

2. 工程项目用款

工程项目用款按后勤中心审定的工程项目预算执行。项目建设过程中的审批权限参照公司业务经费的审批程序。项目建设实行项目成本核算制度，严格办理材料出入库手续。计财处按各项工程分项目核算，项目完工后需经审计决算工程款。

3. 材料（低值易耗品）的采购

对材料（低值易耗品）的购入，先由公司事先提出采购申请，按规定审批权限办理审批手续后方可进入采购程序。公司必须建立严格的材料（低值易耗品）出入库管理及验收制度，各公司材料的购入与使用必须办理入库、验收、出库及领用手续。

纳入政府集中采购目录的货物、工程和服务类项目或集中采购目录之外且超过政府采购限额标准（货物、服务类项目，单项累计金额10万元，工程类项目金额30万元）的项目，向市政府采购管理部门办理审批手续，进行采购。报销时需附立项审批表、市级政府（分散）采购预算执行确认书、采购合同、验收报告和入库单等。

未纳入政府采购目录且未超过政府采购限额标准的项目，8万元以上的基建（维修）工程类项目，3万元以上的货物类、服务类项目由学校采购中心实施招标采购。报销时需附采购立项审批表、评标结果确认书、采购合同、决算审计报告（工程修缮类项目）、验收报告和入库单等。

未纳入政府采购目录且限额以下的项目为零星采购。由各公司组织采购。报销时需附零星采购审批表、采购结果说明等。

4. 借款、预付款及内部结算

严格控制个人借款，因公且无法使用公务卡方可借款，并严格执行"前账未清、后账不借"的规定。学生及非学校在编人员一般不能作为借款人办理借款手续。从严控制预付款，根据文件或合同有关要求执行。

借款、预付款及内部结算1万元以下由各公司负责人审核后经后勤中心负责人审批，1～5万元由分管财务校领导审批，5万元以上需报校长审批。

（三）各公司不允许对外投资

重大经济事项及特殊支付实行会签制或校领导班子集体决策制。

三、附则

各级审批人要严格按照国家财经法律法规、学校规章制度履行审批职责，并对签批事项的真实性、合法性、合理性负责。

本办法自颁布之日起执行，原《金华职业技术学院后勤财务管理暂行办法》（金职院办〔2008〕23号）同时废止。

本办法由计财处负责解释。

金华职业技术学院办公室关于印发学校公务接待管理办法的通知

金职院办〔2014〕25号

校内各单位：

《金华职业技术学院公务接待管理办法》已经院长办公会议研究通过，现印发执行。

金华技术学院办公室
2014年9月25日

金华职业技术学院公务接待管理办法

为规范学校公务接待管理，切实厉行勤俭节约、反对铺张浪费，加强党风廉政建设，根据上级有关文件精神，结合我校实际，制定本办法。

一、接待原则

学校公务接待工作坚持"有利公务、务实节俭、严格标准、简化礼仪、高效透明"的原则，坚持学校办公室统一管理与二级学院、职能部门对口接待相结合，按照"先审批、后接待、再报销"的程序，确保接待工作规范高效有序进行。

二、接待分工

学校邀请和联系的上级机关、兄弟院校、协作单位以及其他来我校检查工作、考察访问的领导和来宾，由学校办公室负责接待。

各二级学院或职能部门邀请、联系的领导和来宾，由各二级学院或各职能部门负责接待。如有需要，学校办公室可协助接待。如需邀请校领导出席，由学校办公室负责协调。经费支出根据公务活动性质由各接待单位承担。

三、接待程序及标准

（一）来访接待

本办法规定的来访接待，主要是指上级机关、兄弟院校、协作单位来我校出席会议、检查指导、考察调研、学习交流、执行任务等公务活动。

1. 接待审批

公务接待须事先填写《金华职业技术学院公务接待审批单》(见附件)。学校各职能部门负责的公务接待,由办公室负责人审批;二级学院负责的公务接待由二级学院的主要负责人审批。临时性的公务接待需事先向有关负责人请示后接待,事后补办审批手续。

各审批负责人要根据规定的接待范围,严格审批控制,对能够合并的公务接待统筹安排。严禁接待无公函的公务活动和来访人员。严格控制陪同人数,不得层层多人陪同,不安排与接待对象公务无关的人员陪同。

2. 制定接待方案

负责接待的单位根据接待对象所发公函,掌握接待对象的姓名、职务、来校人数、行程及公务活动项目等基本客情,制定接待方案。并提前与有关部门联系,做好公务接待的有关准备工作。

重要接待任务召开协调会,一般由学校办公室负责人主持召开,与任务有关的单位负责人参加,程序安排遵循简化原则。

3. 会见交流

上级领导来校,一般由学校主要领导出面接待;兄弟院校、协作单位来访,按照对等原则接待;与我校各业务单位联系工作的客人,由相关单位的人员出面接待。需邀请校领导出席的,应提前与学校办公室联系,由办公室协调安排。

兄弟院校、协作单位来校学习交流的可采用 LED 屏显示欢迎标语。接待场所安排简洁大方,不张贴悬挂横幅,不铺设迎宾地毯。接待会议室不摆放鲜花、水果、香烟等。

4. 用餐安排

接待对象应当按照规定标准自行用餐。确因工作需要,每批接待对象可以安排一次工作餐。工作餐原则上安排在校内食堂用餐。如确有需要到校外用餐,一般安排在与学校有协议的农家餐馆,菜肴以当地菜、农家菜为主。接待标准应不超过 60 元/人·餐(用餐标准根据上级文件精神适时进行调整)。接待对象在 10 人以内的,陪餐人数不得超过 3 人;接待对象超过 10 人的,陪餐人数不得超过接待对象人数的三分之一。

省内公务活动不得提供各类烟酒。同城公务活动不安排用餐。不得使用私人和企业会所、高消费餐饮场所。

5. 住宿安排

住宿优先安排在有合作协议的宾馆,执行协议价格。接待省部级干部可以安排普通套间,厅局级干部可以安排单间,其他人员安排标准间。接待住宿应当按照差旅费管理有关规定,执行接待对象在当地的差旅住宿费标准。住宿费原则上由客人结算。

不得超标准安排接待住房。房间内不摆放水果或花篮。不额外配发洗漱用品。同城公务活动不提供住宿。

6. 用车安排

公务接待的用车应当遵循"集中乘车,合理使用车型"的原则。学校、职能部门邀请和联系的上级机关、兄弟院校、协作单位的领导和来宾用车由学校办公室统一安排。各二级学院邀请和联系的领导和来宾用车原则上由各学院安排,确需使用学校车辆的,应填写《金华职业技术学院用车申请单》,由学校办公室协助安排车辆。

7. 迎送安排

简化迎送环节,不安排校领导到机场、车站、高速路口及边界迎送,路况不熟的可派一车带路。不组织师生参与迎送活动。严禁以任何名义赠送礼金、有价证券、纪念品及土特产品等。

8. 填写接待清单

公务活动结束后,接待单位应如实填写《金华职业技术学院公务接待清单》,并由相关负责人审签。接待清单包括接待对象的单位、姓名、职务和公务活动项目、时间、场所、费用等内容。

（二）公务外出

本办法所指公务外出是指因工作需要,到外地出席会议、考察调研、学习交流、请示汇报等公务活动。

各单位应当加强公务外出计划管理。具体审批权限按照《关于进一步规范领导干部外出报告、审批等工作程序的通知》（金职院办〔2009〕32号）执行。严禁重复性考察；严禁以各种名义和方式变相旅游；严禁违反规定到风景名胜区举办会议和活动。

公务外出需使用学校车辆的,牵头单位需向学校办公室提出申请。

公务外出确需接待的,应当向接待单位发出公函,告知内容、行程和人员。

（三）外宾接待

外宾接待由外事办牵头、学校办公室协助,参照《浙江省外宾接待经费管理规定》（浙财行〔2014〕29号）执行。

四、接待报销

接待费应当采用银行转账和公务卡方式结算,不得以现金方式支付。接待费报销凭证包括财务票据、派出单位公函和《金华职业技术学院公务接待清单》。接待清单作为财务报销的凭证之一并接受审计。

严禁用公款报销或者支付应由个人负担的费用。

五、监督检查

为加强公务接待管理,各单位应当按季度汇总本部门国内公务接待情况,报学校办公室、计财处、纪委、监察处备案。计财处负责对各单位公务接待经费开支和使用情况进行监督检查,并按"三公经费"公开要求公开公务接待有关经费支出情况,接受广大师生监督。审计处应当加强对各单位公务接待经费的审计监督。纪委、监察处应当加强对公务接待违规违纪行为的查处等工作。

附件：

金华职业技术学院公务接待审批单

来访单位		来访人数	
接待部门		来访时间	
公务内容			
审批意见			

金华职业技术学院公务接待清单

公务活动项目	时间	地点	费用	备注
用餐				（陪同人数）
住宿				
会务				
其他				
接待对象姓名及职务				
接待部门审核意见		财务部门审批意见		
分管财务领导意见				

经办人：

金华职业技术学院办公室关于印发
《会议费管理规定》和《培训费管理规定》的通知

金职院办〔2014〕43号

校内各单位：

学校《会议费管理规定》和《培训费管理规定》已经院长办公会议研究通过，现印发执行。

金华职业技术学院办公室
2014年12月19日

金华职业技术学院会议费管理规定

第一条 为贯彻落实《党政机关厉行节约反对浪费条例》（中发〔2013〕13号）精神，改进会风，精简会议，节约会议经费开支，进一步规范会议活动管理，根据《金华市财政局关于印发市级机关会议费管理规定和市级机关培训费管理规定的通知》（金市财行〔2014〕234号），结合学校实际，制定本规定。

第二条 学校主办或承办的各类会议应当坚持厉行节约、反对浪费、规范简朴、务实高效的原则，严格控制会议数量，规范会议费管理。学校会议实行分类管理、分级审批。

第三条 会议分类及审批。

会议类别	会议范围	审批单位
一类会议	学校党代会、教代会及学校主办（承办）的全国或全省性的各类会议	相关单位拟定方案，填写《集体（会议、培训）活动申报表》，经学校党院办审核后，报院长办公会、党委会或学校主要领导批准。
二类会议	学校召开的教学工作、学生工作和暑期中层干部会议等各类全校性专题会议	相关单位拟定方案，填写《集体（会议、培训）活动申报表》，经学校分管领导审核后，由学校主要领导批准。
三类会议	学校各单位召开的各类会议	相关单位拟定方案，填写《集体（会议、培训）活动申报表》，相关职能部门审核，学校分管领导批准。

第四条 会议费开支范围。

会议费开支范围包括会议住宿费、伙食费、场地费、交通费、资料费、专家劳务费等。

交通费是指用于会议代表接送、统一组织考察、调研等会务需要的租车费用支出。会议资料费是指与会议直接相关的文件印刷、资料用品等费用。专家劳务费是指聘请校外专家参加会议的咨询费、评审费及讲课费等劳务支出。

第五条 会议费开支标准(元/人·天)

会议类别	伙食费		住宿费	其他费用
	校外	校内食堂		
一类会议	150	100	250	100
二类会议	130	90	200	80
三类会议	120	80	180	80

会议费标准中伙食费按标准控制,住宿费与其他费用综合控制。

定额标准是会议费开支的上限,各单位应在规定标准以内执行。

半天会议伙食费参照标准减半执行。

校内召开的会议,且会议代表为本校教职工的,不安排住宿,不预算住宿费。

第六条 严格按批准预算执行,按规定报销。

各单位会议费支付应当严格按照国库集中支付制度和公务卡管理制度的有关规定执行,以银行转账或公务卡方式结算,禁止以现金方式结算。

主办或承办单位在会议结束后应当在1个月内及时办理报销手续,实行"一会一结"。会议报销时除合法票据外,应当提供会议审批依据《集体(会议、培训)活动申报表》、会议通知及实际参加人员签到表等原始明细单据。

对未经批准的会议以及超范围、超标准开支的经费一律不予报销。会议费涉及到政府集中采购、大额资金使用的,按招投标采购及大额资金使用审批等相关规定办理。

第七条 规范廉洁,严格执行会议纪律。

各单位召开会议要充分利用学校现有的会议室、报告厅、实验剧场等场地,尽量选择校内召开。不得到党中央、国务院明令禁止的风景名胜区召开会议。

严格执行会议费开支标准,严禁提供高档菜肴,不上烟酒,不安排高档套房。会议期间不得组织会议代表旅游和与会议无关的参观;不得宴请与会人员;严禁组织高消费娱乐、健身活动。

会议严禁发放纪念品;各类表彰会议应以精神奖励为主,有国家政策规定需要发放奖金或奖品的,其奖励数额和标准,按相关规定执行。

不得使用会议费购置电脑、复印机、打印机、传真机等固定资产以及开支与会议无关的费用。

严禁在会议费中列支公务接待费;严禁套取会议费设立"小金库"。

第八条 本规定自发布之日起施行。由计财处会同党院办、监察处、审计处等相关部门解释。

金华职业技术学院培训费管理规定

第一条 为规范学校培训工作,提高培训效率和质量,加强培训费管理,节约培训费开支,根据《金华市财政局关于印发市级机关会议费管理规定和市级机关培训费管理规定的通知》(金市财行〔2014〕234号)精神,结合学校实际,制定本规定。

第二条 本规定适用于学校以及校内各单位举办的为履行职责所需的知识更新、工作能力提升的各类培训。

第三条 各单位举办培训应当坚持厉行节约、反对浪费的原则,实行单位内部统一管理,增强培训的针对性和实效性,保证培训质量,节约培训资源,提高培训经费使用效益。

第四条 培训费是指各单位开展培训直接发生的各项费用支出,包括住宿费、伙食费、培训场地费、讲课费、培训资料费、交通费、其他费用。

(一) 住宿费是指参训人员及工作人员培训期间发生的租住房间的费用;

(二) 伙食费是指参训人员及工作人员培训期间发生的用餐费用;

(三) 培训场地费是指用于租用培训场地的费用支出;

(四) 讲课费是指聘请校外师资授课所支付的必要报酬;

(五) 培训资料费是指培训期间必要的资料及办公用品费;

(六) 交通费是指用于统一组织的与培训有关的交通支出;

(七) 其他费用是指除上述费用以外与培训相关的必要支出。

第五条 培训费综合定额标准实行分项核定、总额控制。综合定额标准如下:

单位:元/(人·天)

住宿费	伙食费	其他费用	合计
160	100	120	380

综合定额标准是培训费开支的上限,伙食费按标准控制,其他两项费用之间可以调剂使用。

5 天以内(含 5 天)的培训按照综合定额标准控制;5 天以上的培训按照综合定额标准的 75%(计 285 元)控制;对校外的继续教育培训按照综合定额标准的 50%(计 190 元)控制。上述天数含报到和离开时间,报到和离开时间合计不得超过 1 天。

第六条 讲课费执行以下标准(税后):

(一) 中级技术职称及以下专业人员每半天最高不超过 800 元;

(二) 副高级技术职称专业人员每半天最高不超过 1 000 元;

(三) 正高级技术职称专业人员每半天最高不超过 2 000 元;

(四) 院士、全国知名专家每半天一般不超过 3 000 元。

其他人员讲课参照上述标准执行。

第七条 组织培训的工作人员控制在参训人员数量的 5% 以内,最多不超过 10 人。

第八条 各单位要充分利用学校现有的教室、会议室、报告厅等场地,优先选择校内举办培训。确需校外开展培训的,应当选择党校、干部学院、部门行业所属培训基地等场所举办培训。

第九条 严禁借培训名义安排公款旅游;严禁借培训名义组织会餐或安排宴请;严禁组织高消费娱乐、健身活动;严禁使用培训费购置电脑、复印机、打印机、传真机等固定资产以及开支与培训无关的其他费用;严禁在培训费中列支公务接待费、会议费;严禁套取培训费设立"小金库"。

培训住宿以标准间为主,不得发放洗漱用品;培训用餐不得上高档菜肴,不得提供烟酒。

第十条 各单位应尽量利用网络、视频等信息化手段,大力推行自主选学、在岗自学等方式开展培训。

第十一条 培训费严格按经批准的预算执行,按规定及时报销。

各单位依据批准的《集体(会议、培训)活动申报表》开展培训。培训费原则上由培训举办单位承担,在公用经费中列支;专项工作确需组织培训的,可在相关专项经费中列支;对校外人员培训的,在成教业务成本中列支。

举办单位应在培训结束后1个月内及时办理报销手续。培训费报销时应当提供培训通知、实际参训人员签到表、讲课劳务费签收单以及培训场所出具的原始明细单据等凭证。对未经批准、未纳入项目预算和应办未办政府采购手续的培训,以及超范围、超标准开支的经费一律不予报销。

培训费支付应当按照国库集中支付和公务卡管理的有关制度执行。除讲课费、小额零星开支以外,培训费用应以银行转账或公务卡方式结算,不得以现金方式支付。

第十二条 教师进修、出国(境)培训以及上级部门组织的调训和统一培训,不适用本规定。

第十三条 本规定自发布之日起施行。由计财处会同相关部门负责解释。

附件:

金华职业技术学院集体(会议、培训)活动申报表

申请单位(盖章): 　　　　　　　　　　　　　　　年　月　日

活动名称					
活动资金来源					
活动负责人			联系电话		
活动联系人			联系电话		
活动时间			活动地点		
活动举办(参加)的依据或理由,可行性必要性;活动预期的效益和效果的总体描述。					
活动主要内容(工作任务、活动)	子项目 名称		子项目主要内容及绩效		
活动资金预算明细(元)	子项目	开支标准(元/人天)	人数	天数	合计
	资料费				
	住宿费				
	工作餐费				
	交通费				
	专家劳务费				
	合计				
申请单位意见:			业务职能部门(学校办公室)意见:		
计财处意见:			校领导意见:		

注:在①集体(会议、培训)活动的申办需业务职能部门审核,其中涉及工作餐费的,需由学校办公室审核;②活动经费3万元以下的,由分管或联系领导审批,3万元及以上的,由学校主要负责人审批;③开支标准执行学校会议费、培训费管理规定。

金华职业技术学院办公室
关于进一步规范教职工公务差旅管理的通知

金职院办〔2015〕28号

校内各单位：

根据学校"从严落实管理年"的相关工作要求，为了加强和规范我校教职工公务差旅管理，严格公务差旅纪律，完善公务差旅活动管理制度，依据《浙江省机关工作人员差旅费管理规定》（浙财行〔2014〕10号）文件精神，结合我校实际，对学校教职工公务差旅管理作如下规定：

一、公务差旅审批

（一）一般公务差旅审批

1. 学校副处职以上领导外出，须填写《金华职业技术学院领导干部出差审批单》（附件1）。学校领导班子成员外出由学校主要领导审批；正处职领导外出经分管校领导（或联系领导）审批后，由学校主要领导审批；副处职领导经所在单位负责人审批后报分管校领导（或联系领导）审批，若出差天数超过3天还需由学校主要领导审批。审批单存根交由党院办保存。

2. 其他人员外出，须填写《金华职业技术学院教职工出差审批单》（附件2），由所在单位（部门）负责人审批，审批单存根交所在单位办公室或部门保存。

（二）集体公务差旅审批

集体公务差旅主要指由学校或校内各单位（部门）组织的5人以上的外出调研、培训、考察、学习等公务活动。集体公务差旅须统一填写《金华职业技术学院集体出差审批单》（附件3）。

1. 学校领导班子成员率队外出，由学校主要领导审批，审批单存根交由党院办保存。

2. 学校处职领导率队外出，经分管领导（联系领导）审批后，由学校主要领导审批，审批单存根交由党院办保存。

3. 科职领导率队外出，由所在单位（部门）负责人审批，审批单存根交由所在单位办公室或部门保存。

（三）特殊情况审批

遇有特殊原因未能及时办理《出差审批单》的或有特殊情况不能按时返回的，须提前电话向相关领导请示报告，并在返回后二个工作日内及时补办有关手续，如未补办或补办未获批准的，按旷工处理，所有费用自行承担。

二、公务差旅报销补充规定

（一）各类出差需注明出差人或团队名称、出差事由、出差时间、出差地点、主要交通工具、同行人员等,内容务必详实全面,严禁出现"因公出差""开会"等模糊事由。批准后的《出差审批单》是办理报销手续的原始凭证。

(二)伙食补助每人每天100元包干使用;公杂费省内每人每天30元包干使用或凭城市间交通票据每人每天60元限额报销,省外每人每天80元包干使用。出差人员实际发生住宿而无住宿发票的,由出差人员书面说明情况,并经单位领导批准,可报销伙食补助和公杂费。

(三)公务差旅费开支中三级以上正高职称人员享受厅级人员待遇,其他正高职称人员与副高职称人员享受处级人员待遇,具体详见附件4。

(四)公务出差从严控制自驾车辆。对于在偏远地区开展考察、研究或受地理和当地条件限制,必须自驾车辆前往的,各单位负责人要严格审批。对于由于自驾车辆引起的安全问题,由各单位出差人员承担。

金华职业技术学院办公室
2015年5月25日

关于进一步规范领导干部外出报告、审批等工作程序的通知

金职院办〔2017〕3号

校内各单位：

为进一步加强管理，简化审批流程，提高工作效率，根据金职院办〔2009〕32号、金职院办〔2016〕46号等文件规定，现就进一步规范领导干部外出报告、审批等工作程序通知如下：

一、校领导外出的程序

（一）党委书记、校长在工作日离开金华外出，按上级要求报告；其他校领导外出时，应向学校党政主要领导报告，并报学校办公室备案。

（二）各单位及个人收到校外机构举办的各类会议、活动的邀请，如需校领导参加的，应先告知学校办公室，由办公室请示主要领导后，统筹安排相关领导参加。

（三）在校内举办的有关会议、活动等，如需邀请校领导出席的，应先报告学校办公室，由学校办公室根据会议主题安排或请示主要领导后进行统筹安排。

二、中层领导干部外出报告、审批的程序

（一）各单位党政正职（含主持工作的党政负责人），在工作期间外出参加会议、活动等，如在3日以内的，须经分管校领导（或联系校领导）同意，报学校办公室备案；外出3日以上的，须提前2个工作日填写《金华职业技术学院领导干部外出审批单》（见附件1），经分管领导（或联系校领导）同意，并经学校党政主要领导批准后，报学校办公室备案，原则上党务干部由书记审批，行政干部由校长审批。

（二）各单位党政副职（含党委委员、助理），在工作期间外出参加会议、活动等，如在3日以内的，须经本单位正职批准；外出3日以上的，须填写《金华职业技术学院领导干部外出审批单》，经本单位正职同意，并经分管校领导（或联系校领导）批准后，报学校办公室备案。

（三）因特殊原因不能在事前办理报批手续的，应先口头请示有关领导，事后补办相关手续，并报学校办公室备案。

三、集体外出审批程序

各单位组织的集体外出活动，应事先填写《金华职业技术学院集体外出审批单》（见附件2），提前5个工作日经分管校领导（或联系校领导）同意，报学校办公室备案；因特殊原因不能及

时办理集体外出审批手续的,应先征得分管校领导(联系校领导)同意,回校后补办审批手续并报学校办公室备案。有单位中层领导干部参与的集体外出活动参照领导干部外出报告、审批程序进行审批。

四、重要来宾来校报告程序

各单位在接到正处级以上党政机关领导或高校副校级以上领导等重要来宾信息后(特殊情况除外),应及时填写《金华职业技术学院重要来宾报告单》(见附件3)报学校办公室,由办公室进行统筹安排。

五、领导干部病事假审批程序

(一)校领导请病事假的,报学校主要领导批准。

(二)各单位党政正职(含主持工作的负责人)请病事假,如在3日以内的,须经分管校领导(联系校领导)同意,并报学校办公室备案;病事假3日以上的,须经分管校领导(联系校领导)同意,报学校党政主要领导批准,按照《金华职业技术学院教职工考勤实施办法》(金职院办〔2016〕46号)办理请假手续,并报学校办公室备案。

(三)各单位党政副职(含党委委员、助理)领导请病事假,如在3日以内的,须经本单位正职批准;病事假3日以上的,须经本单位正职同意,报分管校领导(或联系校领导)批准后,按照《金华职业技术学院教职工考勤实施办法》(金职院办〔2016〕46号)办理请假手续,并报学校办公室备案。

(四)因特殊原因不能在事前办理请假手续的,应先征得分管校领导(联系校领导)及学校党政主要领导同意,事后补办相关手续,并报学校办公室备案。

六、其他

本通知自发布之日起实施,如其他规章与本通知有冲突的,以本通知为准。

附件:1. 金华职业技术学院领导干部外出审批单
　　　2. 金华职业技术学院集体外出审批单
　　　3. 金华职业技术学院重要来宾报告单

金华职业技术学院办公室
2017年2月17日

附件 1

金华职业技术学院领导干部出差审批单存根

出差人员、职务	出差时间	出差地点	出差事由	交通工具

注:存根由学校办公室留存。

金华职业技术学院领导干部出差审批单

填报单位:(盖章)　　　　　　　　　　　　　　　　　　　　　　　年　月　日

出差人员、职务	出差时间	出差地点	交通工具

出差事由	
单位负责人意见	
分管校领导意见	
书记、校长意见	

注:1. 出差人员出差前需填写本单,办理报销手续时作原始凭证。
　2. 各单位党政正职出差 3 日以内的,须经分管校领导同意;外出 3 日以上的,经分管校领导同意,并经学校党政主要领导批准,原则上党务干部由书记审批,行政干部由校长审批。
　3. 各单位党政副职(含党委委员、助理)领导出差 3 日以内的,经本单位正职批准即可;外出 3 日以上的,经本单位正职同意,并经分管校领导批准。

附件2

金华职业技术学院集体出差审批单存根

组团名称 (外出人员附名单)	往返时间	外出地点	交通工具	带队人 联系电话
出差事由				

注：存根由学校办公室留存或由单位办公室（部门）留存。

金华职业技术学院集体出差审批单

组织单位：（盖章）　　　　　　　　　　　　　　　　年　月　日

组团名称 (外出人员附名单)	往返时间	外出地点	交通工具	带队人 联系电话
出差事由				
单位负责人意见				
分管校领导意见				
书记、校长意见				

注：1. 出差人员出差前需填写本单，办理报销手续时作原始凭证。
　　2. 有单位中层领导干部参与的集体外出活动参照领导干部外出报告、审批程序进行审批。

附件3

金华职业技术学院重要来宾报告单

接待单位:(盖章)   年 月 日

来宾姓名 (可另附名单)	性别	职务	来校时间	离校时间	来校事由	联系人电话
主要活动安排						

金华职业技术学院办公室关于印发学校采购管理办法等相关制度的通知

金职院办〔2015〕45号

校内各单位：

《金华职业技术学院采购管理办法》《金华职业技术学院办公设备及家具配置管理暂行规定》《金华职业技术学院仪器设备验收管理办法》等制度已经院长办公会议研究通过，现印发执行。

金华职业技术学院办公室
2015年12月7日

金华职业技术学院采购管理办法

第一章 总 则

第一条 为进一步加强学校采购管理，规范采购程序，保障采购质量，提高采购效率，促进廉政建设，根据《中华人民共和国政府采购法》《中华人民共和国招标投标法》和省、市等有关规定，结合学校实际，特制定本办法。

第二条 校内各单位包括团体组织使用财政性资金和其他资金以购买、租赁等方式获取采购限额标准及以上的货物类（3万元）、工程类（8万元）和服务类（3万元）的，实行集中采购。限额以下且市政府采购目录以外的货物、服务类和工程类（包括土建、实训基地建设、改造装修、修缮类等工程项目，下同）分别由资产管理部门和归口基建职能部门组织零星采购。

第三条 学校采购实行政府集中采购与自行组织采购相结合的执行模式。模式的选用依据为《金华市政府采购目录及标准》和金华市政府采购管理办公室批复结果。其中，由市发改委审批立项的工程建设项目，按其批复实施。

第四条 采购采用公开招标、邀请招标、竞争性谈判、单一来源采购、询价等方式。其中，公开招标为主要采购方式。

第五条 采购应当遵循公开、公平、公正和诚实信用原则，采购活动及其当事人应当自觉接受市主管部门和校纪检监察部门的监督。

第二章 组织机构及职责

第六条 学校采购工作在学校采购审核工作小组的领导下实行"管采分离"的管理体

制,推进和逐步建立采购工作"统一交易平台、统一信息发布、统一开标评标管理、统一设立专家库、统一接受监督"的运行机制。采购审核工作小组是采购工作的领导决策机构,负责统筹、协调采购工作。

第七条 财务管理部门负责采购管理制度拟定、政府采购预算申报、项目资金来源审核、采购方式审批、采购立项审批件备案、抽取并通知评标专家到场、中标成交结果备案、合同备案,参与供应商质疑和投诉调查、投标(履约)保证金的收取清退及合同款的审核结算等。

第八条 采购中心是采购工作的执行机构,负责组织采购活动、执行政府采购法规、接受采购任务、拟制采购计划方案、起草采购文件、发布采购信息、受理供应商报名、资格预审、接受投标、提出评标专家需求、牵头召集开标会、发布评标结果公示、受理供应商质疑、发布中标通知、采购资料信息归档等。

第九条 采购项目的统筹职能部门及其使用(申请)部门为采购人。其职责有:负责采购项目的市场调研、立项审批、资产配置审查、资金来源落实、建设条件及技术参数论证、协助合同履约管理等。其中,实训基地建设项目的统筹部门归口教务处。

第十条 审计处负责受理工程类项目施工图纸工程量清单和预算的编审及决算审计。

第十一条 学校纪检监察部门负责采购活动的监督检查,受理相关的投诉和举报。

第十二条 评标委员会(含谈判、询价小组)成员经市政府采购管理办公室或校财务管理部门在评标专家库中随机抽取,由采购人代表和有关技术、经济方面的专家至少3人以上单数组成。其中专家人数不得少于成员总数的三分之二,遇有技术复杂、专业性强采购项目的评审专家应包含1名法律专家。开标会由评标委员会成员中推选的组长主持,负责开标、审标、评标、询标(谈判)、定标。

第三章　采购预算的编制与执行

第十三条 使用(申请)单位根据需求向项目统筹职能部门申报下一年度采购计划并编报资产配置表、采购预算表;项目统筹职能部门汇总后,根据《金华市政府采购目录及标准》向财务管理部门编报下一年度政府采购预算(根据市政府采购目录列出采购项目及资金预算)。财务管理部门负责采购预算的核定并向市财政局编报学校下一年度政府采购预算。下一年度的资产配置、采购预算应在当年10月份完成,一经确定,原则上不予调整。

第十四条 采购立项审批应当严格按照资产配置表和政府采购预算执行,未编报资产配置表和采购预算的项目不予采购。特殊情况,应经相关程序追加或调整采购预算后方可采购。

第十五条 政府采购预算项目,由财务管理部门根据项目立项审批结果向市财政局编报《市级政府采购预算执行建议书》,并按其批准的《市级政府采购预算执行确认书》由校采购中心组织采购。

第十六条 政府采购预算项目,原则上应于当年9月底前完成立项审批报送至财务管理部门,11月底前完成采购工作。

第四章　立项论证及采购审批

第十七条 立项审批表是实施采购的依据,一经审定不应随意更改。如遇特殊情况需更改,应由采购人提出,经采购审核工作小组审批同意。凡属单项或批量预算金额10万元及以上的货物、服务类及 30 万元及以上的工程类采购(招投标)项目原则上由采购人组织立项前的可行性论证,作为采购立项的重要依据。

第十八条 立项审批表由采购人填报,审批中需明确立项依据、建设目标、建设环境、建设地点、建设进度、建成说明、建设计划设备配置、建设条件(包括用房、水电、安全、通风采光等)、资金来源、项目概算、采购清单(设备名称和数量、单项预算、技术参数——包括设计方案、使用功能、性质用途、售后服务内容、供货和保修期限)及相关的图样、图纸及技术要求描述、安装要求、完工日期、付款方式、建议采购方式(其中,非公开招标方式采购的须提供采购方式专家论证报告及指定采购方式的有关文件依据)、论证结果等事项。工程类项目应同时提交工程施工图、审计部门编审的工程量清单和工程招标控制价等资料。

第十九条 项目统筹职能部门核准后,向资产管理部门、财务管理部门、项目分管校领导、财务分管校领导报批,并将批准后的立项审批表及其电子稿交财务管理部门和采购中心。

第二十条 采购人根据规定的采购时限要求完成立项审批,公开招标、邀请招标项目需提前 45 个工作日,竞争性谈判项目需提前 15 个工作日,单一来源、询价项目需提前 10 个工作日。财务管理部门按规定向市主管部门报批,确认采购方式。

第五章 招标、投标、开标、评标和定标

第二十一条 采购中心根据立项审批报告,会同采购人按有关要求拟制采购文件。

第二十二条 采购中心根据采购项目的具体情况,可以组织潜在的投标人提供实物样品展示、踏勘项目现场或开标前的答疑会。

第二十三条 采购中心负责受理供应商报名、资格审查、采购文件出售,并按采购文件规定的时间、地点组织投标、开标、评标活动。

第二十四条 开标、评标、定标由评标委员会在监督人员监督下自主进行,评标结果当场由评标委员会和监督人员签字确认,并向投标人宣布。谈判、单一来源、询价采购项目参照执行。

第二十五条 公开招标方式采用技术标和商务(报价)标的综合评分法,得分最高的为预中标单位。以竞争性谈判、询价方式常规的,根据"符合采购需求、质量和服务相等且报价最低"的原则确定预中标单位。

第二十六条 评标结果经网上公示无异议方可确定中标结果,采购中心负责向合同订立部门(参见金职院办〔2009〕34 号文件《金华职业技术学院合同管理暂行办法》)移交相关资料。

第六章 合同签订、履约、验收、结算

第二十七条 合同订立部门接到采购中心签订合同通知后,应及时根据采购结果起草合同文本,按规定程序审签后与供应商签订合同。采购合同的双方当事人不得擅自变更、中止或者终止合同,不允许向成交供应商提出超出采购文件以外的任何要求作为签订合同的条件,也不允许与成交供应商订立背离采购文件确定的合同文本以及采购标的、规格型号、采购金额、采购数量、技术和服务要求等实质性内容的协议。

第二十八条 采购项目验收,按有关规定执行。

第二十九条 采购项目的采购人凭有效发票(发票上加盖"验收专用章""入库专用章"

"已招标"印戳)、审批表、采购合同、验收凭证和入库单,按财务制度办理签字手续后,交财务管理部门结账付款。

第七章 零星采购

第三十条 零星采购职能部门是指:资产管理部门负责教学科研设备、行政办公和管理设备、后勤服务设备和家具等货物、服务类项目的零星采购,工程类项目的零星采购由归口基建职能部门负责。

第三十一条 项目预算总金额在3万元以上10万元以下纳入政府集中采购目录的货物,有下列情形之一的,经分管校领导审批同意后,可采用零星采购。

(一)因自然灾害或其他不可抗力因素,需紧急采购的;

(二)人民生命财产遭受危险,需紧急采购的;

(三)经多次公开招标后流标的项目,需紧急采购的。

第三十二条 零星采购项目应列入年度采购预算,未列入采购预算的原则上不予采购。

第三十三条 零星采购遵循效益优先、诚实守信的原则。

第三十四条 采购人填写《金华职业技术学院零星采购审批表》,货物类项目按学校规定标准配置的办公设备和家具,经资产管理部门和财务管理部门审核即可采购。其他项目需按程序经有关部门审核,报分管校领导批准后采购。

第三十五条 零星采购方式包括市场询价、邀请商家直接谈判和原合同追加采购等。在金华市政府采购目录及标准以外,单项或年度批量预算金额在1万元及以上、3万元以下的货物和服务,由采购中心统筹采购。而在1万元及以下的货物和服务,经学校资产管理部门审批后授权使用部门(单位)组织采购(其中2000元以上的采购活动须由3人以上共同完成采购),采购完成后向学校采购中心提交零星采购结果说明(采购询价情况表)。

第三十六条 零星采购的人员组成应包括使用单位、项目经费统筹职能部门及监督部门。

第三十七条 零星采购通常按照3家以上供应商的报价,在同等质量、同等规格条件下,以取低价为原则进行采购。

第三十八条 同阶段、同类型、同规格的采购项目,若已在近期(6个月)招标的,可按中标价参照采购。

第三十九条 如遇申购货物技术含量高、专业性强、用户有特殊要求或因在外工作急需等特殊情况的,可经零星采购职能部门审核报分管校领导批准,确认采购方式后,由申购部门自行采购。

第八章 采购监督及责任与纪律

第四十条 采购工作由采购预算、立项论证、采购审批、采购实施、合同签订、履约管理、标的验收、工程审计、合同款支付等环节组成,任何一个环节出现纰漏,均可能影响采购效益。学校纪检监察部门按照《浙江省政府采购行为规范和责任追究暂行办法》等规定,对采购活动中的违规违纪行为及其他过错行为进行责任追究。

第四十一条 加强采购活动的监督检查,其主要内容有:采购法律法规和政策的执行情况,采购预算执行情况,采购标准、采购方式和采购程序的执行情况,采购合同的执行情况,其他应当监督检查的内容。

第四十二条 采购环节中有下列情形之一的,责令限期改正,如造成学校经济损失或社会恶劣影响的,由学校给予当事责任人行政处分:

(一) 项目立项不及时的;

(二) 未经审批擅自采购或擅自更改采购标的物的;

(三) 故意将采购项目化整为零,规避学校统一组织采购的;

(四) 开标前泄露标的的;

(五) 与供应商恶意串通的;

(六) 阻挠和限制供应商进入本地区或者本行业采购市场的;

(七) 中标、签约通知书发出后不与中标、成交供应商签订采购合同或擅自变更采购合同内容的;

(八) 其他违纪违规的行为。

第四十三条 学校采购当事人在采购过程中接受贿赂或者获取其他不正当利益,构成犯罪的,依法追究刑事责任;尚不构成犯罪的,处以罚款,有违法所得的,没收违法所得,同时对个人依法给与行政处分。

第四十四条 校内各单位须按照本办法规定的采购方式和采购程序进行采购。对应纳入校统筹采购而未纳入,擅自采购的项目,由采购审核工作小组责令改正。对于拒不改正的,不予入库、建卡、建账和报销,停止按预算向其支付资金,由其上级部门对直接负责的主管人员和其他直接责任人员进行处分。

第四十五条 投标人在投标过程中或供应商在履行合同环节出现违规行为,按照国家、省、市相关规定处理。

第九章 附 则

第四十六条 本办法未尽事宜按国家、省、市相关文件及学校相关文件执行。

第四十七条 本办法自下文之日起试行,此前有关采购(招投标)规定与本办法不一致的,以本办法为准。《金华职业技术学院招标投标管理暂行办法》(金职院办〔2004〕55号)、《金华职业技术学院采购管理办法(试行)》(金职院办〔2007〕42号)、《金华职业技术学院采购工作规程(试行)》(金职院办〔2013〕30号)、《金华职业技术学院零星采购管理办法(试行》(金职院办〔2008〕10号)同时废止。

第四十八条 本办法由学校采购审核工作小组负责解释。

附件:1. 金华职业技术学院采购工作流程图
　　　2. 金华职业技术学院零星采购流程图
　　　3. 金华职业技术学院政府采购项目立项审批表(格式)
　　　4. 金华职业技术学院零星采购审批表(格式)

附件1：

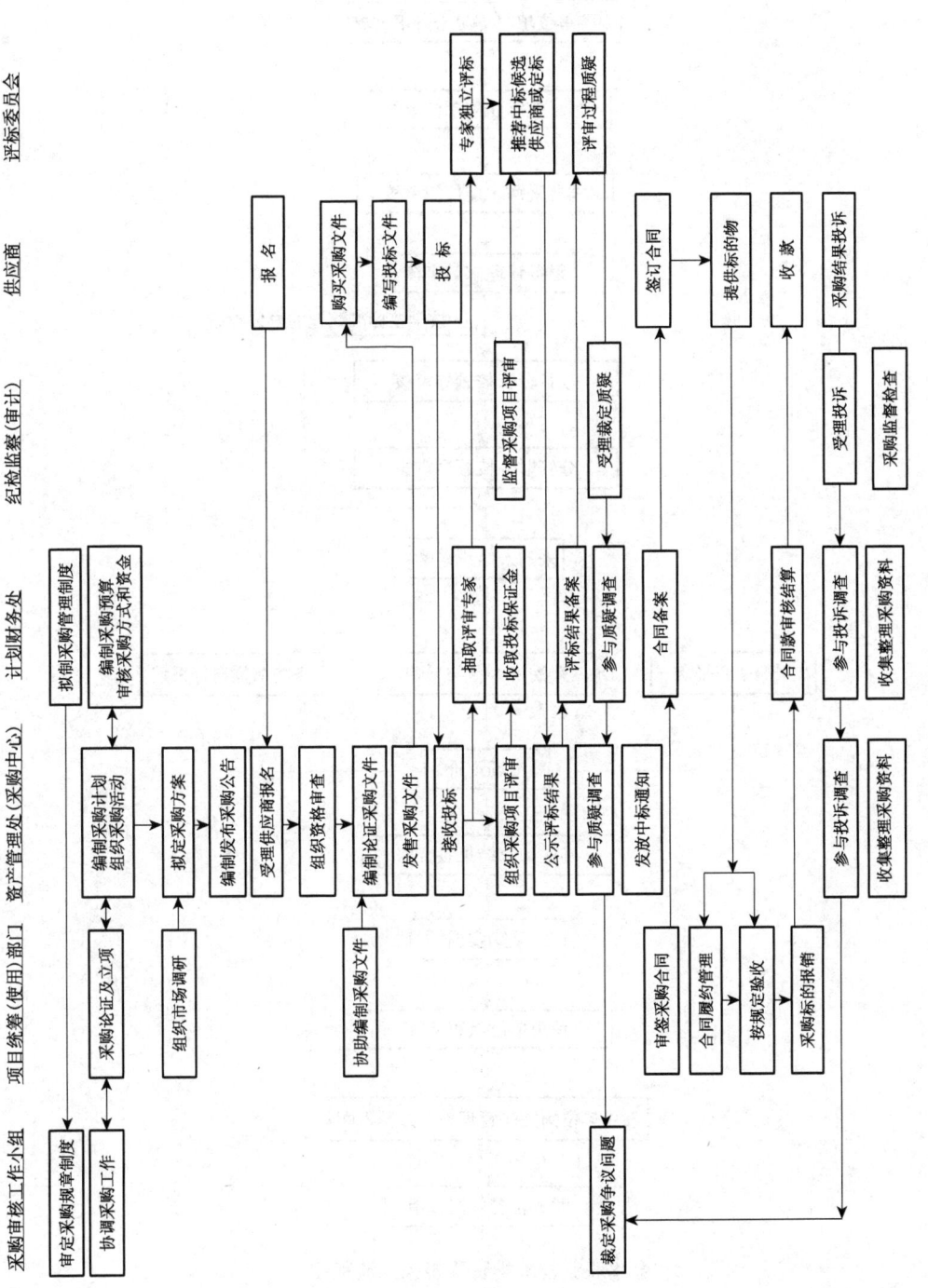

金华职业技术学院采购工作流程图

附件 2：

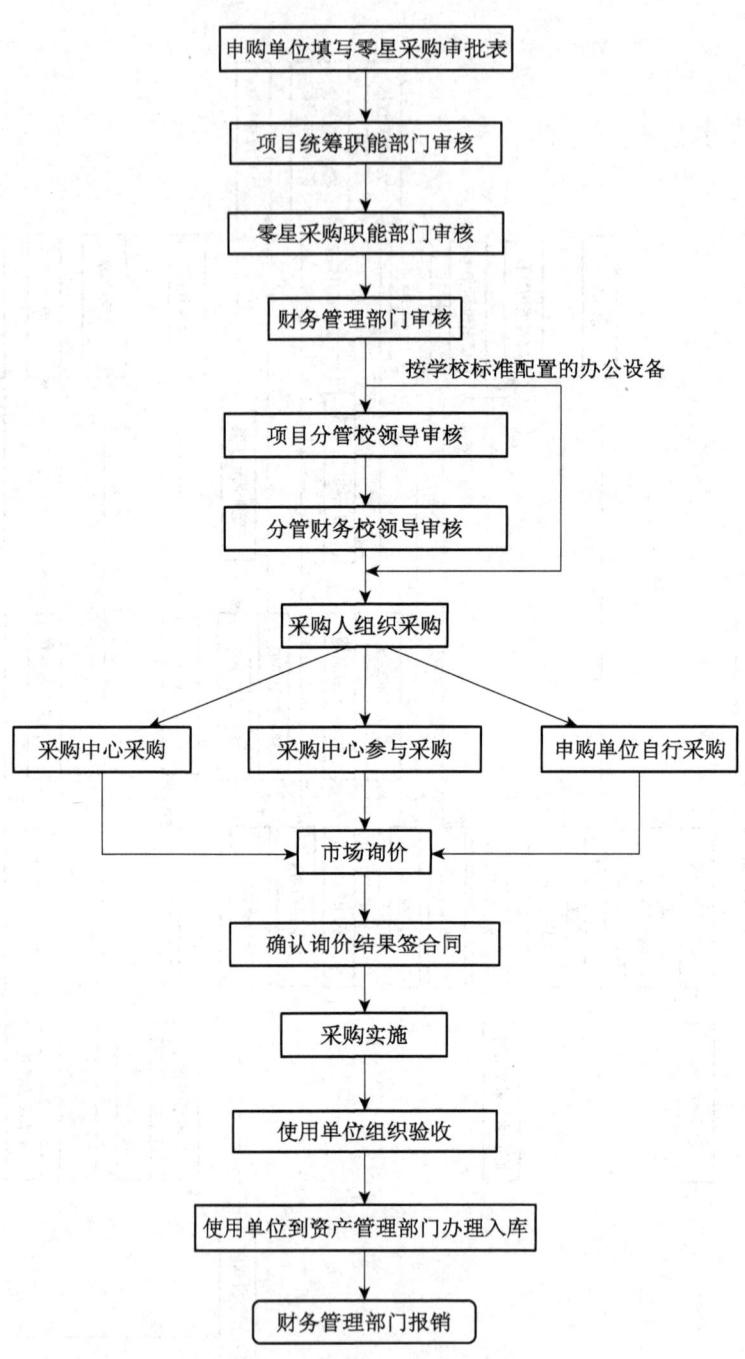

金华职业技术学院零星采购流程图

附件3：

|项目编号|
|NO：|

金华职业技术学院政府采购项目

立项审批表

项　目　名　称：
项　目　类　别：　□工程　　□货物□服务
申　报　单　位：
项目负责人（签名）：
送　交　日　期：
送　交　人：
联　系　电　话：

2014年12月制

填表说明：

1. 本表从网上下载后，要求用计算机填写，A4纸双面打印和复印，左侧装订。
2. "申报单位意见"栏由项目使用部门填写，"项目统筹职能部门意见"栏由项目主管职能部门把关签审，"项目分管校领导意见"栏由项目统筹职能部门的分管校领导签署。
3. 立项审批应严格按照资产配置表预算和政府采购预算执行，凡采购预算项目须纳入政府采购统筹并统一支付资金；采购模式选用依据为《金华市政府采购目录及标准》和金华市政府采购管理办公室批复结果，采购项目有变更、调整的需另行报批。
4. 对于预算调整或追加的采购项目应有申请审批报告（含党委、院长办公会会议纪要或学校抄告单），并报市财政调整或追加预算。
5. 本审批表各栏目若有填写不下的，可以另附页。
6. 审批签署后，本表复印二份，申请单位（入库、报销时用）和采购中心各一份，原件交财务管理部门存档。

金华职业技术学院政府采购项目立项审批表

项目名称	与采购预算项目名称对应		
项目概算	万元	项目联系人及电话	姓名（签字）： 手机：
项目概况	1. 项目简介：包括建设目标、建设环境、建设进度、建成说明、建设计划设备配置情况等（附后）。 2. 采购内容：□详细采购明细或工程量清单及相关的图样、图纸及技术要求描述等资料（附后）。 3. 建议采购方式：□公开招标　□邀请招标　□竞争性谈判 　　　　　　　　　□单一来源　□询价 4. 合同履约及其他说明：		
申报单位意见	1. 立项论证：□建设项目已立项及论证，论证结果附后 2. 资金落实：□建议列入预算项目支出 　　　　　　　□列入当年调整或追加预算（申请审批报告附后） 3. 其他说明： 　　　　　　　　　　　　　　　负责人签名：　　　　年　　月　　日（公章）		
项目统筹职能部门意见	1. 是否同意立项：□是　□否 2. 资金落实：　　□列入预算项目支出 3. 技术参数（包括设计方案、品种数量、单价金额、使用功能、性质用途、安装要求、售后服务内容、供货和保修期限、施工技术图纸等）是否完备： 　　　　　　　　□是，同意按此标准予以采购立项 4. 市主管部门报批资料：□需要报批且手续完成（附后） 　　　　　　　　　　　□不需报批 5. 建设条件（包括用房、水电、安全、通风采光等）是否完好： 　　　　　　　　□是，同意予以采购立项 6. 其他说明： 　　　　　　　　　　　　　　　负责人签名：　　　　年　　月　　日（公章）		

（续表）

资产管理部门审核意见	1. 是否同意立项：□是　　□否 2. 资产配置报批：□列入年初资产配置预算 　　　　　　　　□当年调整或追加资产配置预算 3. 其他要求： 　　　　　　　　　　　　负责人签名：　　　年　月　日（公章）
项目分管校领导意见	 　　　　　　　　　　　　签名：　　　年　月　日
财务分管校领导意见	 　　　　　　　　　　　　签名：　　　年　月　日
财务管理部门审核意见	1. 资金来源审核：□财政拨款 　　　　　　　　□非税资金 　　　　　　　　□其他资金 2. 其他要求： 　　　　　　　　　　　　财务管理审核：　　　年　月　日
	1. 年度采购预算管理：□列入年初政府采购预算 　　　　　　　　　□当年调整或追加政府采购预算 　　　　　　　　　□采购控制价 2. 建议采购方式：□按规定纳入市政府集中采购 　　　　　　　□纳入校采购中心采用方式实施采购 3. 其他建议： 　　　　　　　　　　　　采购管理审核：　　　年　月　日

表1 金华职业技术学院政府采购项目采购(工程量)清单(格式)

(标段一)

序号	采购内容名称	采购内容技术参数要求	计量单位	综合单价	数量(工程量)	预算总价(元)	备注
1							
2							
3							
4							
5							
6							
7							
8							
9							
10							
11							
12							
13							
14							
预算小计		—	—	—	0	—	—

表2　金华职业技术学院政府采购项目论证结果纪要(格式)

项目名称		与采购预算项目名称对应		
论证时间		论证地点		
参加人员 （签名）				
论证结论： 　　要求：项目统筹部门汇同使用部门组织专家及相关人员就项目负责人提出的立项依据、基础条件、设备清单及技术参数（设计方案、施工图纸、预算清单）、建议采购方式进行论证并提出结论。				
申报单位意见	负责人签名： （单位公章） 　　年　月　日	项目论证组意见	组长签名： 　年　月　日	项目分管校领导意见　签名： 　年　月　日

附件4：

表1　金华职业技术学院货物(服务)类零星采购审批表

采购编号：No.　　　　　　　　　　　　　　　　　　　年　　月　　日

采购项目(设备)名称	规格型号	数量	预算单价	预算总价
合　计				

购买说明	联系人：		联系电话：	
申报单位负责人意见(盖章)		项目统筹职能部门意见		
采购方式(建议)		资产管理部门意见		
资金来源		财务管理部门意见		
项目分管校领导意见				
分管财务校领导意见				

备注：写明需采购物品的规格型号和技术参数等，或附上相关的图样及技术要求描述；审批签署后，本表复印一份由申报单位留存(入库、报销用)，原件交采购中心。

表2 金华职业技术学院工程类零星采购审批表

采购编号：No.＿＿＿＿＿＿＿＿＿＿＿＿＿＿＿　　　　　　　　　　年　月　日

工程名称							
经费安排（建议）	项目概算： 万元		项目联系人及电话		工程负责人姓名(签字)： 电话：		
	资金来源：				工程管理员姓名(签字)： 电话：		
序号	采购内容	技术参数要求	计量单位	工程量	综合单价（元）	预算总价（元）	
预算合计							
项目概况	本栏内容包括：应明确立项依据、建设目标、建设环境、建设地点、建设进度、建成说明、建设计划设备配置、建设条件（包括用房、水电、安全、通风采光等）、资金来源、项目概算、安装要求、完工日期、付款方式、工程施工图、审计部门编审的工程量清单和工程招标控制价等资料（可另附页）。						
申报单位意见(盖章)	签名：　　　　　　　　　　　　　　　　年　月　日						
项目统筹职能部门审核意见	签名：　　　　　　　　　　　　　　　　年　月　日						
归口基建职能部门审核意见	签名：　　　　　　　　　　　　　　　　年　月　日						
财务管理部门审核意见	签名：　　　　　　　　　　　　　　　　年　月　日						
项目分管校领导意见	签名：　　　　　　　　　　　　　　　　年　月　日						
分管财务校领导意见	签名：　　　　　　　　　　　　　　　　年　月　日						

备注：①本表工程类零星采购是指单项8万元以下土建、实训基地建设、改造装修、修缮类等工程项目，由归口基建职能部门负责。②"申报单位意见"栏由项目使用部门填写，"项目统筹职能部门意见"栏由项目主管职能部门把关签审，"项目分管校领导意见"栏由项目统筹职能部门的分管校领导签署。③审批签署后，本表复印一份由申请单位留存（验收、报销时用），原件交归口基建职能部门存档。

金华职业技术学院办公室关于印发
《公务支出公款消费审计实施暂行办法》的通知

金职院办〔2014〕48号

校内各单位：

学校《公务支出公款消费审计实施暂行办法》已经院长办公会议研究通过，现印发执行。

金华职业技术学院办公室
2014年12月30日

金华职业技术学院公务支出公款消费审计实施暂行办法

第一条 为加强对我校本级及所属各单位公务支出公款消费的审计监督，促进厉行节约，根据省委办公厅《关于建立健全公务支出公款消费审计制度的意见》（浙委办发〔2013〕83号）、市委办公室《关于建立健全市本级公务支出公款消费审计制度的意见》（金委办发〔2014〕24号）文件精神，特制定本办法。

第二条 本办法所称公务支出、公款消费主要指学校预算安排的商品和服务支出，包括公务接待费、公务用车运行维护费、因公出国（境）经费、会议费、培训费、办公费、差旅费、劳务费等，以及其他资本性支出中的大型修缮、公务用车购置、办公设备购置等支出。

第三条 对公务支出、公款消费的审计，按照"突出重点，兼顾一般"的原则，重点突出对"三公经费"（即公务接待费、公务用车运行维护费、因公出国（境）经费）和会议费、培训费的审计。对其他公务支出公款消费的审计监督，可结合年度审计计划中的经济责任审计、预算执行审计、专项审计调查等项目进行。

第四条 对校内公务支出、公款消费的审计，根据三年内轮审一遍的要求，由审计处安排审计单位，报请校领导同意后列入年度审计计划，并按计划实施，三年后视具体情况，根据需要安排审计。

第五条 公务接待费，主要审计是否存在超预算控制额度列支公务接待费用；是否存在超标准接待；有无用公款搞走访送礼、宴请；有无在接待中安排旅游考察、赠送礼品；有无使用私人会所、高消费餐饮场所；有无在公务活动公务接待中饮酒、搞娱乐活动；有无公款安排吃喝；以及是否存在其他违反有关规定的问题。

第六条 公务用车运行费，主要审计是否存在无预算、超预算列支公务用车费用；是否严格执行有关公务用车管理规定；是否存在未在定点单位维修，维修费中有无不符合同约定擅自提高材料单价、工时费的行为；以及是否存在其他违反有关规定的问题。

第七条 因公出国(境)经费,主要审计是否存在无预算、超预算列支出国(境)费用,出国时间、出国费用有无超标准;有无以各种名义用公款出国(境)旅游;以及是否存在其他违反有关规定的问题。

第八条 会议费,主要审计会议支出是否符合严格控制数量、细化预算、规范管理的相关要求,会议的会期、规模、地点和场所是否符合相关要求;有无借会议名义组织会餐或安排宴请,有无在会议费中列支公务接待费、发放纪念品;以及是否存在其他违反有关规定的问题。

第九条 培训费,主要审计有无借培训组织旅游考察;有无通过宾馆饭店开具培训费发票;有无列支非培训的招待费;有无发放与培训无关的物品纪念品;以及是否存在其他违反有关规定的问题。

第十条 其他各项公务支出公款消费,主要对费用的真实性、合理性、合规合法性进行审计监督。

第十一条 本办法自 2014 年起实施,由审计处负责解释。

第二章 高校财务管理探析

财务报销流程简易说明

经办人 ▶ 审批人 ▶ 审核人 ▶ 报销

1. 经办人：经办人根据原始单据整理分类，填写报销单（单张票据不用粘贴单）并签字。
（1）经费报销涉及资产配置、政府采购的，必须有立项、资产验收或零星采购审批表等业务经办凭据；
（2）差旅费报销需附出差审批单，参加会议、培训等需附会议或培训通知；
（3）举办或承办会议、培训等集体活动，经费报销需附已审批的集体（会议培训）活动申报表；
（4）出国（境）费用需附"出国（境）经费先行审批表、决算表"；
（5）公务接待费需附"公务接待清单"；
（6）公务卡结算范围而未使用公务卡的，需附证明。

2. 审批人：各单位负责人为包干经费或项目经费的审批人。
（1）使用大额资金（5万元以上），逐级报校领导审批：5～10万元报联系或分管校领导审批，10～50万元报分管财务校领导审批，50万元以上需报校长审批；
（2）借款、预付款金额1万元以上，逐级报校领导审批：1～5万元报分管财务校领导审批，5万元以上需报校长审批；
（3）公务接待费一次性支出金额在5,000元以上的报分管财务校领导审批，1万元以上需报校长审批；
（4）出国（境）费用5万元以下，由分管外事校领导审批，5～10万元报分管财务校领导审批，10万元以上需报校长审批；
（5）项目经费列支的劳务费（发放表）由分管财务校领导审批，个人1万元以上需报校长审批。

3. 审核人：计财处对报销单据的合理合法性、准确完整性进行审核。
（1）1万元及以下由会计核算员审核；
（2）1万元至10万元由计财处副处长审核；
（3）10万元以上的大额支付、制表发放的工资和劳务费由计财处处长审核。

4. 报销：财务审核视情况做下列处置。
（1）不合理不合法的，退回报销单；
（2）不完整的要求报销人员补充说明、补必要单证或手续；
（3）合理合法、准确完整的，制单并交出纳报销付（汇）款。

特殊会计事项的问题解读

1. 什么是国库集中支付制度？

解读：国库集中支付制度，是指以国库单一账户体系为基础的现代化国库集中收付制度。(1)含义：就是将所有的政策性财政资金全部集中到国库单一账户（非税收入资金财政专户）中，并规定所有的财政支出必须由国库（单位零余额账户）直接支付给商品和劳务的供应者。(2)依据：《预算法》明确规定"国家实行国库集中收付制度，所有财政收支均应纳入国库集中收付管理"；《中国共产党中央纪律检查委员会第七次全体会议公报》强调"要进一步推进国库集中收付制度，增加试点部门，规范政府收支行为"。

2. 国库集中收付制度的运行机制有何要求？

解读：(1) 改变账户设置和监督方式。财政部门在人民银行开设国库单一账户，在代理银行开设财政专户和为预算单位开设零余额账户。各单位自行开设的账户取消，经批准设立的账户纳入国库单一账户体系。

只有预算单位实际用款时，才引起国库资金的实际支付，即财政资金在实际支付前，预算单位的资金都保存在国库（财政单一账户和财政专户）。财政管理的职能从事后监督改为全过程实时监督。

(2) 建立多位监管和双控机制。财政部门实施预算收支、政府采购、资产配置、电子政务、三公经费、公务卡结算、政策标准等多位监管；执行经费来源和经济分类的双控机制。

3. 慰问学校老领导、离退休人员等发生的费用，是否可以报销？

解读：走访学校老领导、离退休人员的费用，经费在学校福利费列支；各单位慰问生活困难职工的费用，经费由各单位分工会经费列支（需注明具体慰问人员名单）。

4. 邀请专家来校指导、调研等费用如何报销？

解读：邀请专家来校指导、调研的住宿费、城市间交通费，属于特殊差旅，可报销住宿费、城市间交通费，不报销伙食补助和公杂费，报销时需附邀请函。接待费按公务接待规定报销。

5. 教职工到外地参加需缴纳或明确食宿自理的会议、培训，差旅费报销应如何处理？

解读：该类会议原则上应从严控制。确因专业建设、师资提升等工作需要，参加超标的（商业性）会议和培训，须写书面说明，经单位负责人签批后报分管财务校领导审批（或由单位负责人在会议或培训通知单上签批"因教学或……工作需要，派某某同志参加……会议或培训"）。往返在途期间的伙食补助和公杂费，按差旅费规定报销；会议（培训）期间的伙食补助凭举办方开具的合法票据，在差旅费规定限额标准内报销。

6. 教职工出差实际发生住宿而无住宿发票的，是否可报销伙食补助和公杂费？

解读：(1)如果是住在自己家里或到边远地区，无法取得住宿发票的，由出差人员说明情况并经单位领导审批，可以报销城市间交通费、伙食补助和公杂费；(2)受邀参加学术会议、研讨会、评审会、座谈会等，凭邀请方负担住宿费的有效证明，按规定报销城市间交通费、伙食补助费和公杂费；(3)与其他单位开展教学科研合作，对方单位提供住宿的，凭合作方提供的有效证明，按规定报销城市间交通费，伙食补助费和公杂费。

7. 差旅中无城市间交通票据的，如何报销公杂费？

解读：差旅中因乘坐单位自备车、自驾车、租车而无城市间交通票据的，凭住宿费发票报销伙食补助，不再报销公杂费；因搭乘外单位或个人车辆而无城市间交通票据的，减半报销公杂费；由接待单位负担交通费和住宿费的，不再报销伙食补助和公杂费。

8. 集体出差如何报销伙食补助费？

解读：试行凭票和定额报销两种方式，供出差人员自由选择。选择凭票报销的，在差旅费规定的伙食补助费标准内凭餐费发票报销，不需附出差人员签名清单；选择定额报销的，无需餐费发票，按差旅费规定的伙食补助费标准包干使用，报销时需附出差人员签名清单。

集体出差原则上不能包车，特殊原因包车的，应在审批单中说明理由。

9. 师生代表学校到外地参加各类比赛(包括体育项目或学科技能比赛)，其费用如何报销？

解读：师生到外地参加比赛等活动，需附"集体出差审批单"。发生的城市间交通费，住宿费、伙食补助和公杂费，填"差旅费报销单"，按差旅费规定报销；其他费用如因比赛需要购买的服装和药品、食品以及注册费、参赛费等，填"报销粘贴单"，按性质用途在体育维持费或实习实训费中列支，所有比赛费用应一次性报销。

10. 学生开展社会活动、实习、实训等发生的租车(包车)费如何报销？应提供哪些材料？

解读：学生开展社会活动、实习、实训等发生的租车(包车)费在实习实训中列支。报销时，除提供合法票据外，还应有"集体活动申报表"；学生实习期间回校参加技能大赛集训的往返交通费，依据学院情况说明，可作差旅费报销。

11. 承担考试中在职人员劳务费如何发放？考务收入开哪种票据？

解读：承担的考试应为国家统一的高考性质的考试(如学校高职提前招生考试)，参照《关于金华市教育考试院法定工作日之外加班发放补贴问题的函》(金人社函〔2015〕143号)文件规定，可发放在职人员劳务费，但应明确劳务时间应为法定工作日之外、计发标准不超过300元/天。

考务收入应开具非经营服务收入票据。统筹职能部门需在项目经费中申报预算。

12. 教职工离开常驻地到外地挂职、进修、访学等费用如何报销？

解读：教职工离开常驻地到外地挂职、进修、访学等首次前往和期满返回按差旅费规定报销城市间交通费、伙食补助费和公杂费。期间每天的伙食补助费，省外按30元，省内15元补助，不享受公杂费补助。

挂职、进修、访学等期间因工作需要中途回学校的，凭出差审批单等据实报销城市间交通费，不予报销住宿费、伙食补助费和公杂费。

13. 承担高考性质的封闭性考试命题人员发生的费用如何报销？

解读：承担的应为统一的高考性质的封闭性考试命题任务(如学校高职提前招生考试命题)，命题人员发生的交通费、住宿费、餐费等，视高校特殊差旅业务，在差旅费标准限额内，据实凭发票作差旅费报销。

14. 市区住宿费发票是否可以报销？

解读：分别不同情况处理：(1)外地来金人员(如上级部门来校评估检查人员、外聘教师、专家等)的住宿费,凭文件通知、聘书、邀请函等,与城市间交通费一起作差旅费报销,不享受伙食补助费和公杂费;(2)在金人员市区住宿费发票原则上不能报销,如果参加特殊会议(或培训)通知中明确要求住宿的,经批准可以作会议费或培训费报销。

15. 原始单据遗失怎么办?

解读:原始单据是财务报销唯一合法依据,应当妥善保管。发生发票遗失,由原出票单位提供存根联复印件并加盖公章或提供证明(注明原来单据的号码、遗失金额和内容等),由本人对发票作出详细遗失说明并承诺该项业务不会重复报销,并经所在单位负责人或经费负责人签署意见,视同有效单据报销。

16. 学生集体活动费用如何报销?

解读:学生集体活动费用实行"一事一结"。报销时除发票外还需附集体活动申报表、活动决算表、活动通知、参加人员清单。所有活动费用需一次性报销,不能分项多次报销。奖励类费用需附获奖文件和名单。

公务支出报销资料的规范要求

　　为规范公务支出行为,严肃财经纪律,根据《金华市财政局关于重申公务支出开支标准严肃财经纪律的通知》(金市财行〔2016〕65号)精神,现对会议费、培训费、差旅费、公务接待费、因公出国(境)经费等公务支出报销需提供的资料要求如下:

一、培训费报销需提供资料

(一)参加校外培训
1. 培训文件(通知);
2. 单位领导批准参加培训的审批单(含出差审批单);
3. 差旅费报销单;
4. 缴费培训还需提供费用正式发票,超标准培训应附情况说明书。

(二)举办或承办培训
1. 培训文件(通知);
2. 集体(会议、培训)活动申报表;
3. 实际参训人员签到表;
4. 培训结算清单(培训费支出汇总表);
5. 正式发票。

注意:不应向培训对象收取培训费。

(三)创收培训
1. 培训文件(通知);
2. 集体(会议、培训)活动申报表;
3. 实际参训人员签到表;
4. 培训结算清单(培训费支出汇总表);
5. 正式发票。

(四)标准
1. 培训费标准380元,其中:伙食费100元、住宿费160元、其他各项费用120元。伙食费按标准控制,其他两项费用之间可以调剂使用。5天以内(含5天)的培训按照综合定额标准控制;5天以上的培训按照综合定额标准的75%(计285元)控制;对校外的继续教育培训按照综合定额标准的50%(计190元)控制。上述天数含报到和离开的时间,报到和离开时间合计不得超过1天。(金职院办〔2014〕43号)

2. 培训讲课劳务费(税后)执行标准为:中级技术职称及以下专业人员每半天最高不超过800元;副高级技术职称专业人员每半天最高不超过1 000元;正高级技术职称专业人员每半天最高不超过2 000元;院士、全国知名专家每半天最高不超过3 000元。

二、会议费报销需提供资料

(一)参加校外会议
1. 会议文件(通知);
2. 单位领导批准参加会议审批单(含出差审批单);
3. 差旅费报销单;
4. 缴费的会议还需提供正式发票。

(二)举办或承办会议
1. 会议文件(通知);
2. 集体(会议、培训)活动申报表;
3. 实际参会人员签到表;
4. 会议结算清单(会议费支出汇总表);
5. 正式发票。

注意:不应向参加会议方收取费用。

(三)标准
1. 会议费开支标准(元/人·天)

标准	伙食费		住宿费	其他费用
	校外	校内食堂		
380	120	80	180	80

半天会议伙食费参照标准减半执行。
2. 会议劳务费标准参照培训讲课劳务费标准执行
3. 公务接待费报销需提供资料:
1) 校外接待
(1) 派出单位公函或学校邀请函;
(2) 公务接待审批单;
(3) 公务接待清单;
(4) 正式发票。
注意:菜单需当附件保存(备查用)。
2) 校内食堂接待
(1) 食堂接待经费列支:公务接待学校食堂结算单;
(2) 公务接待经费列支:校内结算单、派出单位公函或学校邀请函、公务接待审批单、公务接待清单;
(3) 工作餐费列支:校内结算单、集体(会议、培训)活动申报表、参会或参训人员清单。

四、出国(境)经费报销需提供资料

(一)预付或借款
1. 预付款审批单;

2. 校内出国任务审批单；

3. 金华市出国(境)经费预算先行审核表；

4. 外币支付时需另附：付汇申请书；加盖学校公章的发票复印件；合同、协议或邀请函复印件。

（二）决算报销

1. 校内出国任务审批单；

2. 金华市出国(境)经费预算先行审核表；

3. 出国(境)经费决算表；

4. 出国任务批件(含日程)、护照(包括签证和出入境记录)复印件；

5. 因公临时出国用汇相关凭据；

6. 政府采购手续：团组经费支出3～10(不含)万元，填报学校"政府采购立项审批表，由采购中心实施集中采购"；超过10(含)万元，填报学校"政府采购立项审批表"，报市政府采购管理部门审批(如使用单一来源采购方式的，则提供"政府采购方式审批表、专家论证报告、单一来源采购公示文本及网上界面打印样件")；

7. 国际旅费和国外城市间交通费原始凭证、各项需分摊费用的原始凭证或复印件等。各种有效票据凭证报销时须用中文注明开支内容、日期、数量、金额等，并由出国人员签字。

五、政府采购需提供资料

1. 集中采购

(1)金华市政府(集中)采购预算执行确认书；(2)金华市市级政府集中采购合同；(3)金华市政府集中采购项目验收结算单；(4)与合同金额相符的发票(发票上加盖"验收专用章""入库专用章""已招标"印戳)。

2. 协议采购

(1)金华市政府(协议)采购预算执行确认书；(2)金华市国家机关.事业单位和社会团体协议供货合同；(3)政府采购项目验收结算单；(4)与合同金额相符的发票(发票上加盖"验收专用章""入库专用章""已招标"印戳)。

3. 分散采购

(1)金华市政府(分散)采购预算执行确认书；(2)合同；(3)政府采购项目验收结算单；(4)与合同金额相符的发票。

4. 自行采购

(1)金华市政府(自行)采购预算执行确认书；(2)不高于"确认书"上预算控制金额的发票(发票上加盖"验收专用章""入库专用章""已招标"印戳)。

高职院校二级财务管理的实践与思考

李国友

摘要:二级财务管理具有分级管理、重心下移、财权事权统一的特点。高职院校实行二级财务管理是规模办学的要求,更是财务管理适应内部管理体制调整,建立现代大学制度的需要。高职院校实行二级财务管理要建章立制,分析利弊,建立管理模式,完善运行机制。

关键词:高职院校;二级财务;管理模式

随着我国教育改革的深化,高职院校规模的扩大和教育经费拨款的增长,原有的财务管理体制已不能适应高职院校财务管理现状和现代大学制度建立的需要。建立一种财权与事权相结合,能激发二级学院办学积极性和创造性的"统一领导、集中核算、分级管理"的校院两级财务管理体制是高职院校的现实选择。

一、二级财务管理的解析

(一)二级财务管理的依据

1. 理论依据

二级财务管理的核心是财权的分配问题,财权的分配必须按照"财权与事权相结合"的原则,以适应校院二级组织的职责要求分配相应的财权。《现代管理学》在划分组织部门中的"管理幅度"原则、"责权利相结合"原则是建立二级财务管理体制的理论依据。

2. 制度依据

《高等学校财务制度》(财教〔2012〕488号)第二章财务管理体制第五条规定:高等学校实行"统一领导、集中管理"的财务管理体制;规模较大的学校实行"统一领导、分级管理"的财务管理体制。因此,实行校院二级管理的高职院校均可相应建立二级财务管理体制。

3. 现实依据

金华职业技术学院合并浙江农业机械学校、金华贸易经济学校、金华农业学校、金华师范学校、义乌师范学校、金华卫生学校等6所国家和省部级重点中专,于1998年经国家教育部批准成立,国家示范性高职院校。现有12个二级学院,招生专业69个,全日制在校生2.4万余人,教职工1千3百余人。《金华职业技术学院章程》第八条规定:学校实行校、二级学院两级管理的体制,规范二级学院的自主管理权,发挥二级学院办学的主体作用。

(二)二级财务管理模式

按照《高等学校财务制度》和会计工作组织形式的要求,建立"统一领导、集中核算、分级管理"的二级财务管理模式。

1. 统一领导

"统一领导"是指在学校统一领导下,统筹安排和使用学校办学经费和资源。在校内统一财经方针政策,统一财务收支计划,统一财务规章制度,统一资源调配,统一财务会计业务领导,统一财会人员管理。

2. 集中核算

"集中核算"是指按照"财权下放,财力集中"的原则,由学校财务部门集中组织全校的会计核算工作。二级学院只设财务联络员,不设立银行账户,不另设财会机构。

3. 分级管理

"分级管理"是指学校财经工作和经费收支在学校"统一领导"的基础上,根据事权与财权相结合的原则,由学校和二级学院进行分级管理。即:二级学院有权对管理的经费和分配的资源统筹安排,按照规定使用预算分配的经费;在学校分配政策指导下,自主制定二级学院内部的经济分配办法。

二、二级财务管理的动因

(一) 二级财务管理是高职教育适应市场经济和教育发展的需要

目前,高职院校已成为我国高等教育的"半壁江山",因此,适应市场和教育发展规律,按照"财权和事权相结合,权利与责任相统一"原则,明确目标,划分责任,实行二级财务管理是高职院校的现实选择。分级财务管理体制要求:制定科学合理的经费分配与管理制度;探索符合学校实际的管理下沉模式,将经费的分配与使用逐步下放到二级学院;提高成本观念、主人翁意识以及资源配置优化意识;充分利用现有资源和条件,提高资金使用效益,增加办学活力。

(二) 二级财务管理是高职院校适应高职教育内涵发展的需要

二级财务管理适应高职教育内涵质量建设、机制体制创新和特色发展。工学结合的办学模式使高职院校经费来源渠道多元化,财务集中管理模式难以适应新的形势要求。因此,建立一种合理高效的二级财务管理体制,在制度上规定学校与二级学院的财务关系,在明确财权的基础上提升二级学院的财务自主权,将有利于调动二级学院办学的积极性,科学合理地运作资金,从而实现资源的最佳配置。此外,赋予处于教学前沿的二级学院充分的财务自主权,激发二级学院办学的主动性和创造性,形成"学校控全局、学院增活力"的局面,有利于建立二级学院特色的教学方式与人才培养体系,促进高职教育的特色发展。

三、二级财务管理机制的创建

(一) 明确经济责权划分

确定学校和二级学院的经济责权是实行二级管理的基础。在二级财务管理体制机制创建中,学校制定全校统一的财务制度和经济分配政策,负责全校资金的宏观调控及经费安排,按照相关制度监督二级学院的经费运行。而二级学院作为经济责任主体主要是按照学校相关财务制度编制本单位财务预算,科学、合理安排本单位的年度经费收支;在学校的指导下自主制定内部的经济分配办法。因此,二级学院应努力拓宽办学思路,在完成学校下达的教学、科研等任务基础上,通过办学资源优化配制,挖掘潜力,增强创收能力,提高办学效益。

(二) 制定二级学院经费分配办法

实行校院二级财务管理,学校负责资金总量的宏观调控,按照学生、教师人数及专业等因素科学制定经费分配办法,按照一定的标准将经费分配到二级学院管理使用。分配到二级学院的经费称之为包干经费,采用"包干使用,超支不补,结余留用"的管理办法,包括①人员经费:奖励性绩效工资、外聘教师工资、合同工工资。②公用经费:办公经费、社团经费、师资培训费、学生实习费、教学科研支出、成教业务费等。二级学院经费分配模式为:

$$
\begin{aligned}
\text{二级学院包干经费} = &\text{全校全日制大专学费} \times 12\% \times (\text{教职工人数} \div \text{各学院教职工总人数}) + \\
&\text{全日制大专生学费} \times 18\% \times K + \text{自考助读生学费} \times 45\% + \\
&\text{成教业余生学费} \times 68\% + \text{社会培训(服务)} \times 95\% + \\
&\text{优质办学项目分配经费} \pm \text{跨学院课时}。
\end{aligned}
$$

(三) 建立二级预算管理体系

预算管理是学校财务管理的重要组成部分,也是学校进行各项财务活动的前提和依据,推进二级预算管理是执行二级财务管理的保证。建立二级预算管理体系,就是要形成一套明确预算管理职责、严格预算管理、强化支出控制的预算体系。

1. 预算编制方法

实施二级财务管理,首先应建立以二级学院为主体的预算管理体系,综合分析各种因素,规范稳健编制收入预算。其次,学校的整体预算应以二级学院的预算为基础,论证审核项目预算后综合编制学校预算。

2. 预算编制要求

(1) 收入预算"合理预测、规范稳健"。收入预算留有余地,开源节流,完善创收激励机制,对影响收入增减的各项因素综合分析,合理编制。

(2) 支出预算"统筹兼顾、保证重点"。围绕学校事业发展目标,优化支出结构,保障重点支出。推进财务预算编制与绩效目标、资产配置、政府采购、电子政务、预算执行相结合的机制。

(3) 公用经费"量力而行、厉行节约"。严格控制"三公"经费(公务招待费、因公出国(境)经费、公务车辆购置与运行费)和会议费、培训费支出;从严控制消费性支出。

(4) 项目经费"科学精细、注重绩效"。项目经费"零基"预算,强化绩效管理,试行绩效评价和执行率督查机制;严格项目经费的支出范围,确保项目经费的"专款专用"。

3. 预算控制

预算经教代会审议通过下达执行,作为单位和个人不得随意突破。财务部门负责运用预算手段控制二级学院财务收支,以保证各种收支的合理合法性,制约非预算事项的发生。

四、二级财务管理的弊端分析

(一) 学校预算与财政部门预算不匹配

二级学院"以收定支,量力而行,收支平衡"的预算管理与财政部门"收入一个笼子,预算一个盘子、支出一个口子"的预算管理不相符,使得学校预算与财政部门预算不匹配,主要表现在:在职人员经费与绩效工资不相符;公用经费不衔接、项目经费不规范,财政监管资金不顺畅。

(二) 二级学院财务管理不到位

首先,二级财务管理制度不健全。目前,学校一级的财务规章制度尚算完善,但在逐步下放财权过程中,二级财务管理的内部控制制度却未成型,使得学校对二级学院创收收入与经费支出的实际控制乏力,缺乏行之有效的动态监控机制。其次,二级学院经费支出的真实性难以检查。虽然对二级学院的经费支出在项目上进行了明确的界定,但在实际工作中,出于某种原因,二级学院在受限的经济业务发生时,经常张冠李戴,填写不受限制的费用发票;

有的出于避税目的,把人员经费开支转化为公用经费开支,四处张罗票据报销;有的用假名造表发放,随意性非常大。目前,校级财务部门只能对二级学院报销的票据进行表面化的审核,或对其预算经费进行总量控制,不能针对经济业务的全程进行监控,支出的真实性难以核查,监督难度大。

五、完善二级财务管理的对策

(一)健全二级财务管理制度

遵守明晰性和可操作性原则,本着有利激活二级学院办学活力和生财理财积极性,形成二级学院自我完善、自我发展机制,建立健全二级财务管理制度。首先,要明晰二级学院的权限和应承担的责任,使其财务工作有法可依,有章可循,确保二级财务管理的顺利运行;其次,严格执行高校新会计制度。二级学院要在校财务部门的指导下,结合自身实际,制定可行的财务管理办法,对其经费的使用情况进行有效的监管。

(二)严格二级学院预算的编制与执行

科学编制并严格执行二级财务预算是二级财务管理的有力保证。首先,在明确"预算管理、绩效分配"的基础上,根据"事权与财权相结合"的原则,由学校和二级学院分级管理预算。其次,二级学院要根据各自办学目标任务和发展规划,编制本级预算。再次,预算一经审批通过,不得随意突破或改变,保证预算的权威性和严肃性;第四,二级学院应负责运用预算手段控制财务开支,保证各种收支的真实性和合法性。

(三)确立二级学院经费运行机制

确立二级学院经费运行机制是实施二级财务管理体制的核心。首先,要建立二级学院财务联络员。集中核算模式下,二级学院所有会计事项集中到校级财务部门办理,二级学院不设置财务机构,应根据需要设立专职或兼职的财务联络员。财务联络员主要负责:就二级学院的财务工作与校财务部门沟通联系;登记二级学院预算明细账及收支的辅助账;办理二级学院的经费预算、用款计划申请和日常报销业务。其次,要明确二级学院对相关业务的真实性负责。各项支出要取得合法的票据,不得虚报冒领,不得以领代报;必须按照学校下达的预算经费额度、范围控制,不得超预算列支或无预算列支。再次,要制定二级学院创收留用经费激励政策:创收经费分配比例二级学院得大头;人员经费有结余的学院允许年终奖按年度核定限额上浮一定比例发放;留存包干经费允许提取一定比例的资金,用于年末教职工的福利支出;包干经费年终结余允许结转下一年度使用。

总之,"统一领导、集中核算、分级管理"的模式是高职院校二级财务管理体制的一种现实选择,推行二级财务管理改革符合高职院校的发展趋势,是提高高职院校整体管理水平的一条有效途径,也是高职院校为实现财务科学管理和建立现代大学制度的积极尝试,需要在实践中不断探索和完善。

参考文献

[1] 李荣.高职院校二级财务管理体制的研究与实践[J].中国成人教育,2009(16):28.
[2] 季东.完善高校院系二级财务管理的对策建议[J].经济研究导刊,2014(28):142-143
[3] 吴燕波.试析加强高校二级财务管理[J].现代商业,2012,(8):220-221.

(原载《浙江教育财会》2016年第2期)

高职院校项目经费管理的实践与思考
——以 JH 职院为例

李国友　王　灵

摘要：随着财政绩效评价项目范围的不断扩大,高职院校的项目资金作为公共财政资金的重要组成部分,无疑成为财政绩效评价关注的内容。目前高职院校缺乏项目专项意识与绩效意识,以 JH 职院项目经费管理为个案,剖析项目经费管理中存在的问题,提出项目经费管理的对策建议,建立适合高职院校实际的项目经费管理方法,促进高职院校提高整体财务管理水平。

关键词：高职院校　项目经费　绩效管理　实践思考

随着财政管理体制改革的不断深入,财政支出绩效评价制度作为财政体制改革重要举措,财政支出绩效评价项目的范围不断扩大,数量不断增加,高职院校的项目资金作为公共财政资金的重要组成部分,无疑成为财政绩效评价关注的内容。而目前高职院校比较注重人员及日常公用经费的管理,缺乏项目专项意识以及项目执行与绩效意识,所以在高职院校财务管理改革中,加强项目经费管理,增强资金项目管理意识,完善项目管理措施,建立适合高职院校实际的项目管理方法,有利于提高项目经费使用效益,提升预算管理水平,完善财务管理体制,促进高职院校办学资源的合理配置。

一、项目经费管理现状

1. 项目经费的界定

本文所指的项目经费是高职院校为完成事业发展目标,由财政资金或非税资金安排,在基本支出以外的具有指定用途的专用经费。项目经费按照支出性质分为专项公用类项目和发展建设类项目两大类。专项公用类项目,是指为履行职能,完成工作任务,而用于商品和服务支出的特定项目。包括：大型会议、培训类项目；重大宣传、活动类项目；重大课题调研、规划类项目；信息化运行维护项目；大宗印刷类项目；房租类项目；物业管理类项目；其他专项公用类项目。发展建设类项目,是指为完成事业发展目标,一次性或阶段性发生的属于基本支出外的建设项目。包括：房屋建筑物购建类项目；大型修缮类项目；信息网络购建类项目；设备购置类项目；其他发展建设类项目。

2. JH 职院基本情况

学校创办于 1994 年,在省内率先通过高职高专人才培养工作水平优秀评估,现为国家示范性高职院校、全国职业教育先进单位。学校占地 2 216 亩,固定资产 11 亿元；教职工 1 308 人,其中教师 960 人,有正高职称 90 余人、副高职称 300 余人,双师素质占 80.21%；有省级教学团队 4 个、省教学名师 6 人、省级专业带头人 18 人,省"151 人才工程"培养人选 7 名;聘请兼职教师 858 人;全日制在校生 2.4 万余人。现有 12 个二级学院和 1 家附属医院;有 69 个专业,其中国家重点支持建设的示范专业 3 个,省优势专业 3 个,省特色专业 11 个,省级重点学科 1 个;主持教育部职业教育教学资源库 1 个,国家精品课程 15 门,教师教育类国家精品资源共享课 2 门;省级精品课程 30 门。学校承担国家级科研项目 9 项,省部级立项课题 184 项,年科技服务到款超千万元,年社会培训 4 万余人次。

3. 近三年学校项目经费状况

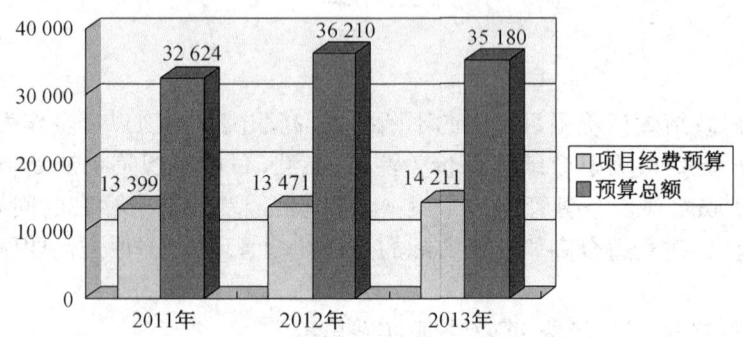

图 1　近三年项目经费预算及预算总额

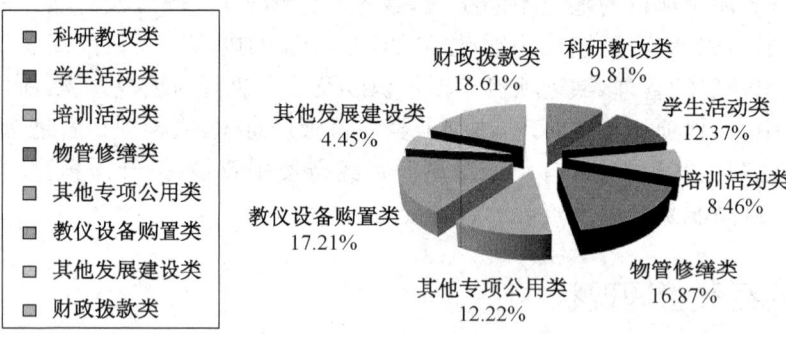

图 2-1　2011 年项目经费构成情况

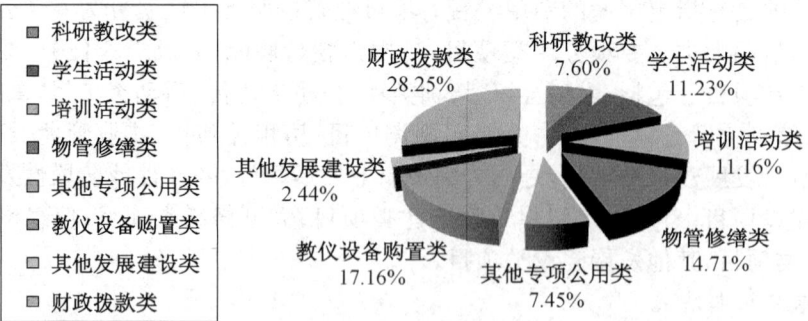

图 2-2　2012 年项目经费构成情况

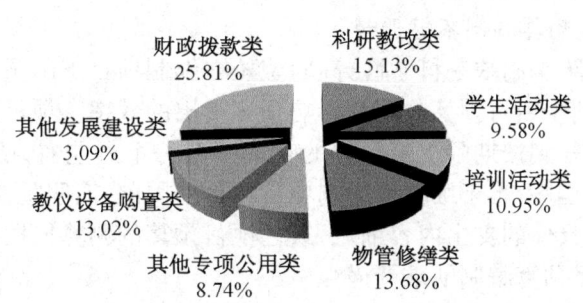

图 2-3 2013年项目经费构成情况

图 2　近三年项目经费构成情况

图表 3　近三年项目经费执行情况

单位：万元

项目类型	2011年			2012年			2013年		
	预算数	执行数	执行率	预算数	执行数	执行率	预算数	执行数	执行率
科研教改类	1 314	1 066	81.13%	1024	795	77.64%	2 150	1 699	79.02%
学生活动类	1 657	1 292	77.97%	1 513	1 256	83.01%	1 362	1257	92.29%
培训活动类	1 134	1 051	92.68%	1 503	1 163	77.38%	1 556	1 400	89.97%
物管修缮类	2 261	1 755	77.62%	1 981	1 908	96.31%	1 944	1 944	100.00%
其他专项公用类	1 637	576	35.19%	1 004	702	69.92%	1 242	536	43.16%
教仪设备购置类	2 306	2 218	96.18%	2 312	1 869	80.84%	1 850	1 848	99.89%
其他发展建设类	596	375	62.92%	329	328	99.70%	439	404	92.03%
财政拨款类	2 494	1 914	76.74%	3 805	2 855	75.03%	3 668	2 796	76.23%
合计	13 399	10 247	76.48%	13 471	10 876	80.74%	14 211	11 884	83.63%

二、项目经费管理中的问题

1. 项目评审论证不够充分

市场机制对高职院校项目安排也产生深刻的影响，利益的驱动使得无论争取校外项目经费，还是校内安排项目经费，都显示项目初始的评审论证不够充分。高职院校出于自身利益的考虑，都会充分利用在教学、专业建设或者科研上的资源优势，为了多获取项目经费，对同一项目或者相关联的项目从不同渠道重复上报，从而造成类似项目重复多次申报，而新的项目却无法申报，使得有限的经费资源得不到合理有效的配置，缺乏全校统筹规划。如 JH 职院的学前教育专业既是省特色专业、省优势专业，也是国家精品资源库建设项目。同样，高职院校内部各单位在一定程度上具有相对独立的利益，对项目申请单位来讲，获得项目经费也就意味着一定的经济效益。高职院校多元化的利益主体，驱使着校内各单位为了自身利益，上报项目预算随意性大，水分多；而学校出于经费总量、评审时间的限制，评审项目时存在一定的随意性和主观性,论证不够充分。

2. 项目预算编制不够严谨

项目预算编制缺乏科学性,高职院校在编制项目支出预算时,缺乏必要的科学论证和量化分析,不利于项目预算分配及影响预算支出的效率。项目预算编制时间短,高职院校收到编制预算通知到按期限上报预算的时间一般一个月左右,期间要完成数据采集、预算编制、内部审批等程序,难于细化地编制项目预算。因此,高职院校编制项目预算时普遍存在的问题是没有将具体的支出内容细化,缺乏项目预算的测算依据、计算方法以及详细的说明和佐证材料,项目预算编制缺乏严谨性。

3. 项目预算执行不够规范

许多高职院校项目预算管理仍只注重预算的制定和下达,但在下达后却未对项目预算执行过程进行及时有效的监控和跟踪,各部门的项目预算执行情况和进度信息也未及时反馈,而且项目预算管理缺乏完整的预算控制体系,使得项目预算执行存在诸多不够规范的现象。项目实际执行时间与项目预算进度存在较大偏差,预算执行不到位,执行率不高。项目支出标准不明确,项目预算管理"软化",执行中存在随意调整、追加等现象。甚至借用财政拨款不足以及经费超支等理由占用或挪用专项资金,用于弥补汽车燃油费、办公用品费、差旅费等其他费用的开支。

4. 项目绩效评价不够完善

项目支出绩效评价,作为财政支出绩效管理的重要内容,尚处在起步阶段。高职院校对财政预算项目实行绩效评价,主要目的是为完成财政部门布置的任务,绩效评价工作往往处在被动的状态,绩效评价作为项目支出管理手段,没有得到重视和应用,大部分高职院校没有出台相关的规章制度和政策,缺乏有效的组织管理机构。项目支出绩效评价关注的往往不是所取得的实际效果,而是项目工作完成情况和资金使用情况。缺乏规范、科学的绩效评价指标体系。项目支出,大多用于人才培养和科学研究,从投资效果看,具有间接性和社会性,投入与效益在时间上具有迟滞性和不对称性,当期衡量、评价其效益情况,具有很大的难度。项目支出绩效评价工作刚刚起步,制度还不健全,评价结果与整改意见没能得到很好的落实,评价结果得不到有效运用,对项目执行过程中成绩、问题与相关责任,缺乏有效约束力。

三、加强项目经费管理的对策

1. 加强制度建设,促进项目经费管理常态化

完善制度是项目经费管理工作的基础。要做好高职院校项目经费管理工作,必须要制定一系列的规章制度,包括项目论证、绩效目标申报、立项评审、项目预算审定、经费执行监督、绩效考评、结果反馈与整改等制度,将高职院校项目经费管理纳入日常工作的范畴。成立项目经费论证小组,由分管业务领导、项目统筹部门负责人和相关专家等人员组成;成立项目预算审核小组,由校领导、财务部门负责人、审计监察部门负责人等人员组成;成立项目绩效评价领导小组,由校领导、业务部门负责人、财务部门负责人、审计监察部门负责人和相关专家等人员组成。促使高职院校项目经费管理工作制度化、常态化。

2. 注重项目立项评审,确保项目经费合理编制

项目经费由项目使用单位申请,项目统筹职能部门申报,学校项目预算论证小组、项目

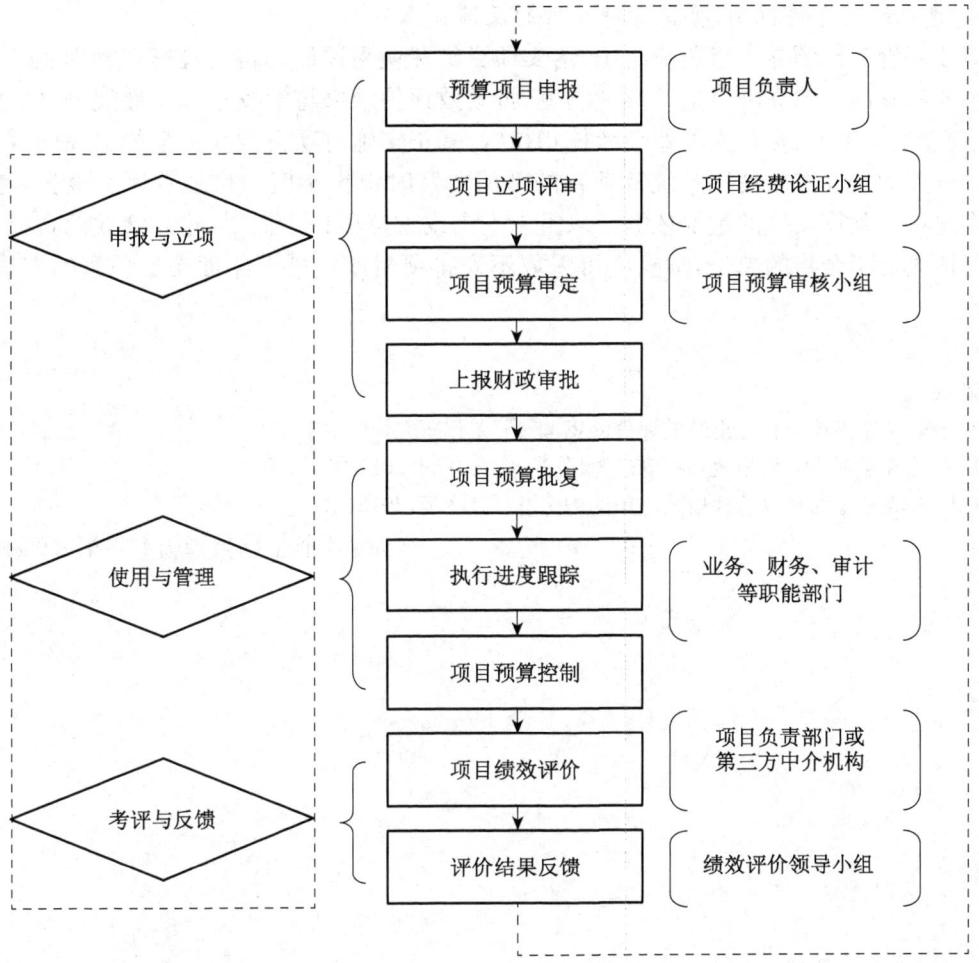

预算审核小组论证审核的形式。申报单位根据学校建设规划和办学目标,结合本单位工作重点和需要,申报项目经费预算,加强项目的论证、审核、筛选,细化项目预算,着力提高预算编制的科学性和准确性,填写"项目申报书"及有关附件资料。强化绩效理念,项目预算要求"立项有依据,绩效有目标,计算有标准",确保列入年度预算的项目切实可行。项目预算论证小组对提交的项目申报书及有关附件资料进行论证,项目是否符合学校总体建设方向,项目建设的总体设想、依据、规模是否合理妥当;对项目的组织、技术、经济及财务等方面方案是否切实可行。学校项目预算审核小组统筹全校项目资金安排,对项目资金预算是否合理;配套资金落实是否确有保障等进行审议。按规定程序论证立项后,上报财政部门审批。

3. 严格预算执行监督,提高经费使用的合规性

项目经费确定后,项目责任单位应严格按照项目批复和预算执行,有计划按进度执行预算,积极组织落实和实施。项目经费实行项目责任人负责制。学校财务部门、审计部门和业务管理部门要强化项目经费全过程管理,对项目经费使用的合法性、有效性、真实性实行全面监督。实行预算项目控制,专款专用,不得相互占用或挪用。项目经费预算必须严格执行,确有必要调整时,应按规定程序重新上报审批,并加以详细说明。对项目经费的使用和管理进行定期监督检查和跟踪了解,对项目使用和执行情况定期进行数据分析,及时了解项目执行情况和专项经费使用情况,以保证项目经费按核定的预算合理使用。

4. 建立绩效考评机制，重视考评结果的反馈应用

绩效评价工作领导小组负责组织、落实项目经费使用评估、监督、检查和管理，实行项目经费绩效考核制。建立项目追踪反馈制度，将绩效评价结果与学校总体发展规划、经费投入方向、资金支持重点、责任人的业绩考核相挂钩，真正实施对项目预算资金的追踪问效，以实现学校资源的合理有效使用。统筹项目的部门要及时申报年度项目绩效评价报告，考评结果作为次年度预算安排的重要依据。以重点支出或重点项目为抓手，建立绩效问责机制，对绩效考核成绩不合格的单位，学校应可采取不安排项目或削减下年度支出预算的方式进行问责。

参考文献

[1] 任瑞璋.关于高校项目支出绩效评价的思考[J].工作研究,2013(3).
[2] 田景仁.高校项目支出绩效目标管理探讨[J].财会月刊,2012年7下旬.
[3] 田志刚.高校全面预算管理模式应用的构想[J].经济师,2013(5).

（原载《企业导报》2014年第17期）

后 记

随着我国公共财政改革不断深化,全口径预算管理、国库集中支付、非税收入管理、政府采购管理、政府购买服务、预算绩效管理等公共财政政策逐步建立和完善,同时,财政部颁布了新的《高等学校财务制度》和《高等学校会计制度》,高校财务会计环境发生了深刻变化。

正是基于上述认识,本着有利于提高学校教育经费的使用绩效和财务管理水平,适应学校体制机制创新和建设现代大学制度的需要,我们组织部分财务业务骨干编写了《学政策明规则——财经法规与高校财务管理研究》一书。本书编写过程中,力求体现以下三个特点:

(1) 综合性。高校财务会计必须以财经法规为依据,而党的政策和财经法规需要通过财务管理活动得以贯彻实施,财经法规和财务管理是无法分开的,所以本书力求将高校财务管理活动和财经法规进行有机融合,将涉及高校的财经法规、文件制度按类别、时间两个维度进行了分类、整理、排序,选编成册。

(2) 实用性。本书提供了一些制度设计范例,编列了近年来学校制定的《项目经费管理办法》《二级学院经费分配办法》《收费管理办法》《财务报销管理办法》《后勤财务管理办法》等财务管理制度,对高校的一些特殊会计事项以问答方式进行了解读,使本书更贴近高校的财务会计工作实践,更符合高校的财务管理活动。

(3) 借鉴性。本书所选编的财经法规和学校财务管理制度都注明了出处(文件编号),便于读者对照查找,同时以实证研究方式对高职院校二级财务和项目经费管理作了实践与思考,既可以作为日常用的备查工具书,也可以作为学习、研究的资料。

本书是集体智慧的结晶。李国友、王灵、朱伟总撰统稿,参加编写的人员有黄益寿、胡玲英、王芳、庄恬茗、沈夏霞、潘云娇、王继红、赵丽华、胡晓霞、张丽倩等,在本书编写过程中,还得到了金华职业技术学院二级学院财务联络员的大力支持,学校办公室、资产处、继教处、科技处、国合处、审计处等部门给予了悉心指导,本书的出版也获得金华职业技术学院专著出版基金资助,在此一并表示感谢。

本书作者都是从事高校财务会计实务的工作人员,虽然非常关注财经法规的发展变化,也有一定的实务工作经验,但由于能力、精力有限,加之法规、制度也是一个动态的、不断完善的过程,所以书中选编的法规内容可能会滞后,撰写观点难免偏颇,恳请批评指正。法规和制度执行中如有修改或新的规定,请按新规定执行。